Jenseits von Idealismus und Realismus

Studien zur Metaphysik

AF140887

Wolfgang Viertel

Herstellung und Verlag:
BoD - Books on Demand, Norderstedt
ISBN 978-3-7386-2074-0

Inhaltsverzeichnis

1 Vorbemerkung

Zugegebenermaßen ist der Titel dieser Studien weder neu, noch originell. Es scheint sogar, als ob das durch ihn zur Sprache gebrachte Problem antiquiert, weil längst gelöst ist. Dem ist jedoch nicht so. Die Lösungen, die dieses Problem bereits erfahren hat, sind entweder bloß eingebildet oder mit Voraussetzungen verbunden, die man nicht unbedingt bereit sein wird, mitzugehen. Allerdings sind die Schwierigkeiten, die sich hier in den Weg stellen, von besonderer Art. Denn es ging nicht darum, irgendwelche längst bekannten Argumente zu verbessern, sondern einen neuen Standpunkt zu gewinnen. Dieser erst noch zu gewinnenden Standpunkt wird hier eingegrenzt und aus der Geschichte der Metaphysik entwickelt. Es wird also versucht, einen Standpunkt jenseits von Idealismus und Realismus historisch zu verantworten.

Der erste Teil vorliegender Studien versucht, die wichtigsten Philosophen kurz und prägnant zusammen zu fassen, man kann ihn auch als eine kleine Geschichte der Metaphysik lesen. Der Autor glaubt, hin und wieder etwas mehr als die Gemeinplätze, die man ohnehin in jeder Philosophiegeschichte findet, geboten zu haben. Naheliegend wäre es nun, die Geschichte zur Lehrmeisterin zu machen, indem man eine Entwicklung konstruiert und sie sozusagen linear in die Zukunft fortschreibt. So könnte man doch einfach und sicher die Geschichte voraussehen und jetzt schon die Philosophie der Zukunft zweifelsfrei konstruieren. Aber diese Konstruktionen der Geschichte der Philosophie sind in Wahrheit nur Rückprojektionen der Philosophie der Gegenwart, bzw. dessen, was man für die Philosophie der Gegenwart hält. Ein besonders plattes Beispiel und immer wieder kolportiert ist die Meinung, Plato sei Idealist, Aristoteles Realist. Hier wird darum nicht versucht, die Geschichte der Metaphysik fortzuschreiben, sondern als Ganze zu übersehen, *in* der Philosophie ihre Geschichte zu reflektieren. Vermutlich kann man heute in der Philosophie nichts mehr beaupten, was nicht schon einmal behauptet wurde. Es scheint alles schon einmal gesagt worden zu sein. Das legt die These vom Ende der Philosophie nahe. Und das Resultat dieses ersten Teils wäre dann die Frage (nebst der Andeutung einer Antwort): Wie kann eine Metaphysik nach dem Ende der Metaphysik aussehen?

Der zweite Teil ist zugleich historisch und sachlich orientiert. Er nimmt das Schema der klassischen Ontologie und Metaphysik und sucht anhand dieses Schemas die alten Fragen neu zu beantworten. Diesem Unternehmen kann man natürlich methodische Naivität vorwerfen, und dieser Vorwurf ist auch nicht ganz von der Hand zu weisen. Die Methode gibt schon die Lösung vor. Und wer eine Reise nach einer im Voraus geplanten Route unternimmt, der wird am Ende nur das zu sehen bekommen, was auf seinem Weg liegt. Aber das klassische Schema der metaphysica hat doch immerhin den Vorzug, ihre relevanten Probleme einmal kanonisiert zu haben.

Die in diesem Kanon aufgestellten Probleme müssen gelöst sein, wenn eine Metaphysik vorliegen soll. Von einem Ausliefern an die Methode einer alten, antiquierten und auch schlechten Metaphysik kann hier aber keine Rede sein. Die Methode ist hier nicht Leitfaden der Problemlösung, sondern es werden Probleme und Fragen nach einem gewissen Schema beleuchtet, auch auf das Risiko hin, dass manche Teile dieses Schemas sich als sinnlos erweisen könnten (was auch der Fall sein wird). Dann wird das Schema auch wie von selbst zu einem neuen Ansatz führen, der dann auch die Einheit mit den Fragen und Problemen des ersten Teils sichtbar werden lässt. Der Autor hofft, diesen Ansatz ausgearbeitet in Kürze vorlegen zu können.

2 Die Modelle der Metaphysik in ihrer Geschichte

2.1 Metaphysik der Antike

Man könnte vermuten, die Griechen seien ein Volk, das zu früh klug geworden ist. So hat sich archaisches Denken in ihre Hochkultur retten können. Als die Griechen begannen zu reflektieren, war die alte archaische Adelsherrschaft mit ihren Vorstellungen vom rechten Handeln noch lebendig. Homer hat ihr das Denkmal gesetzt und allen Griechen ins Gedächtnis geprägt. Das Adlige ist der Edle, er sucht Raufhändel wann und wo es ihm beliebt und nennt es Wahrung seiner Ehre. Er raubt und plündert und die Prosperität seines Landes und seiner Leute ist ihm dabei nicht einmal ein Gesichtspunkt. Dies ist die erste Form von Moral, auf die die Antike reflektierte. Demgegenüber steht dann auch bald die Mahnung der Zukurzgekommenen, aber sich überlegen Fühlenden: Wer hoch steigt, kann auch tief fallen, man halte sich die Unberechenbarkeit des Schicksals stets vor Augen und bescheide sich in seinen Wünschen, so hat man das sicherste Mittel zum Glück in der Hand. Die Wechselhaftigkeit des Schicksals ist eine Mahnung der – heute würde man sagen – Intellektuellen an die Etablierten. Man hat sie ihrer Häufigkeit wegen auch oft als griechischen Pessimismus bezeichnet. Die Philosophen als die Intellektuellen haben bis in die späteste Zeit diese Position geteilt und in ihrer Moralphilosophie allerlei Regeln aufgestellt, um ein solches maßvolles Leben zu verwirklichen. Plato lässt etwa seinen Sokrates sagen: Unrechtleiden ist besser als Unrechttun, Aristoteles empfiehlt im allem die goldene Mitte und die Ataraxie der Spätantike hat ja ebenfalls den Sinn, sich gegen die Unbilden des Schicksals zu wappnen. In der Spätantike empfiehlt man nicht nur ein maßvolles Leben, sondern sogar den Rückzug ins Private, weil man sich in einem Leben in der Öffentlichkeit eben den Wechselfällen des Schicksals aussetzen würde. Man wird aber den Verdacht nicht los, hier handle es sich eben um einen bloß ohnmächtigen und resignierenden Widerstand gegen das unberechenbare Verhalten des Adels, ein ohnmächtiger Versuch, die Adelsmoral abzuschaffen. Die Empfehlung, gerade selbst aktiv zu werden und an der Gestaltung der Welt selbst tätig mitzuwirken, etwa mit dem Ziel, die herrschende Adelsmoral zu beenden und sich nicht nur unzureichend gegen sie zu verteidigen, kam den antiken Philosophen nicht in den Sinn.

Eine ähnliche Verhaftung in archaischem Denken kann man auch in der theoretischen Philosophie beobachten. Es ist ja die große, welthistorische Errungenschaft der Griechen, die Vernunft erfunden zu haben. Das will sagen, nicht durch das Handeln der Götter, sondern durch natürliche Ursachen hat eine Begründung zu erfolgen. Man hat dies unter dem Schlagwort „Vom Mythos zum Logos" zusammen gefasst. Es war dies die Entdeckung der Vernunft und das Bestreben, die Welt vernünftig zu erklären. Man gab sich also nicht mehr mit der Erklärung zufrieden, Poseidon rühre mit seinem Dreizack das Meer auf und erzeuge so die Stürme, sondern man suchte nach natürlichen Ursachen, z.B. dem Wind. Man war also der Auffassung, in der Welt müsse es vernünftig zugehen. Natürlich hat sich diese neue Art der Begründung allmählich und nicht schlagartig durchgesetzt. Als man begriff, dass mit Göttergeschichten nichts zu begründen ist, da war durchaus noch nicht klar, was an ihre Stelle zu treten hat. Das sieht man an der Vier-Ursachen-Lehre des Aristoteles ganz besonders deutlich. Sie scheint ja der Ausdruck einer Verlegenheit zu sein. Es gibt da einmal die natürlichen Ursachen, die Materie und die Bewegungsursache, aber ebenso ist der Begriff Ursache (causa formalis). Der Begriff begründet hier nicht anders als die natürlichen Ursachen, weil nämlich der Begriff durchaus noch die Tendenz hat, ein Gegenstand, wie etwa ein Tisch oder ein Stuhl zu sein und sich von ihm nicht prinzipiell zu unterscheiden. Der Begriff unterliegt also durchaus noch einem Hang zur Vergegenständlichung. Es war die intellektuelle Großtat des Aristoteles erstmals ein Abstraktum zu begreifen, aber der Begriff als Abstraktum ist nie antikes Gemeingut geworden.

Diese Entdeckung der Vernunft, d.h. des Begriff muss man sich offenbar über den Umweg einer Personalisierung vorstellen. Aus gerechten Handlungen wird keineswegs das Abstraktum Gerechtigkeit, sondern es wird daraus die Rechtsgöttin Dike und erst daraus das noch gegenständliche Allgemeine Gerechtigkeit und bei einem solchen gegenständlichen Allgemeinen scheint es dann in der Antike im Wesentlichen geblieben zu sein. Das zwar durchaus schon entdeckte Abstrakte scheint sich im allgemeinen Bewusstsein nicht etabliert zu haben. Es war also der erste Schritt zur Vernunft, als man die Dike, eine personalisierte Gerechtigkeit, für das gerechte Handeln verantwortlich machte. Als man dann in einem weiteren Schritt die Dike zur Gerechtigkeit abstrahierte, da behielt sie durchaus noch ihre Gegenständlichkeit und dann ist es verständlich wie ein solches Allgemeines real begründen konnte.

Der Begriff hat nicht nur eine Tendenz zur Gegenständlichkeit, sondern auch zur Vollkommenheit. Der Begriff der Gerechtigkeit hat nicht nur die Tendenz, gerecht zu sein, sondern auch die vollkommene Gerechtigkeit zu sein. Der Begriff des Tischs ist nicht nur selbst ein Tisch, sondern ein besonders guter, ein vollkommener Tisch. Die Welt nach Vollkommenheit und Unvollkommenheit einzuteilen ist überhaupt eine Eigenart des antiken Geistes. Ordnung ist besser als Unordnung, Ruhe ist besser als Bewegung und überhaupt Unveränderlichkeit besser als Veränderlichkeit. Und wenn schon Bewegung, dann ist die Kreisbewegung die beste aller Bewegungen, weil er Kreis die vollkommenste aller Figuren ist (weil er symmetrischer als alle anderen Figuren ist). Ebenso ist das Ding unvollkommener als sein Begriff. Dies betont Plato, aber auch Aristoteles kann sich dieser Erkenntnis nicht verschließen: Der Begriff (eidos) ist immerhin das Sein des Dings, also etwas Vornehmeres als das Ding.

Wenn es in der Welt vernünftig zugeht, dann kann das nicht unsere menschliche Konstruktion sein, sondern die Welt selbst muss vernünftig sein. Sie besitzt eine Ordnung und sie ist schön, vollkommen und zweckmäßig. Darum nennt man sie auch Kosmos. Natürlich ist sie dann auch ewig, aber von endlicher Ausdehnung. Klarerweise ist Technik dann höchstens Nachahmung der Natur, denn in einer vollkommenen Welt kann es nichts von Grund auf Neues geben.

Der Begriff hat also die Tendenz zur Vollkommenheit. Er ist das Wesen, das wahre Ding oder die Substanz (die aristotelische Substanz ist wesentlich Begriff). Kurz, er ist das Seiende. Das Seiende ist ewig, weil es besser ist, ewig zu sein als zeitlich. Es verändert sich nicht, weil das Unveränderliche besser ist als das Veränderliche. Vor allem aber: Das Seiende ist selbständig, denn Selbständigkeit ist besser als Unselbständigkeit. Unselbständig Seiendes kann nicht Substanz sein. Man kann geradezu sagen, die Selbständigkeit ist der Sinn von Sein in der antiken Philosophie.

Andererseits ist der antiken Philosophie Vieles nicht geläufig, was uns heute selbstverständlich scheint. Da ist zunächst die Subjektivität. Die Welt ist uns so gegeben, wie es unser Erkenntnisvermögen vorschreibt. Die Welt ist eine Konstruktion unseres Erkenntnisvermögens. Dieser Gedanke, der doch zum Grundbestand neuzeitlicher Philosophie gehört, ist jedem antiken Philosophen vollkommen fremd, dabei ist er doch naheliegend. Man könnte vermuten, man müsse erst die Innerlichkeit entdecken, bevor man die Welt als Außenwelt verstehen könne. Das mag sein, obwohl der Spätantike so etwas wie Subjektivität durchaus nicht fremd war.

Aber dass dieses Innere die Welt konstituieren könne, darauf kam man seltsamerweise nicht. Aber wenn man die Welt als ein sinnvolles und geordnetes Ganzes ansieht, von dem der Mensch ein Teil ist, dann ist es verständlich, wenn man nicht auf die Idee kam, die Welt als Konstitution eines Subjekts zu verstehen. Von der antiken Seelenvorstellung geht aber kein Weg zur modernen Subjektivität. Seele steht nicht im Gegensatz zu Materie, Seele ist das, was sich selbst bewegt – auch Pflanzen oder Sterne haben eine Seele. Es gibt keinen konzeptionellen Unterschied zwischen den uns umgebenden Dingen und der Seele, sie ist nur ein besonderes Ding. Von gleicher Art wie die sichtbaren Dinge sind auch die Begriffe, nur dass die einen das Wesen der anderen sind. Der Unterschied von sichtbarem Ding und Begriff ist der von eigentlich und uneigentlich und keinesfalls ein Unterschied von Materie und Bewusstsein. Eine solche Unterscheidung ist modern und für die antike Philosophie höchst unpassend. Dann ist auch klar, dass die Unterscheidung Idealismus – Realismus ebenso unpassend ist. Und wenn man – wie oft geschieht – Plato den Idealisten und Aristoteles den Realisten nennt, dann ist das eine unzulässige Modernisierung, mit der man wieder einmal das Wesentliche gerade verschleiert.

Weniger bekannt ist schließlich die Tatsache, dass die antike Philosophie so etwas wie Existenz nicht kannte. Das Konzept der Existenz ist eine Erfindung des Mittelalters. Hätte man einem antiken Philosophen gesagt: Die Vorstellung, die du da hast, mag ja ganz interessant sein, aber entspricht ihr auch ein reales Ding? so hätte er dieses Argument wohl nicht verstanden. Ist das Gedachte (und das ist etwas anderes als das, was man sich gerade ausdenkt) ewig, unbeweglich, unveränderlich und vor allem selbständig, so existiert es eben, denn das sind doch die Bedingungen für seine Existenz. Die heute übliche Vorstellung von Existenz als einer Existenz in Raum und Zeit setzt als sein Korrelat ein geistiges Vorliegen voraus, das gerade nicht in Raum und Zeit ist, welchen Unterschied die Antike nicht machte und nicht machen konnte.

2.1.1 Parmenides

Sucht man die Lehre des Parmenides auf ihren entscheidenden Punkt zu bringen und in einem einzigen Satz zusammenzufassen, muss man nicht lange suchen: Sein ist und Nichtseiendes ist nicht. So könnte man jedenfalls fr. 2, 3 übersetzen. Aber dies ist nur eine von vielen möglichen Übersetzungen. Im griechischen Original fehlt nämlich das Subjekt und die Übersetzer sehen sich darum genötigt, ein Subjekt zu ergänzen, weshalb man aber nicht glauben sollte, Parmenides habe das Subjekt vergessen oder mutwillig weggelassen. Auch glaube man nicht, der Satz sei eine bloße Banalität oder Tautologie. Dazu betrachte man den Nachsatz: Nichtseiendes ist nicht, womit gemeint ist: Nichtseiendes in jeglicher Form ist unmöglich. Das ist es, was Parmenides sagen will, aber es ist kaum möglich, diesen Umstand positiv zu formulieren und daraus resultieren die Schwierigkeiten, die man mit diesem Satz hat. In der negativen Formulierung ist alles gesagt und darum wird auch verständlich, warum in seiner positiven Formulierung das Subjekt fehlt und fehlen kann. Diese Aussage: Nichtsein in jeglicher Form ist unmöglich, könnte man den Hauptsatz der Philosophie des Parmenides nennen.

Diesen Hauptsatz muss man noch durch einen zweiten Satz ergänzen, denn natürlich wird man sofort fragen: Warum eigentlich soll Nichtsein in jeglicher Form unmöglich sein? Man wird antworten: Nichtseiendes ist eben nicht, also in jeder Form unmöglich. Aber gegen dieses Argument wird man einwenden: Blaue Schwäne gibt es nicht, aber jeder weiß doch, was mit einem blauen Schwan gemeint ist. Man kann von ihm auch etwas aussagen, nämlich dass er nicht existiert. Blaue Schwäne gibt es also irgendwie und auch wieder nicht. Mithin scheint das Argument des Parmenides falsch zu sein. Man sollte aber besser einmal fragen, welche Vorstellung von Sein denn Parmenides haben muss, damit sein Argument gültig sein kann. Dazu beleuchte man noch einmal seinen Hauptsatz: Nichtsein in jeglicher Form ist unmöglich. Warum ist es unmöglich? Weil es zu denken unmöglich ist. Und wenn es zu denken unmöglich ist, dann kann es auch nicht existieren. Damit ist gesagt, dass das Denken allein die Wahrheit liefert, nicht die Sinne. Hinter dem Sichtbaren liegt die wahre Welt des Denkens. Warum dies so ist, erklärt Parmenides ebenfalls: Denken und Sein ist dasselbe (fr. 5). Nimmt man diesen Satz wörtlich, scheint er zu sagen: Der Denkakt ist das Sein, das alles Seiende seiend macht. Das ist natürlich eine unzulässige modernistische Deutung. Man muss sich auch hüten, den Satz insofern subjektivistisch, also modern zu lesen, als ob das Denken das Seiende produziere. Dann müsste man sich ja fragen: Man kann doch auch Falsches denken –

ist jetzt überhaupt alles, nur weil es gedacht ist, seiend? Besser wäre: Seiendes ist Denkinhalt. Aber auch das könnte man subjektivistisch deuten.

Parmenides hat aber das, was er meint, an einer anderen Stelle deutlicher formuliert: Dasselbe ist Denken und woher der Gedanke ist, denn nicht ohne das Seiende, worin eine Aussage ihr Sein hat, wirst du das Denken finden (fr. 8, 33ff). Woher der Gedanke ist, ist also das Seiende. Dazu bedenke man weiter, dass für Parmenides (wie für alle Griechen) das Denken ein geistiges Schauen ist. Das Seiende ist nur im Akt dieses schauenden Denkens gegeben. Eine naheliegende Deutung wäre die einer prästabilierten Harmonie von Denken und Sein: Alles Seiende ist (glücklicherweise) denkbar und alles Denken erfasst (glücklicherweise) Seiendes. Diese Übereinstimmung von Denken und Sein kann nur durch eine unbegreifbare, aber gottlob vorhandene Harmonie beider möglich sein. Obwohl diese Deutung nahe liegt, ist sie doch sachlich vollkommen unbefriedigend und darum Parmenides nicht zu unterstellen.

Befriedigender ist dagegen folgende Lösung: Das Seiende ist geistiger Inhalt und folglich nur mit den Mitteln des Geistes erfassbar. Das meint Parmenides, wenn er sagt, Denken und Sein sind dasselbe. Man kann sagen, das Seiende ist Bewohner einer zweiten Welt, der Welt des Denkens, der Welt des Eigentlichen, die sich von der uneigentlichen, der Welt der menschlichen Meinungen, der Doxa absetzt. Damit kann man die Theorie des Parmenides auf zwei Kernaussagen reduzieren: 1. Es gibt eine zweite Welt, jenseits der Meinungen der Menschen, der Doxa. Diese Welt ist die Verstandeswelt, die Welt der geistigen Inhalte und dieser Inhalt ist das Seiende. 2. Nichtsein in jeglicher Form ist dann unmöglich, weil es kein möglicher Denkinhalt ist. Wir Heutigen würden sagen: Weil der Satz vom Widerspruch verletzt ist.

Dem Seienden werden nun verschiedene Eigenschaften beigelegt, die den Eindruck erwecken, das Seiende sei ein materieller Körper. Von ihm werden sechs Eigenschaften, die in drei Gruppen zusammengefasst sind, ausgesagt. Das Seiende ist a) ungeworden und unvergänglich, b) ganz und einheitlich, c) unerschütterlich und vollendet.

Dass das Seiende nicht entstehen oder vergehen kann, leuchtet ein, denn es könnte nur aus Nichtseiendem entstehen oder in Nichtseiendes vergehen. Dieses Argument scheint darauf hinzudeuten, dass das Seiende ein materielles Ding ist. Aber dies ist keineswegs zwingend, denn Parmenides könnte auch gemeint haben, das Seiende sei kein Ding in der Zeit.

Wenn Parmenides das Seiende ganz und einheitlich nennt, dann will er sagen, es sei unteilbar und homogen (fr. 8,22). Denn hätte es Teile oder wäre es inhomogen, dann wäre es an einer Stelle nicht das, was es an anderer Stelle ist, hätte also am Nichtsein Anteil. Auch hieraus kann man nicht schließen, das Seiende sei ein materielles Ding im Raum. Es könnte ebenso intendiert sein, das Seiende sei kein Ding im Raum.

Schließlich wird das Seiende unerschütterlich und vollendet genannt. Dies meint, das Seiende erleide keine Veränderung (fr. 8,26 – 33). Dies folgt schon aus der ersten Eigenschaft des Seienden. Hier begründet er es damit, dass das Seiende vollendet ist und das meint, es mangelt ihm an nichts (fr. 8, 33), sonst hätte es ja Anteil am Nichtsein. Aus diesen Attributen folgt natürlich auch nicht, das Seiende sei materieller Körper, es könnte ebensogut, und dies wäre logischer und natürlicher, geistiger Inhalt sein.

Nach Meinung der meisten Interpreten folgt aber aus all diesen Attributen, das Seiende sei ausgedehnt, genauer von endlicher Ausdehnung. Tatsächlich aber erwähnt Parmenides dieses Attribut nicht. Was er sagt ist vielmehr: Das Seiende gleicht einer Kugel (fr. 8, 43f) – es ist also keine Kugel. Aber wäre es ein materieller Gegenstand, könnte es doch nichts anderes als eine Kugel sein. Auch dies ist ein Hinweis darauf, dass das Seiende nur geistiger Inhalt sein kann. Doch was ist eigentlich ein geistiger Inhalt? Wir Modernen fühlen uns sofort genötigt, das Phänomen des Geistes als ein Produkt des womöglich sogar menschlichen Gehirns zu begreifen. Für die Griechen konnte Geist aber noch etwas Selbständiges sein, das also zu seiner Existenz keines anderen bedarf.

Sucht man einmal Parmenides in systematischer Hinsicht zu würdigen, so ist zunächst seine These, Nichtsein in jeglicher Form ist unmöglich, zu würdigen. Wäre sie richtig, ergäben sich merkwürdige Konsequenzen. Zunächst könnte ein Ding keinerlei Eigenschaften haben: Dieser Apfel ist grün. Also ist er nicht blau und damit hätte er schon Anteil an Nichtsein. Es dürfte dann aber nicht einmal Dinge geben: Dies ist ein Apfel – folglich keine Birne, und damit hätte das Ding schon am Nichtsein Anteil. Wäre es ausgedehnt, wäre es zumindest in Gedanken teilbar und der Teil A wäre dann eben nicht der Teil B, er hätte also wieder am Nichtsein Anteil. Das Seiende dürfte also nichts als eine teillose Monade sein, sozusagen ein Punktteilchen. Das ist sicher keine befriedigende Konsequenz.

Stellt man sich aber einmal auf den Standpunkt des natürlichen Denkens, auf einen lebensweltlichen und (in einem unterminologischen Sinn) phänomenologischen Standpunkt, dann wird man Parmenides recht geben und ihn für seinen Mut, sich vor den Konsequenzen nicht zu scheuen sogar bewundern müssen. Das natürliche Denken wird doch sagen, das Seiende ist irgendwie alles und es wird weiter sagen, es komme ihm eine gewisse Würde zu. Dies Letztere wird der moderne Leser gern bereit sein zu kritisieren und zu sagen, das komme eben daher, das Parmenides das Seiende vergegenständlicht, d.h. Sein und Seiendes identifiziert. Aber das ist eine moderne, insbesondere heideggersche Unterscheidung, das natürliche Denken macht sie keineswegs. Wenn das Seiende aber irgendwie alles ist, dann kann es nichts geben, das nichtseiend wäre. Dies wäre zum Einen ein Widerspruch und zum Anderen würde es dem Seiendes etwas von seiner Würde (nämlich alles sein) nehmen. Alle Thesen, die neben dem Seienden noch ein Nicht-Seiendes annehmen, nehmen das Seiende in jener zweifachen Weise nicht ernst. Lässt man also den natürlichen Verstand sprechen, hat Parmenides völlig recht. Parmenides war nur konsequent und hat aus seinen Voraussetzungen die einzig möglichen Konsequenzen gezogen. Diese Konsequenzen stehen aber im eklatanten Widerspruch zur lebensweltlichen Erfahrung (wie bereits erwähnt). Parmenides ist also genötigt, diesen offenbaren Widerspruch wegzuerklären. Er tut dies, indem er das Denken, das die Wahrheit trifft, von der bloßen Meinung der Masse der Menschen unterscheidet. Diese Meinung (Doxa) ist der bloße Augenschein, der uns aber über die wahren Verhältnisse täuscht, die uns nur das Denken geben kann. Das überzeugt aber nicht, denn man müsste klären, wie das Sein die Bewegung, mithin die bloße Meinung, zu generieren in der Lage ist.

Aus diesem Problem des Parmenides hat man in der Folge nahezu immer, d.h. von Plato beginnend, den Schluss gezogen, Sein trete immer nur zusammen mit Nicht-Sein auf. Aber dies würde Parmenides nur als eine Ausflucht erscheinen, denn dann müsste man ja behaupten, das Nicht-Sein ist in gewisser Weise seiend. Wenn es aber aus dem Problem des Parmenides keinen Ausweg zu geben scheint, dann sollte man doch konsequenterweise sagen: Wenn die Vorstellung des Seins aporetisch ist, warum nicht ganz auf sie verzichten?

2.1.2 Platon

Platon ist der erste Philosoph, dessen Werk offenbar vollständig oder nahezu vollständig überliefert ist. Die Bedeutung seiner Philosophie wurde früh erkannt und es ist gesagt worden, die gesamte abendländische Philosophie seien Fußnoten zu Plato. Das ist zwar eine Halbwahrheit, zeigt aber, welch eine überragende Bedeutung Plato in der gesamten Geschichte der Philosophie hat. Das mag wohl auch daran liegen, dass Plato für viele Interpretationen offen ist. Man kann ihn wörtlich nehmen, man kann ihn aber auch in einem übertragenen Sinn verstehen. Dann ist er leicht aktualisierbar, allerdings meist um den Preis der Inkonsistenz der Texte. Darum wird hier eine eher wörtliche Interpretation vorgenommen.

Vielleicht ist es angebracht, in Platos Philosophie mit folgender Überlegung einzuführen: Warum erkennen wir eigentlich dieses Ding, das da vor uns steht, als Tisch? Weil wir den Begriff des Tischs auf dieses Etwas anwenden. Plato nennt es Idea oder Eidos und man hat sich angewöhnt, es „Idee" zu nennen. Der Sache nach ist es aber ungefähr das, was wir heute einen Begriff nennen würden (Über etwaige Unterschiede wird noch zu reden sein). Jedenfalls lässt sich an der Antwort Platos kaum etwas aussetzen. Verallgemeinert lautet sie: Begriffe bestimmen unsere Wirklichkeit. Aus diesem kaum bestreitbaren Ansatz hat dann Plato einige Folgerungen gezogen, die das Spezifische seiner Position ausmachen und die man sich angewöhnt hat, Platonismus zu nennen. Die wichtigste dieser Folgerungen ist wohl: Begriffe führen insofern eine selbständige Existenz, als sie unabhängig von unserem Erkenntnisvermögen existieren, sie sind sozusagen Gegenstände. Diese Vergegenständlichung des Begriffs könnte man als das proton pseudos der platonischen Philosophie bezeichnen. Wenn man beachtet, dass die Ideen gegenüber den Dingen selbständig sind, hat man eine Zwei-Welten-Lehre und aus ihr erwachsen die meisten der Probleme, die die Ideenlehre aufgibt.

Ideen sind Begriffe. Allerdings ist der Terminus „Begriff" zu Platos Zeiten nicht bekannt. Betrachtet man die Texte, stößt man auf vier Gruppen von Aussagen:

Die Idee ist

1) Allgemeines (z.B. Phaid 76 d),
2) Paradigma (z.B. Rep 484 e),

3) Seiendes (z.B. Phaid 75 d) und

4) Ursache (z.B. Phaid 100 c).

Es ist gerade die Kunst der Platointerpretation, diese vier Bestimmungen zusammen zu denken.

Ist also die Idee Allgemeines, dann ist sie das, was gewissen Dingen gemeinsam ist. Die Idee des Tisches ist eine Abstraktion, in der das Gemeinsame aller Tische herausgehoben wurde. Aber wie wollen wir denn das Gemeinsame aller Tische herausheben, wenn wir dieses Gemeinsame nicht vor dem Abstrahieren bereits kennen. Aus diesem Dilemma findet Plato den Ausweg, die Ideen liegen ein für allemal bereit und wenn wir erkennen, dann abstrahieren wir nicht die Dinge zu Begriffen, sondern wir wenden den bereitliegenden Begriff auf die Dinge an. Auf alles, was jemals Tisch sein kann, wird die Idee des Tischs dann anzuwenden sein. In diesem Sinn ist die Idee des Tisches auch Vorbild für alle Tische: Alles, was je Tisch sein will, muss seiner Idee nachkommen. Auch unsere Begriffe sind Paradigmen, denn wir messen doch alles Neue an unseren Begriffen und suchen es unter die uns bekannten Begriffe zu bringen. Plato geht aber noch einen Schritt weiter und diesen weiterführenden Punkt hat er an späterer Stelle wieder zurückgenommen (genauer im Dialog Parmenides): Die Idee des Schönen z.B. ist doch das Vorbild von allem Schönen. Also ist sie doch selbst schön. Ebenso ist die Idee des Großen groß und konsequenterweise müsste dann auch die Idee des Tisches ein Tisch sein, u. zw. ein vorbildlicher Tisch. Diese Vorstellung hat aber Plato selbst mit dem sog. Argument vom dritten Menschen widerlegt (Parm 132 a). Wenn also das Schöne selbst keineswegs schön ist, so ist es doch ein Allgemeines und insofern ein vorbildlich Schönes, insofern wir alles Neue an diesen Begriff angleichen oder von ihm ausschließen.

Wir würden heute sagen, der Begriff ist ein Allgemeines, das insofern selbständig ist, als wir ihn stets anwenden. Und weil wir alles Neue gemäß unseren Begriffen zu verstehen suchen, ist der Begriff auch Paradigma. Man kann dann auch sagen, Begriffe bestimmen unsere Wirklichkeit und insofern sind sie das Sein der Dinge.

Diese Begriffe liegen bei Plato aber vergegenständlicht vor, sie sind ein für allemal bereitliegende, ewige und selbständige geistige Wesen. Sie sind aber nicht – wie bereits Aristoteles annehmen wird – Abstraktionen der Dinge. Nicht der Begriff entsteht aus den Dingen, sondern umgekehrt die Dinge aus dem Begriff. Insofern nennt Plato die Begriffe die Ursachen der Dinge. Daran wäre auch nichts auszusetzen, wäre der Begriff Ursache im Sinn der causa formalis, d.h. begriffliche Bestimmung des Dings. Das ist er natürlich auch, aber Plato redet so, als ob die Idee das Ding real erzeugt: Als Begriffsbestimmung erzeugt sie das Ding real. Dies ist aber keineswegs so absurd ist, wie es zunächst klingt, es bedeutet nur: Das Wesentliche des Dings ist begriffliche Bestimmung. Erhält das Ding eine begriffliche Bestimmung, dann wird es – als das, was es ist – erzeugt, und zwar durchaus real erzeugt. Die Frage bleibt allerdings: warum sollte die Idee Dinge erzeugen und nach welcher Regel tut sie dies, d.h. warum ist X gerade ein Tisch und Y gerade ein Stuhl? Man könnte mit Plato antworten: Weil es besser ist, wenn X ein Tisch und Y ein Stuhl ist. Oder: Die Idee des Guten macht, dass die Dinge so sind, wie sie sind und dieser, von der Idee des Guten eingerichtete Stand der Dinge, ist sinnvoll so, wie er ist. Das ist aber nur eine ungeklärte und unbegründete Behauptung, wie überhaupt Platos Bemerkungen über die Idee des Guten in dieser Unbestimmtheit bleiben.

Dennoch werden die Dinge durch die Ideen bestimmt und insofern sie seiend sind, sind sie es durch die Ideen. So kann man durchaus reden, auch dann, wenn der Begriff Allgemeines ist, denn es gibt am Ding schlechthin nichts, was nicht begriffliche Bestimmung wäre. Ein anderes Problem liegt vor, wenn die Idee vergegenständlicht ist, dann hätte man zwei Wesen: auf der einen Seite den unbestimmten Gegenstand, auf der anderen Seite die ihn bestimmende, ewige, unveränderliche, selbständige Idee und hätte sich dann zu fragen, wie die Idee in das Ding kommen kann. Natürlich kann man sich nicht vorstellen, die Idee würde etwas von dem, was sie hat, auf die Dinge übertragen, denn dann würde ja von der Idee bald nichts mehr übrig sein, dann wäre die Idee der Größe, wenn sie ihre Größe an die Dinge abgäbe, bald klein. Man kann eben nicht das, was man strikt getrennt hat, wieder versuchen zusammenzufügen.

Nimmt man aber einmal Platos These hin: Die Dinge haben an den Ideen Anteil, die Ideen sind seiend, die Dinge jedoch nur, insofern sie an den Ideen teilhaben. Dann sind die Dinge seiend, insofern sie begrifflich bestimmt sind. Die Ideen dagegen sind seiend, insofern sie ewig, unveränderlich, selbständig und vor allem nicht wie die Dinge fremdbestimmt sind. Man kann sagen, die Ideen sind sie selbst und der Sinn des Seins ist für Plato das Selbstsein.

Die Ideen haben aber auch Beziehungen untereinander. Das Art – Gattung – Verhältnis kennt man seit Platon. Die Begriffe bilden sogar eine Hierarchie mit einigen wenigen Grundbegriffe an der Spitze, über die Plato aber keine einheitlichen Angaben macht. Mit dem Art – Gattung – Verhältnis kann man die Existenz der Gattungsbegriffe erklären, nicht jedoch die der Artbegriffe. Darum hat Plato das Art – Gattung – Verhältnis in einer Beziehung aufgehoben, die man Dialektik nennt. Ihren Grundgedanken kann man sich so klarmachen: Wenn man etwa wissen will, was „rot" ist, dann ist es doch sicher nicht „grün", „blau", „gelb", „braun", usw. Kann man das Rote nun von allen anderen Farben unterscheiden, hätte man das Rote bestimmt. Es bestimmt sich also gegen alles andere und man kann so mit Sinn sagen: Das Rote und überhaupt jeder Begriff ist das, was es nicht ist. Eine solche Bestimmung des Roten gelingt aber nur innerhalb der Farben, d.h. die dialektische Bestimmung eines Begriffs gelingt nur, wenn sein übergeordneter Begriff bereits bestimmt ist.

Die Ideen bestimmen die Dinge und alles, was am Ding seiend ist, ist es vermöge einer Teilhabe an Ideen. Bleibt vom Ding etwas zurück, wenn man ihm die begriffliche Bestimmung nähme? Theoretisch wären zwei Antworten möglich: Die Idee entäußert sich in irgendeiner Weise zum Ding oder es gibt etwas, das bereitliegt, das von der Idee bestimmt oder mit Inhalt gefüllt wird. Zunächst ist das Ding ein Zusammenvorliegen von Qualitäten (und darum sowohl Einheit, als auch Vielheit) (Soph 251 a – b). Dann wäre es eine Menge, die von den Ideen mit Inhalt gefüllt wird. Im Dialog Timaios erwähnt Plato ein sog. Aufnehmendes, es ist ein unbestimmt Bereitliegendes, einem Gefäß vergleichbar, das der Idee Raum gibt und von ihr qualifiziert wird (Tim48 e ff). Ein solches Aufnehmendes passt nicht recht in ein idealistisches System, denn es ist ja gerade nicht begrifflich bestimmbar, aber es ist trotzdem irgendwie seiend. Plato sah sich vielleicht genötigt, ein solches Aufnehmendes anzunehmen, um die Dinge der Natur verstehen zu können, aber es erzeugt viele Probleme. Zunächst kann es das Problem der Bestimmtheit nicht lösen (warum ist das da ein Tisch und kein Stuhl?). Das Problem der Bestimmtheit ist ein Problem, das der Idealismus aufgibt und wenn das Aufnehmende nicht geeignet ist, dieses Problem zu lösen, dann kann der Idealismus an dieser Stelle etwas nicht erklären, was er erklären muss oder man hat mit diesem Aufnehmenden einen Bereich, der dem Idealismus nicht zugänglich ist. Dann wäre Platos System dualistisch. Weiterhin muss die Welt der Dinge konsistent sein, es kann also nicht jedes Ding mit jeder beliebigen Idee zusammengehen, noch mit jedem anderen Ding zusammen bestehen. Dieses Problem entsteht, wenn man von vornherein eine Welt der Dinge und eine Welt der Ideen trennt, denn dann hat man Schwierigkeiten, beide Welten sinnvoll aufeinander zu beziehen

Man kann Platos Philosophie als eine Reaktion auf Parmenides lesen und sich dann fragen, wie und warum sah er sich genötigt, Parmenides zu korrigieren. Man wird gegen Parmenides immer die Realität geltend machen und sagen: Aber es gibt doch seiendes Einzelnes. Man kann es theoretisch wegerklären, es bleibt doch Einzelnes, das (in irgendeiner Weise) ist. Andererseits hat doch auch Parmenides recht, wenn er sich gegen eine Vielheit des Seienden verwahrt. Es ist theoretisch einfach unbefriedigend, Seiendes zu vervielfachen. Da hilft es auch nichts, wenn man einwendet: Dieses Problem entsteht nur dann, wenn man Sein und Seiendes identifiziert und damit das Sein vergegenständlicht. Es bleibt einfach unbefriedigend zu sagen: Das Seiende ist vieles.

Für Plato existieren zunächst die Dinge – wenn auch in geringerem Maße. Im eigentlichen Sinn aber existieren die Ideen. Sie sind selbständig und selbstbestimmt und gerade darum existieren sie. Wenn nun die Idee A existiert, dann ist sie zumindest nicht die Idee B. Parmenides würde sagen, sie habe Anteil am Nichtsein. Diese Folgerung kann man aber nicht ziehen, wenn man von vornherein eine Vielheit an Seiendem annimmt. Nichtsein ist vielmehr Verschiedensein (Soph 257 b), also in gewisser Weise ebenso seiend. Ein echtes Nichtsein kann es dann aber nicht geben, denn alles ist begrifflich bestimmt und darum seiend, denn ein Unbestimmtes ist zu denken nicht möglich und kann folglich auch nicht existieren. Wie Parmenides scheint auch Plato kein Nichtsein im strikten Sinn zu kennen. Aber das Sein ist ihm nicht eines, sondern in viele Seiende geteilt. Das ist offenbar deshalb möglich, weil Sein für ihn Bestimmtsein ist. Bestimmtsein ist aber nur dialektisch, d.h. gegen andere Bestimmtheiten möglich. Auf diese Weise kann man von der Einheit des Seienden in ihrer Vielheit reden.

2.1.3 Aristoteles

Die Wirkung des Aristoteles auf die abendländische Philosophie, ja auf die abendländischen Denkgewohnheiten ist so tiefgreifend, dass wir diese Wirkung kaum noch bemerken. Aristoteles ist nämlich der Erfinder des Gegenstands als eines Trägers von Eigenschaften. Dieses Dingkonzept ist weder naheliegend, noch alternativlos, es empfiehlt sich höchstens durch unsere Sprechgewohnheiten. Wir haben nämlich die Tendenz, das Ding als Satzsubjekt zu deuten und die Qualität als Prädikat eines Subjekts. Aber dass ein solches Konzept keineswegs auf der Hand liegt, ist uns kaum noch bewusst.

Man scheint die Philosophie des Aristoteles anhand von vier Grundsätzen verstehen zu können:

1. Seiend ist immer nur das Einzelne. Man sollte das nicht so verstehen, als ob damit nur das sinnlich Gegebene gemeint wäre. Andererseits hat Aristoteles sicher eine gewisse Präferenz für die Dinge der Natur. Selbständige Dinge sind für Aristoteles in einem besonderen Maße seiend, während anderes nur in einem geringeren Sinn seiend ist. So z.b. die Gattungsbegriffe, die insofern kein Einzelnes sind, als sie eine Zusammenfassung und Abstraktion von Einzelnem sind. In gewisser Weise kann man sie natürlich auch als Einzelne bezeichnen, da sie doch von anderem wohlunterschieden sind. Auch Relationen sind seiend, wenn auch in geringerem Maße, obwohl man sie doch nicht als Einzelne bezeichnen kann. Man kann das Einzelne aber auch in einem sehr allgemeinen Sinn verstehen, dann ist obiger Satz aber nicht besonders interessant, denn man kann in gewissem Sinn alles, was man nur irgendwie benennen kann, als Einzelnes bezeichnen. Die erste These ist also am besten so zu verstehen, dass die Dinge in besonderem Maße seiend sind, alles andere aber nur in einem eingeschränkten Sinn.

2. Die Dinge sind in besonderem Maße seiend, insofern sie selbständig sind (Aristoteles sagt meist 'abgetrennt'). Unter diese These fällt die bekannte Unterscheidung von Substanz (Ousia) und kategorialen Bestimmungen. Die Substanz ist der selbständige Gegenstand, der zu seiner dauerhaften Existenz kein anderes benötigt. Die Kategorien sind das, was nur an der Substanz existieren kann, wie z.B. die Qualität, die Quantität, die Relation, usw., was also unselbständig ist. Die kategorialen Bestimmungen sind also keineswegs nichtseiend, sie sind nur weniger seiend als die Substanz. Die Substanz ist selbständig, während die kategorialen Bestimmungen (wie z.B. ist rot, ist 2m lang, ist Vater, steht neben dem Tisch) nur an der Substanz existieren. Aus diesem Grund sind sie nur eingeschränkt seiend. Die Einteilung des Seienden in Substanzen und kategorialen Bestimmungen ist natürlich nicht vollständig. Unerwähnt in dieser Einteilung bleiben etwa die sonst von Aristoteles oft bedachten Gattungen. Sie sind ebenfalls auf Grund ihrer unvollständigen Existenz eingeschränkt seiend.

Aber auch die Substanzen selbst sind in unterschiedlichem Maße seiend. Aristoteles unterscheidet am Ding Stoff (Hyle) und Form (Eidos). So ist etwa an einer Statue der Stoff der Stein und die Form die Gestalt. Oder bei einem Haus ist der

Stoff das Baumaterial, die Form der Begriff des Hauses, wie er sich in seiner Definition ausdrückt.

Dies ist aber nicht so zu verstehen, als sei das Ding aus Stoff und Form zusammengesetzt, sondern Stoff und Form sind zwei Aspekte des Dings. Beide scheinen zunächst reine Relationsbegriffe zu sein. Weiterhin ist die Form aber auch eine verwirklichte Möglichkeit und der Stoff eine noch nicht verwirklichte Möglichkeit. Der Stoff kann zu etwas werden, er ist der Möglichkeit nach etwas anderes. Trotzdem kann man nicht sagen, der Stoff sei der Möglichkeit nach Form oder er könne zur Form werden, vielmehr ändern sich die Eigenschaften des Felsblocks, wenn der Bildhauer aus dem Stein die Statue meißelt. Stoff und Form sind eben Aspekte des Dings und nicht ihre realen Teile. Dennoch gibt es Dinge, die zu vielem werden können und Dinge, die ein solches Potential nicht besitzen, weil sie alles, was in ihnen liegt, bereits verwirklicht haben. Man könnte also eine Hierarchie der Dinge aufstellen, beginnend mit jenen, an denen nichts oder fast nichts verwirklicht ist, bis zu den Dingen, die keinerlei Stoff mehr enthalten und nur Wirklichkeit sind. Erstere sind die bekannten Elemente Feuer, Wasser, Luft und Erde, wozu als fünftes noch die himmlische Materie, der Äther, hinzukommt. Sie sind reine Möglichkeit und enthalten noch keine Verwirklichung. Aber die Elemente kommen nie rein vor, insofern sind sie Abstraktionen. Es gibt z.b. nicht Feuer, sondern immer nur Feuer in einer bestimmten Gestalt. Andererseits ist Gott das Wesen, das keinerlei Stoff an sich hat und nur Form ist. Was nun bloß der Möglichkeit nach existiert, das ist in geringerem Maße seiend als das, was bereits verwirklicht ist. So sind etwa die Elemente in geringerem Maße seiend als etwa die Tiere, während jene in geringerem Maße seiend sind als Gott, an dem es keinerlei Möglichsein gibt.

3. Soweit die Substanz der Wirklichkeit nach existiert, ist sie Form (Eidos), also ist das Ding vermöge seiner Formbestimmung (Eidos) seiend. Das Eidos ist der Begriff des Dings, wie er sich etwa in der Definition äußert. Der Begriff ist aber ein Allgemeines, während das Ding ein Einzelnes ist. Hier scheint also ein Widerspruch vorzuliegen. Dies entspricht aber durchaus unserer Sprechweise. Denn wenn man fragt 'Was ist das?', erhält man z.B. die Antwort 'Ein Tisch'. Wir fragen also nach einem Individuum und bekommen ein Allgemeines zur Antwort. (Je nach Intention der Frage erwarten wir aber auch eine Antwort der Art: 'Das ist mein Tisch' oder 'Das ist der Tisch meines Bruders'. Hier erhält man zwar ein Individuum zur Antwort, aber die Frageintention ging nicht auf das Ding, sondern auf die Beziehungen, in denen es steht. Der Fragende weiß hier bereits, dass es sich um einen Tisch handelt.) Das Ding ist also durch seinen Artbegriff vollständig bestimmt und insofern befindet sich Aristoteles auch in Einklang mit unserer Redeweise. Man hat eingewandt (Zeller), das Ding sei schließlich ein Individuum, der Begriff aber ein Allgemeines und für Aristoteles gehe auch die Wissenschaft nur auf das Allgemeine; die Wissenschaft könne also niemals das Ding in seiner Individualität erfassen. Man kann natürlich erwidern, die gesamte Antike habe noch gar keine Vorstellung von der Individualität. Aber Aristoteles hat doch völlig recht mit seiner Behauptung, das Wesen des Dings liege in seinem Begriff, d.h. das Sein des Dings ist sein Begriff

(Met Z11, 1037a30), seine Individualität ist eine unwesentliche Bestimmung an ihm. Will man ein Ding als Individuum bestimmen, so ist das zwar durchaus möglich, aber nur mit kategorialen und d.h. unwesentlichen Bestimmungen.

Aristoteles verwahrt sich ausdrücklich dagegen, das Ding von seinem Begriff zu trennen (Met. Z6). Man hat also nicht das Ding von seinem Wesen zu scheiden. Das wäre ein Rückfall in die Ideenlehre, vielmehr ist der Tisch und das Tisch-sein ein und dasselbe. Aber inwiefern ist denn dieses Eidos in dem Ding? Ist das Ding vielleicht nichts anderes als Begriff? Die Welt wäre dann eine Ansammlung von Eide (Begriffen) und ihrer Selbstbewegung. Das System des Aristoteles könnte man dann mit gutem Grund einen Idealismus nennen. Oder der Begriff ist das Eigentliche, das Wesen des Dings. Es gäbe am Ding dann noch einen unbegrifflichen Rest am Ding, den man etwa Materie nennen könnte. Dann hätte man eine Konstruktion, wie sie typisch für die Philosophie des Mittelalters war. Man unterscheidet in diesem Sinn Dasein (Existenz) (jenen individuellen Tisch) und Was-sein (das Wesen und damit den Begriff des Tisches) und das ist das proton pseudos der abendländischen Philosophie.

4. Das Seiende ist in verschiedener Hinsicht seiend derart, dass es Grade des Seiendseins gibt. Das Ding ist seiender als die kategorialen Bestimmungen, z.B. die Qualitäten, da es selbständig ist, während die Qualitäten unselbständig sind. Die Dinge sind also im eigentlichen Sinn seiend, da sie selbständig sind. Selbständigkeit ist in der gesamten antiken Philosophie ein Indikator des Seienden. Die kategorialen Bestimmungen sowie die Gattungen sind unselbständig. Darum sind sie aber nicht nichtseiend, sondern nur eingeschränkt seiend da sie eingeschränkt selbständig sind. Die Gattungen sind Abstraktionen der Dinge, sie sind unselbständig, aber aus Selbständigem erzeugt. Die kategorialen Bestimmungen existieren nur an den Dingen, sie sind Eigenschaften der Dinge. Was aber diese An-Existenz genauer bedeuten soll, das erklärt Aristoteles nirgends. Man könnte eine Erklärung durchaus in Sinne von Aristoteles mit dem Ansatz Freges versuchen, wonach ein Begriff eine Funktion ist, die bereitliegt, von einem Argument, d.h. einem Ding gebunden zu werden. Diese Theorie betont die Unvollständigkeit des Begriffs, der Begriff ist immer durch ein Ding zu vervollständigen. Diese Theorie klärt aber nicht die Unselbständigkeit des Begriffs. Und vor allem: Was bedeutet es denn eigentlich, wenn etwas an etwas existiert. Es scheint, Aristoteles habe hier unser Sprachverhalten ontologisiert: Dem Subjekt wird ein Prädikat zugesprochen, also kommt dem Ding eine Eigenschaft zu.

Jedenfalls sind Gattungen und kategoriale Bestimmungen beide unselbständig und darum weniger seiend als die Dinge (Met. Z4, 1030a20). Aristoteles nimmt also Grade des Seiend-seins an. Das Maß dieses Mehr und Weniger an Sein ist die Selbständigkeit. Sicher sind auch die Gattungen in anderem Sinn unselbständig als die kategorialen Bestimmungen, aber dies zu klären kann Aristoteles unterlassen, da es ihm nur um die Selbständigkeit zu tun ist.

Doch auch die Dinge selbst sind mehr oder weniger seiend. Ein Ding ist in besonderem Maße seiend, wenn es alle Möglichkeiten verwirklicht hat, reine Wirklichkeit ist. Das Maß des Mehr und Weniger ist hier aber nicht die Selbständigkeit. Die

Dinge brauchen zu ihrer Existenz zwar nichts anderes, aber sie sind insofern unvollkommen, als sie unverwirklichte Möglichkeiten an sich haben. Man könnte sie insofern unvollständig nennen. Es wäre nun konsequent, ein Streben aller Dinge nach Vollständigkeit anzunehmen (amor intellectualis Dei) oder gar einen dem Stoff einwohnenden Willen zur Verwirklichung, aber das lässt sich nicht zweifelsfrei den Texten entnehmen.

Wie würde nun Aristoteles das Problem des Parmenides lösen? Während Plato das Nichtsein als Verschiedensein deutet, ist Aristoteles der Meinung: Alles ist seiend, aber das eine mehr, das andere weniger. Nicht-Sein wäre dann ein Weniger-Sein.

Der Gedanke, es könne Grade des Seins geben, ist bis heute ungewohnt und irritierend. Ein Mehr und Weniger scheint es insbesondere bei Eigenschaften zu geben, hier wären es die Eigenschaften der Selbständigkeit und Vollständigkeit. Aristoteles scheint also das Seiend-Sein als Eigenschaft aufzufassen. Aber dass Aristoteles gerade diese Eigenschaften mit dem Sinn des Seins verbindet, ist vielleicht anschaulich klar und verständlich, aber auch willkürlich.

2.1.4 Plotin

Plotin nennt sich selbst einen Platoniker und seine Kritik an Aristoteles ist oft gesucht und nicht gerade von Wohlwollen geprägt. Andererseits ist aber auffallend, wie sehr er die aristotelische Terminologie benutzt. Man versteht ihn darum wohl am besten, wenn man ihn als Versuch einer Synthese von Platon und Aristoteles liest.

Das hervorstechende Merkmal des Systems des Plotin ist seine Dreiteilung alles Seienden in Seele, Geist und dem Einen (den sogenannten Hypostasen). An dieser Dreiteilung ist vieles merkwürdig: Wo bleiben die gewöhnlichen Dinge? Was ist der Unterschied von Seele und Geist? Was für ein Wesen ist das Eine und warum sah sich Plotin genötigt, es einzuführen, da es sicher kein Gegenstand unserer täglichen Erfahrung ist? Zuvor ist jedoch das Motiv dieser gesamten Einteilung zu erwähnen. Es ist dasselbe wie bei Plato: das Sein des Dings ist sein Begriff. Der Begriff aber ist ein selbständiges Wesen. Diese Meinung vertreten Plato wie Plotin und insofern kann man Plotin als Platoniker und Vertreter der Ideenlehre ansehen.

Das Eine ist Ursache und Grund alles Seienden und offenbar glaubte Plotin, dergleichen annehmen zu müssen. Es ist sozusagen die Quelle, aus der alles fließt und damit Grund und Ursache von allem. Es hat zwar die Funktion des aristotelischen Gottes, ist aber von ganz anderer Art, denn es gleicht insofern dem Sein des Parmenides, als ihm keinerlei Eigenschaften zukommen kann. Es ist reine Einheit und in keiner Weise Vielheit, es hat darum auch keine Teile. Natürlich darf es darum auch keine Eigenschaften besitzen, denn dann wäre es nicht bloße Einheit, sondern in gewisser Weise auch Vielheit und wenn ihm keine Prädikate zukommen, dann auch nicht das Prädikat „seiend". Das Eine existiert also nicht so, wie die Dinge oder die Begriffe existieren. Aber eine Eigenschaft kommt ihm gleichwohl zu: Es erzeugt alles andere. Und weil alles gut ist, so wie es ist, wird das Eine auch das Gute genannt.

Dies ist aber kaum als Eigenschaft des Einen anzusehen, sondern ein anderer Name, der auf einen gewissen Aspekt der vom Einen erzeugten Welt aufmerksam macht. Schließlich ist das Eine doch ganz sicher auch ein Etwas: Ein Etwas, das alles andere zu Seiendem macht. Es ist also ein alles erzeugendes Ding ohne Eigenschaften. Das ist natürlich nicht möglich und darum kann es vom Einen auch keine Wissenschaft geben, noch kann man es sich denkend aneignen. Man kann es höchstens in einem Akt der mystischen Aneignung ergreifen. Auf diese Weise kann man sich natürlich gegen jede Kritik immun machen, aber nur darum, weil die Weise der Aneignung des Einen nicht objektivierbar ist. Ein solcher Kritikpunkt wäre etwa: Plotin stellt sich das Eine in jedem Fall dinghaft vor, aber kann etwas ein Ding sein, das keine Eigenschaften hat?

Das Eine ist von solcher Kraft und Fülle, dass es sozusagen überfließt und damit etwas von seiner Kraft nach außen trägt, so wie ja etwa auch die Sonne etwas von ihrem Wesen abgibt, nämlich das Licht und dennoch nichts dabei verliert. Dieses Überströmen kann man ebenfalls kaum als Eigenschaft des Einen ansehen, da alles, was ein Vermögen und eine Kraft besitzt, etwas von dieser Kraft nach außen abgibt. Aus diesem Überfließen entsteht der Geist und die Seelen. Dieses Emanierte ist sozusagen abgeschattet, weniger vollkommen als das, aus dem es kommt. Das Eine fließt sozusagen über, verliert dabei aber nichts von seiner Vollkommenheit, aber das, was es aus sich entlässt, ist weniger vollkommen als es selbst. Das ist eigentlich nicht einsichtig, aber ein wesentlicher Bestandteil des Systems.

Das erste, das das Eine erzeugt, ist der Geist. Der Geist ist formal bestimmt als Vielheit in der Einheit und steht, da er eben in gewisser Weise Vielheit ist, hinter dem Einen an Vollkommenheit zurück. Der Geist ist das Denken der Begriffe, d.h. der Ideen, wobei unter Denken hier kein Überlegen, sondern ein geistiges Sehen, ein Anschauen der Begriffe gemeint ist. Der Geist ist in seiner Struktur so ziemlich identisch mit dem Gott des Aristoteles (aber natürlich ist er kein erster unbewegter Beweger) und insofern könnte man Plotin Aristoteliker nennen, trotz seiner oft unfairen Kritik an ihm. Der Geist denkt alle Begriffe und damit sich selbst und das kann doch nur heißen: Der Geist ist die Bewusstheit aller Begriffe. Geist wäre dann allerdings nur noch die Einheit aller Begriffe, wobei der Begriff immer nur als gedachter vorliegt. Da der Begriff seiner Natur nach nur als gedachter vorliegt und er das Seiende ist, kann man sagen, Denken und Sein sind dasselbe. Auch hier könnte man wieder den Einwand der unzulässigen Vergegenständlichung erheben. Denn der Geist ist ja nur die Einheit der Begriffe, aber Plotin macht daraus ein Wesen, das sich selbst denkt.

Wie entsteht nun der Geist aus dem Einen? Das ist insofern eine ungeklärte Frage, als der Mechanismus dieser Erzeugung ungeklärt ist. Aus der Überfülle seiner Kraft strömt das Eine über und dieses Herausgeströmte ist zwar nicht das Eine aber es ist von der Art des Einen, also in gewisser Weise unvollkommener als das Eine. Es versteht sich zwar, dass das Eine durch dieses Ausströmen nichts von seiner Vollkommenheit verliert, keineswegs klar ist aber, warum dieses Emanierte unvollkommener sein soll als das Eine. Das Hauptproblem dieser Emanation ist aber:

Wie kann die Vielheit der Begriffe, also die Vielheit der Qualitäten aus dem Einen entstehen. Man hat dies das Problem des Inhalts genannt. Klar ist zumindest: Die Begriffe können auf keinen Fall im Einen bereit gelegen haben, sie müssen also im Prozess der Emanation erzeugt worden sein. Wie das gehen soll ist aber vollkommen unklar.

Man ist vielfach geneigt, Plotins Philosophie, seiner Spekulation über das Eine wegen, als Mystik zu bezeichnen oder besser gesagt: zu verunglimpfen. Dieser Eindruck kann darum entstehen, weil es keinen direkten anschaulichen Zugang zum Einen gibt. Es ist eben ein rationales Konstrukt, weil Plotin etwas annehmen muss, in dem die Trennung von Denken und Gedachten aufgehoben ist. Insbesondere entsteht dieser Eindruck deshalb, weil Plotin die Kardinalfrage, warum emaniert das Eine überhaupt? fast ausschließlich mit Bildern zu beantworten sucht und dann vernachlässigt man leicht Plotins Versuch, das Eine rational nachzukonstruieren (10, 7). In diesem Sinne nämlich ist das Eine das Mögliche, das zur Verwirklichung strebt. Möglich meint die Möglichkeit, auf sich selbst zu reflektieren. Das Eine ist sozusagen eingefaltete Vernunft. Verwirklicht es diese Möglichkeit, ist es Geist geworden. Unklar bleibt an dieser Konstruktion immer noch, wie in dieser Reflexion die Vielfalt der Ideen entstehen konnte. So verstanden ist das Eine Plotins jedenfalls der höchste Punkt eines jeden Idealismus.

Ebenso wie das Eine den Geist erzeugt, so erzeugt der Geist die Seelen, mithin durch ein Überfließen aus der Fülle seiner Kraft. Der Mechanismus dieser Emanation ist ebenso unklar wie im ersten Fall. Man hat jedenfalls zu beachten, dass hier und in der gesamten Antike ein Seelenbegriff verwendet wird, der allgemeiner ist als der heutige. Man könnte Seele am besten mit Lebenskraft übersetzen: Alles, was sich selbst bewegen kann, hat Seele. So sind nicht nur Menschen beseelt, auch Pflanzen, Tiere, sogar die Sterne sind beseelt, eben weil sie sich selbst bewegen können. Und schließlich ist unsere Welt beseelt, da sie sich doch, wie jeder sieht, selbst bewegt.

Genauer erzeugt der Geist die Weltseele. Die Weltseele beinhaltet die übrigen Seelen, also die Sterne, die Menschenseelen, die Tierseelen, die Pflanzenseelen.

Das Eine erzeugt den Geist und die Seelen. Aber was ist mit den Dingen oder gar mit der Materie? Man darf Plotin auf keinen Fall einen Dualismus in dem Sinn unterstellen, als ob es neben dem Einen noch die von dem Einen unabhängige Materie gäbe, das Ding wäre dann eine Kombination von Seele und Materie. Vielmehr müssen die Dinge und die Materie irgendwie aus dem Einen, bzw. dem Geist und den Seelen ableitbar sein.

Die rechte Einschätzung der Materie ist das größte Problem in Plotins Philosophie. Ist die Materie das gegenüber dem Begriff schlechthin Andere oder ist sie nur der minder bestimmte Begriff, also ebenfalls begrifflicher Natur? Ersteres darf Plotin – wie gesagt – nie behaupten, dann bekäme sein System einen anderen Charakter, es wäre ein Dualismus. Es ist aber durchaus möglich, die Materie in einem begrifflichen Sinn zu deuten, obwohl Plotin oft genug so redet, als ob die Materie das unbegriffliche Andere ist – diese Stellen sollte man dann als Redeweisen deuten. Die Materie ist Privation, Beraubung des Begriffs und etwas, das zu allem anderen erst werden kann. Mithin genau das das, was schon Aristoteles Hyle nannte. Sie ist der gerade minder bestimmte Begriff. Darum ist sie eigentlich ein Abstraktum und dasjenige am Ding, das nicht zu seinem Wesen gehört. Als solches ist sie natürlich auch Begriff, aber eben ein solcher Begriff, der gerade unwesentlich ist. Dieses Bild wird getrübt durch Plotins Hang zur Vergegenständlichung, er macht gern aus Abstrakta Gegenstände und daher mag wohl auch der Eindruck kommen, die Materie sei das Andere gegenüber dem Begriff. Deutlich ist aber hier V, 8, 7, 21ff: Die Materie ist selbst noch eine Art unterste Form, somit ist die Welt ausschließlich Form.

Die Frage bleibt allerdings: Was ist ein Ding? Man könnte sagen, es ist ein unreiner Begriff, d.h ein Begriff, der seine Definition nicht vollständig erfüllt. Diese Privation am Begriff nennt man dann Materie (Hyle). Das Sein des Dings ist darum die Form (IV, 3, 8, 25ff) und das Ding ist Nachbildung der Idee (IV, 3, 11, 10ff). Das Verhältnis von Idee und Ding klärt Plotin anhand des platonischen Vorbilds der Methexis, wobei er aber auch Ideen von Individuen annimmt. Der unbegriffliche Rest am Ding ist aber durchaus Begriff, aber eben solcher Begriff, der gerade unwesentlich ist, er restringiert sein Wesen.

Man kann Plotin zwanglos als eine Antwort auf Parmenides lesen, indem man nämlich das Eine des Plotin mit dem Sein des Parmenides identifiziert. Dies ist das eigentliche und wahrhaft Seiende. Alles andere, die Begriffe, die Seelen und die Dinge, sind demgegenüber Abschwächung und Abschattung des einen Seienden. Und damit ist offenbar Privation des Einen gemeint. Privation aber ist ein Fehlen von etwas. Die Logik der Privation ist also offenbar: Etwas fehlt an etwas. Was fehlt aber den Dingen oder den Begriffen gegenüber dem Einen? Offenbar die Einheit, die eben nur dem Einen zukommt, während alles andere höchstens in defizienter Weise Einheit genannt werden kann. Man könnte also sagen, der Sinn des Seins sei für Plotin die Einheit. Damit die Welterzeugung aber funktioniert, muss man dem Einen aber die Eigenschaft des Überfließens zusprechen. Das Eine strömt aus sich heraus und es entsteht der Geist, die Seelen und die Dinge. Diese sind seiend, insofern sie Ausflüsse des Einen sind. Sie sind aber nicht derart vollkommen wie es das Eine ist – ihnen fehlt etwas, sie sind als Emanierte, Privationen des Einen. Diese Zusatzvoraussetzung des Überströmens ist also entscheidend, ohne diese Eigenschaft gäbe es keine Welt. Gleichwohl ist ihre Annahme willkürlich, obwohl sich Plotin alle Mühe gibt, sie durch Beispiele plausibel zu machen. Auch ist es nicht verstehbar, wie alle Qualitäten, d.h. die Vielfalt der Begriffe aus dem Einen entstehen können. Der Geist als defiziente Einheit reicht eben nicht aus, um die Mannigfaltigkeit der Qualitäten erzeugen zu können.

2.2 Metaphysik des Mittelalters

Die Philosophie des Mittelalters hat keinen besonders guten Ruf. Man hält sie allgemein für uninteressant, verbohrt und nichts weiter als einen Bremsklotz in der Entwicklung der Philosophie. Folglich liest man ihre Texte nicht und folglich sind nicht viele ihrer Texte herausgegeben. Berechtigt ist diese Aversion gegen die mittelalterliche Philosophie sicher da, wo sie Scholastik ist. Scholastik ist eine Methode, die uninteressante Fragen inbrünstig diskutiert, sinnlose Distinktionen vornimmt, bloße Namen für Erklärungen ausgibt und nicht bereit ist, ihre Voraussetzungen in Frage zu stellen. In diesem Sinn ist Scholastik keineswegs dasselbe wie mittelalterliche Philosophie, ja gewisse Zweige der Gegenwartsphilosophie pflegen sie bis heute. Mittelalterliche Philosophie aber lässt sich weder auf Thomas von Aquin, noch auf Scholastik reduzieren. Sie ist um ein Vielfaches reicher und interessanter.

Das auffälligste Charakteristikum der Philosophie des Mittelalters ist ihre Gottesvorstellung: Es gibt einen Gott, der die Welt aus dem Nichts geschaffen hat und der darüber hinaus Person ist. Das ist etwas ganz anderes als die Gottesvorstellung des Aristoteles. Eine solche Vorstellung von Gott klingt für uns heute vertraut und unspektakulär, tatsächlich bedeutet sie aber eine Revolution des philosophischen Denkens.

Im Akt der Schöpfung hat Gott den Dingen Existenz verliehen. Als Vorstellungen oder Begriffe waren sie immer schon im Geist Gottes. Durch die Schöpfung ist zu dem Begriff etwas Neues hinzugekommen, das Ding ist da, es bleibt nicht nur eine Vorstellung. Dieses Da-Sein nennt man terminologisch Existenz. Und wenn man fragt, was denn Existenz ist, gibt es keine andere Antwort als: Es ist das, was Gott den Dingen im Akt der Schöpfung verliehen hat und was zu der bloßen Vorstellung hinzukommt. Viele mittelalterliche Philosophen haben, wenn sie von Sein sprachen, Existenz gemeint. Der Begriff der Existenz ist also eine natürliche Folge des christlichen Schöpfungsbegriffs und eine derartige Vorstellung von Existenz kannte die Antike durchaus nicht.

Neben der Existenz gibt es am Ding aber noch seine Bestimmtheit, seine Definition und man kann ebenfalls mit gutem Recht sagen, die Bestimmtheit des Dings ist sein Sein. Hierin spricht sich natürlich das antike Erbe aus, denn hier handelt es sich ja um die Thesen von Plato und Aristoteles. Aber jenseits dieser historischen Verflechtung der mittelalterlichen Philosophie liegt hier eine sachliche Berechtigung vor. Jetzt steht man vor dem Problem, ein doppeltes Sein zu haben, die Existenz und das Wesen (oder die Bestimmtheit oder die Definition). Beide sind das Sein des Dings, aber wie verhalten sie sich zueinander. An dieser Frage hat sich die gesamte mittelalterliche Philosophie abgemüht und keine einzige ihrer Lösungen war überzeugend.

Natürlich hat man hier Unvergleichbares verglichen, aber wie konnte es dazu kommen? Man könnte sagen, hier seien eben zwei Traditionslinien, die Antike und das Christentum, aufeinander getroffen, die unvereinbar sind und die folglich auch das Mittelalter beim besten Willen nicht auflösen konnte. Aber das ist nur eine oberflächliche Erklärung. Man kommt der Sache näher, wenn man den mittelalterlichen Existenzbegriff betrachtet. Merkwürdigerweise ist er ja bei den mittelalterlichen Philosophen nie Gegenstand der Betrachtung gewesen. Existenz ist für die Scholastik immer außerseelische Existenz. Die Philosophen der Scholastik sind insofern Realisten, als sie wie selbstverständlich annehmen, die Dinge existieren unabhängig und außerhalb der menschlichen Seele – das soll ja gerade den göttlichen Schöpfungsakt ausmachen. Diese Voraussetzung erzeugt dann das Problem der Erkenntnis und das Problem des Zusammenhangs von Geist und Materie, oder als Spezialfall das Problem der Interaktion von Körper und Seele. Gemeinhin meint man, dies seien typisch moderne Probleme. Tatsächlich ist es ein typisches Problem des oben so genannten Realismus, also ein typisches Problem der Scholastik – die Antike kannte diese Probleme durchaus noch nicht. Klar ist aber auch, dass beide Probleme, auf Grund ihrer Voraussetzung, nicht lösbar sind. Man müsste ja die Trennung, die man voraussetzt, zur Lösung dieser Probleme in irgendeiner Weise wieder aufheben.

Der Existenzbegriff der Scholastik ist sicher durch die Voraussetzung einer göttlichen Weltschöpfung motiviert. Er ist ein sehr spezieller Existenzbegriff, mit etwas gutem Willen könnte man der antiken Philosophie einen verallgemeinerten Existenzbegriff unterstellen. Aber er bildet den Rahmen für die ontologischen Fragestellungen der Scholastik. Es ist dann vielleicht immer noch lächerlich, aber doch zumindest erklärlich, wenn man Fragen stellte und inbrünstig diskutierte, wie etwa: Sind die Begriffe im Verstand oder in den Dingen? Ist die Wahrheit ewig? Ist das Allgemeine unzerstörbar? Liegen Privationen real in den Dingen vor? Wie kann das Allgemeine ein Besonderes werden (Individuation)? Man sieht, diese lächerlichen Fragen entstehen dadurch, dass man raum-zeitliche Kategorien an rein begriffliche Wesen heran trägt. Und dies kann man deshalb tun, weil die scholastische Seinsvorstellung auf das Außerseelische, man möchte sagen, Raum-Zeitliche eingeschränkt ist.

Die mit Abstand bekannteste dieser lächerlichen Fragen ist das sogenannte Universalienproblem. Dass es in jüngerer Zeit wieder aufleben konnte, zeigt die Gedankenlosigkeit und Rückständigkeit vieler zeitgenössischer Philosophen. Die originale Formulierung des Problems bei Porphyrios lautet: „Existieren die Gattungen und Arten real oder befinden sie sich nur in bloßen Gedanken und, wenn sie real sind, sind sie Körper oder unkörperlich; ferner sind sie von den Sinnendingen abgetrennt oder existieren sie real in ihnen oder abhängig von ihnen ...“ Das Problem dieses Problems liegt in der Voraussetzung, die es erst zu einem Problem macht. Und diese Voraussetzung ist jener erwähnte eingeschränkte und stets fraglos akzeptierte Existenzbegriff.

Eine weitere Unterscheidung, die die Antike nicht kannte und die im Mittelalter vielleicht nicht explizit, aber sicher tendenziell erstmals auftaucht ist die Unterscheidung von Bewusstsein und Realität. Auch diese Unterscheidung hat ihren Ursprung und ihr Motiv in der Annahme, Gott habe die Welt geschaffen. Er hat sie ja schließlich als Realität geschaffen und das heißt als unabhängig von unserem Bewusstsein und unserer Vernunft. Diese Unterscheidung von Bewusstsein und Realität ist der Leitgedanke der Philosophie der Neuzeit, er ist aber bereits im Mittelalter angelegt, denn er ist motiviert durch die Annahme einer göttlichen Schöpfung. Man könnte sagen, der Sinn des Seins ist nicht mehr die Selbständigkeit, wie in der Antike, sondern die Objektivität, d.h. die von der Subjektivität unabhängige Existenz.

Weiterhin hat man an der Philosophie des Mittelalters einen Hang zur Vergegenständlichung hervorzuheben. Eine solche Tendenz kann man schon in der antiken

Philosophie beobachten, aber im Mittelalter wurde sie geradezu System. Wird ein Apfel rot, dann muss die Röte in ihn hinein gekommen sein. Wo war die Röte aber, bevor sie in den Apfel kam? Oder ein Beispiel, das auch Aristoteles gern erwähnt: Eine Marmorstatue besitzt eine gewisse Gestalt, also muss es doch eine Gestalt geben, die irgendwie in den Marmor hineingeht, damit der Marmor die Gestalt annehmen kann, die er hat. Das klingt platonisch, ist es aber nicht, weil man dabei unterstellt, es gebe einen Gegenstand und dieser bereitliegende Gegenstand müsse mit Begriffen aufgefüllt werden.

Die Philosophie des Mittelalters, ja das gesamte mittelalterliche Leben kann man ganz gut mit dem Schlagwort Theozentrismus charakterisieren. Alles, der Mensch und die Natur, haben ihr Sein von Gott, er hat sie aus dem Nichts erzeugt, weil es ihm gefallen hat, seine Allmacht und seinen Ruhm zu manifestieren. Alles Geschaffene strebt dann aus Liebe zu seinem Schöpfer wieder zu ihm zurück. Der Weg zu diesem Ziel besteht im unentwegten Lob des Schöpfers und seiner Werke, denn alles, was Gott geschaffen hat, ist gut. Wer in dieses Lob etwa nicht mit einstimmt, für den hat die weltliche Seite der Kirche, nämlich der Staat, durchaus Mittel parat, ihn gefügig zu machen. Auch die mittelalterliche Philosophie war beständig der Zensur unterworfen und die Beispiele sind zahllos, in denen ein Philosoph gemaßregelt wurde oder er sich vor einem kirchlichen Gremium für seine Lehren verantworten musste.

Es ist also kein Wunder, wenn kaum einer auf die Idee kam, an der Existenz dieses allmächtigen und gütigen Schöpfers einmal zu zweifeln. Bevor man die Existenz eines solchen Gottes annimmt, sollte man sich doch eigentlich fragen, ob eine solche Vorstellung überhaupt möglich ist. Und es ist wirklich unmöglich, sich diesen Gott vernünftig zu denken. Hier hat die christliche Philosophie immer auf ein bewährtes Argument zurückgegriffen. Wenn sich unser menschlicher Geist Gott nicht denken kann, dann zeigt das nur die beschränkten Fähigkeiten des menschlichen Denkens, das eben nicht in der Lage ist, Gott zu denken. Man kann das für ein Totschlagargument halten, denn es kann doch kein anderes wissenschaftliches Kriterium als die Vernunft geben. Die christliche Philosophie kennt aber noch eine andere Weise Erkenntnisse zu gewinnen, nämlich die Offenbarung. Die Offenbarung gibt uns Kenntnis von einem allmächtigen, weisen und gütigen Schöpfergott. Wenn wir das nicht begreifen können, dann liegt das nur an unserer Vernunft, die nicht geeignet ist, diese Wahrheit zu erfassen. Mit einem solchen Ansatz ist man in der Philosophie aber immer fein raus. Man muss dann eigentlich gar nichts mehr begründen, man kann alles behaupten und dann argumentieren, unser beschränkter menschlicher Verstand erfasst solche Wahrheiten nicht zureichend. Das wäre dann das Ende der Philosophie. Die Lösung aller Probleme kennt Gott, und wir sind nicht immer in der Lage, es zu verstehen. Jedenfalls sind alle Probleme bereits gelöst, es kommt nur darauf an, Gottes Gedanken nachzudenken. Wo dies aber nicht möglich ist, etwa weil ein Widerspruch auftaucht, hilft immer noch der Hinweis auf unsere beschränktes Denkvermögen. Hiergegen lässt sich nichts mehr erwidern, außer dass es dazu dienen kann, überhaupt alles zu behaupten, dass es sich also um ein echtes Totschlagargument handelt. Vielleicht waren solche Argumentationsstrukturen der Grund, warum sich die Philosophie nach und nach von der Offenbarung als Erkenntnisquelle abwandte und ausschließlich der Vernunft vertraute.

Man beachte auch, dass das Christentum von Anfang an unter einem Rechtfertigungsdruck stand. Schon Paulus wusste, es ist den Heiden eine Torheit, d.h. es ist unvernünftig. Es musste von Anfang an seine Vernunft gegenüber der Philosophie nachweisen und tat dies zunächst, indem es die damals aktuellste Philosophie, den Neuplatonismus, christlich adptierte. Das Christentum, und nicht nur die Philosophie des Mittelalters, ist also mit einem Geburtsfehler behaftet, d.i. mit der Erwartung, sich begründen zu müssen, und es war nur eine Frage der Zeit, bis das allgemeine Bewusstsein die Vernunft gegen das Christentum ausspielte, ihr Irrationalität vorwarf und es einfach zum alten Eisen warf.

2.2.1 Augustin

Man hat Augustin den Lehrer des Abendlands genannt und das ist in mehr als einer Hinsicht richtig. Zunächst fußt natürlich die gesamte christliche Theologie auf Augustin. Er hat der Theologie nicht nur ihre Probleme gegeben, er ist sogar der Erfinder der Theologie als Wissenschaft. Sodann ist er insofern Lehrer der abendländischen Philosophie, als er ihr ihre Popularphilosophie gegeben hat (s.u.). Zum Dritten ist er der Entdecker der Innerlichkeit und d.h. des Bewusstseins (conscientia), worin sich die mittelalterliche und moderne Weltsicht ja insbesondere von der antiken absetzt. Und schließlich ist er der Erfinder der religiösen Intoleranz, worin er ebenfalls eine mächtige Tradition begründete.

Hier soll es in erster Linie um seine philosophische Wirkung gehen. Augustin war zunächst und in vielen Dingen Zeit seines Lebens Neuplatoniker, allerdings Vertreter eines populären Neuplatonismus, den er christlich adaptiert hat. Manchmal glaubt man sogar, er habe nur ein paar neuplatonische Schlagwörter weitergegeben, den Neuplatonismus popularisiert und diese grobe Vereinfachung noch dazu christlich angepasst. Aber damit ist es ihm auch gelungen, ihn zur Popularphilosophie des Abendlands zu machen. Einen Klassiker der Philosophie wird man ihn aber darum kaum nennen können. Originell und innovativ war Augustin auf einem Gebiet, das man später philosophische Psychologie und sogar Geistmetaphysik nannte. Doch auch hier liegt keine durchgeführte Theorie vor. Kurt Flasch sagte, nicht zuletzt im unsortierten Reichtum seiner Motive liege das Geheimnis der geschichtlichen Wirkung Augustins (K. Flasch: Augustin. Einführung in sein Denken, Stuttgart 1994, S. 395). Sein Werk ist wie ein Steinbruch, aus dem sich jeder bedienen kann, wie es ihm gerade genehm ist. Hinsichtlich der philosophischen Psychologie ist er zunächst – wie gesagt – der Entdecker der Innerlichkeit als einer Innenwelt gegenüber einer Außenwelt, d.h. er ist der Entdecker des Bewusstseins als einer philosophischen Kategorie. In dieser Innenwelt hat er insbesondere den Willen entdeckt. Beides Dinge, die der antiken Philosophie fremd waren. Was aber seine geistmetaphysischen Spekulationen insbesondere angeht, so sieht er ja den menschlichen Geist (mens) in seiner Dreiteilung von Gedächtnis, Einsicht (intelligentia) und Wille als Bild der göttlichen Trinität (De Trin. X, 12.19). Dies sind aber Spekulationen, die uns heute kaum mehr interessieren, die aber auch kein sachliches Interesse haben, eben nutzlose und bedeutungsleere Gedankenspiele.

Philosophie, wie überhaupt jede Wissenschaft wird nach Aristoteles um ihrer selbst willen betrieben. Nach spätantiker Auffassung ist sie dagegen Handlungsanweisung, Anleitung den Weg zum Glück zu finden und Augustin bewegt sich ganz im Rahmen der spätantiken Philosophie, wenn er den Sinn der Philosophie ebenfalls in der Erlangung der Glückseligkeit sieht. Glückseligkeit aber erlangt man durch Weisheit und Weisheit ist nur in Gott; Weisheit heißt, Gott erkennen. Dann besteht aber kein Unterschied mehr zwischen christlicher Religion und Philosophie, genauer: Platonismus. So sagt es Augustin selbst, aber korrekt müsste man sagen: Es besteht kein Unterschied von christlicher Religion und Neuplatonismus. Im Sinne von Augustin kann man sogar sagen, Christentum ist Neuplatonismus des Volks. Und selbstverständlich ist dies eine Fehleinschätzung, wie sie typisch für Intellektuelle ist, eine Fehleinschätzung allerdings, die er im Alter offensichtlich nicht mehr geteilt hat. Er scheint im Alter eine Prädestinationslehre vertreten zu haben.

Der Neuplatonismus Augustins zeigt sich vornehmlich an zwei Stellen: An der Hypostasenlehre und an der Ideenlehre. Plotin kannte die Hypostasen, d.h. vollständigen Einteilung alles Seienden in Seele, Geist und dem Einen. Augustin teilt zwar anders ein, nämlich körperliche Dinge – Pflanzen – Tiere – Menschen – Engel – Gott, aber auch diese Einteilung ist eine qualitative Stufung gemäß ihrer geistigen Fähigkeiten. Die einen haben Empfindung, die anderen nicht, die einen haben Seele, die anderen sogar Geist. Damit ist auch eine Wertung verbunden. Was Geist hat, ist sogar vollkommener als das, was keinen Geist hat. Dieser Topos, den man versucht ist, die Moralisierung der Ontologie zu nennen, findet sich bei Augustin auf Schritt und Tritt. Die Pflanze ist besser als ein Stein, aber ein Tier ist besser als eine Pflanze. Das Ding ist besser als seine Eigenschaften, das Urbild besser als sein Abbild und das Ganze besser als seine Teile, die Existenz ist besser als das Wesen (hierauf wird der ontologische Gottesbeweis beruhen) usw. usw. Hiermit ist nicht nur ein moralischer Vorzug gemeint, sondern sogar ein ontologischer. Etwas ist umso seiender, je vollkommener es ist. Einen solchen graduellen Seinsbegriff kannte schon Aristoteles. Während aber der Sinn von Sein in der antiken Philosophie die Selbständigkeit war, ist der Sinn von Sein bei Augustin (und wohl auch in der gesamten Philosophie des Mittelalters) die Vollkommenheit. In gewisser Weise ist der Seinsinn der Vollkommenheit eine Verallgemeinerung des Seinsinns der Selbständigkeit, denn die Selbständigkeit ist eine Form der Vollkommenheit. Und weil Gott das vollkommene Wesen ist, ist er im eigentlichen Sinn seiend, während alle anderen Dinge am Sein Mangel leiden. Sie sind weniger seiend als Gott und haben ihr Sein von ihm. Augustin sagt darum, Gott ist das höchste Sein und dann ist es auch nicht mehr missverständlich, wenn er auch sagt: Gott ist das Sein.

Auch die Ideenlehre hat Augustin christlich adaptiert. Die Ideen sind die Begriffe und die Dinge sind vermöge ihrer Begriffe. So ist ein Tisch vermöge der Idee des Tischs ein Tisch, er ist schön vermöge der Idee der Schönheit und er ähnelt einem anderen Tisch vermöge der Idee der Ähnlichkeit. Die Dinge sind die Abbilder ihrer Ideen, sie sind aber ihre unvollkommenen Abbilder und d.h., sie sind in geringerem Maße seiend als ihre Urbilder, die Ideen. Die Ideen sind aber für Augustin die Gedanken Gottes. Hierin besteht die christliche Adaption. Der Schöpfungsakt ist also das Erzeugen eines Abbilds nach dem Vorbild der Idee.

Es gibt natürlich noch weitere philosophische Lehrstücke im Denken Augustins, die allerdings eher unterschwellig denn als selbstverständliche Voraussetzungen auftreten und die zu erwähnen fast unnötig erscheint. Dazu gehört die Unterscheidung von Ding und Eigenschaft oder die These, das Ding setze sich aus Stoff und Form zusammen. Dies sind alles aristotelische Lehrstücke, wie man ja überhaupt den Neuplatonismus ebenso gut Neuaristotelismus nennen könnte. (Was die Neuplatoniker natürlich streng von sich gewiesen hätten. Konsequenterweise hat man dann von den aristotelischen Elementen in der eigenen Philosophie – und die waren erheblich – weniger Aufsehen gemacht.)

Insofern der Gott Augustins die ewigen Begriffe, d.h. Ideen denkt, ähnelt er dem aristotelischen Gott, d.h. dem Geist, der sich selbst denkt. Insofern er die Welt geschaffen hat, ähnelt er dem platonischen Demiurgen. Bekannt wurde das Schlagwort von der creatio ex nihilo, d.h. von der Erschaffung der Welt aus nichts. Damit ist gemeint, dass Gott keine Materie vorfand, der er im Schöpfungsakt eine Form gegeben hätte. Vielmehr hat er – wenn man in der Redeweise von Stoff und Form bleiben möchte – gerade auch die Materie geschaffen, wie es ja nichts von ihm verschiedenes gibt, was er nicht geschaffen hätte. Damit kann Augustin das Problem der Materie lösen, das ja der antiken Philosophie schwer zu schaffen machte und überhaupt der Pfahl im Fleisch des antiken Idealismus war. Man könnte natürlich einwenden: Der Preis, den Augustin für diese Lösung zu zahlen hatte, war zu hoch, er liegt ja bereits in der Annahme eines Schöpfergottes. Doch man würde den Boden der Philosophie Augustins verlassen, würde man diese Frage diskutieren.

Wie muss man sich den Akt der Schöpfung genauer vorstellen? Gott denkt die Ideen und erzeugt aus jeder Idee sein Abbild oder: Indem Gott die Ideen denkt, entsteht die Welt. Weiterhin hat Gott unvollkommene Abbilder der Ideen, d.h. die Dinge geschaffen. Die Dinge sind aber nicht darum unvollkommen, weil Gottes Schöpfungsakt unvollkommen gewesen wäre, sondern weil das Abbild von Natur unvollkommener ist als sein Urbild, die Unvollkommenheit der Dinge liegt also in der Natur der Sache. Das Ding ist also zunächst der geringer bestimmte Begriff, und d.h. der geringer seiende Begriff. Das geringer Seiende, das privativ Seiende, ist also das Nicht-Seiende und: Nicht-Sein ist Privation. Privation ist aber immer Privation von Etwas, hier ist das Nicht-Seiende eine Privation des höchsten, weil vollkommenen Seienden, d. h. Gottes. Die Dinge haben zwar an Gottes Vollkommenheit Anteil, aber sie sind natürlich nicht vollkommen. Inwiefern ist aber ein Ding unvollkommen? Indem es ihm etwa an Seele oder Geist mangelt. Etwas ist auch um so seiender, je mehr Ordnung, Maß und Gestalt es hat.

Das alles würde doch bedeuten, dass jegliches Geschöpf zwar unvollkommen, aber doch immerhin unvollkommener Begriff ist. Dieser Meinung ist Augustin aber ganz sicher nicht. Er ist vielmehr insofern Realist, als für ihn die Dinge unabhängig vom Subjekt und getrennt von Gott existieren (während die Unterscheidung Idealismus – Realismus für die antike Philosophie anachronistisch ist, die Unterscheidung wird erst sinnvoll, wenn man Bewusstsein kennt und es in seine Überlegungen einbezieht). Die Welt ist also weder eine Konstruktion des Subjekts, noch Gedanke Gottes. Neben den materiellen Dingen gibt es aber ebenso seelische und geistige Wesen. Sie existieren gerade so wie auch die materiellen Dinge. Dass diese so verschiedenen Dinge aber nicht nebeneinander und in gleicher Hinsicht bestehen können, bedenkt Augustin nicht. Es sei denn, man mutet dem Schöpfungsakt Gottes dieses Kunststück zu. Gott ist zur Lösung jeglicher Probleme immer bestens geeignet, weil man ja immer sagen kann, wir Menschen verstünden eben Gottes Handeln, obwohl es klug und weise ist, nicht immer. Jedenfalls scheint sich hier ein neuer und folgenreicher Begriff anzudeuten, nämlich der der Existenz. Denn worin besteht denn der Unterschied zwischen den Gedanken Gottes, d.h. den Ideen, die ja schließlich doch nur Vorstellungen sind und den nach diesen Vorbildern geschaffenen Dingen. Er kann doch nur in der Existenz liegen. Hier ist offenbar der Ursprung, der so folgenreichen Unterscheidung von essentia und existentia. Die antike Philosophie kannte so etwas wie Existenz in dem Sinn, wie wir dieses Wort heute verstehen, noch nicht. Existenz war ein Selbständigkeitsein, besser noch ein dauerhaftes Selbständigsein (wie es etwa der Begriff ist), aber nicht das, was man heute Existenz nennen würde. Dieser Begriff von Existenz legt sich nahe, wenn man unterstellt, ein Gott habe die Welt geschaffen. Denn zu sagen, Gott habe im Schöpfungsakt den Dingen Selbständigkeit gegeben, wie es dem Geist der antiken Philosophie entspräche, gibt nicht viel Sinn. Gott hat den Dingen vielmehr im Schöpfungsakt Existenz verliehen, ansonsten hätten sie nur als Vorstellungen im Geist Gottes bestanden, also nur als essentia vorgelegen. Klar ist damit auch, dass die Existenz wertvoller, vollkommener und besser als der bloße Begriff ist. Doch sind dies alles Dinge, die bei Augustin nicht ausgearbeitet vorliegen, sie sind lediglich Tendenzen und Andeutungen.

Diese neuartige und revolutionäre Unterscheidung von essentia und existentia legt sich auch durch eine weitere Unterscheidung nahe, die die antike Philosophie ebenfalls nicht kannte, der von Innenwelt und Außenwelt. Augustin hat die Innerlichkeit für die Philosophie entdeckt. Die Seele muss man erkunden, um Gott zu finden, nicht die Dinge der Natur, denn Gott ist schließlich Geistwesen. Wenn man aber das vollkommene Sein in der Seele findet, wenn also das Eigentliche in der Seele und im Geist liegt, dann werden die Dinge zur Außenwelt, zum Anderen gegenüber der Seele. Worin liegt aber dann der Unterschied von Innenwelt und Außenwelt, von Vorstellung und Ding? Hier ist es eben naheliegend, ein besonderes Attribut anzunehmen, das diese besondere Äußerlichkeit oder das Außen-Sein des Dings gegenüber dem Innesein des Begriffs bezeichnet, dieses Attribut wird Existenz genannt.

Wir kommen zum Ausgangspunkt zurück und fragen nach dem Verhältnis von Theologie und Philosophie. Schlagwortartig könnte man von der Aufhebung der Philosophie in die Theologie reden. Damit dies aber möglich sein kann, müssen sich beide, Theologie wie Philosophie, ändern. Die Theologie, die vordem ja nichts als religiöses Bekenntnis war, wird zur Wissenschaft. Die Philosophie verändert sich ebenfalls. Alle philosophischen Probleme haben ja ihre Lösung in Gott, denn Gott hat die Welt so geschaffen, wie sie ist. Hat man Gott recht erkannt, hat man damit alle philosophischen Probleme gelöst. Philosophie ist also nichts als die Erkenntnis Gottes. Mithin sind Theologie und Philosophie nicht verschieden.

2.2.2 Thomas von Aquin

Im Jahr 1878 erklärte der damalige Papst Thomas von Aquin für kanonisch. Seitdem hält ihn ein größeres Publikum für einen großen Philosophen. Seine Philosophie hat sicher den Vorzug, in einer systematischen Form vorzuliegen und das macht ihn für Unterrichtszwecke attraktiv. Aber nicht selten hält man ihn für den einzigen namhaften Philosophen des Mittelalters und für den Inbegriff mittelalterlicher Philosophie und viele Darstellungen der Geschichte der Philosophie unterstützen auch noch diese Vorstellung. Das ist eine unverschämte Geschichtsfälschung. Möglicherweise ist Thomas der bedeutendste, ganz sicher aber nicht der interessanteste Philosoph des Mittelalters. Es kann aber nicht die Absicht vorliegender Darstellung sein, die Geschichte der Philosophie umzuschreiben, es wird sich also hier der opinio communis angeschlossen und unter den Philosophen des Hochmittelalters nur Thomas von Aquin erörtert, allerdings in vollem Bewusstsein der Fragwürdigkeit dieser Auswahl.

Thomas von Aquin ist Aristoteliker, d.h er teilt wesentliche Konzepte der Philosophie des Aristoteles: Stoff und Form, Wirklichkeit und Möglichkeit, Substanz und Akzidens. Auch seine Gotteslehre hat er in wesentlichen Teilen übernommen, bis eben auf jene typisch christlichen Ergänzungen: Gott hat die Welt aus dem Nichts geschaffen, er ist nicht bloß sich selbst denkende Form ohne Stoff, sondern auch noch Person, er ist gütig, weise und vollkommen (wie all diese Bestimmungen unter einen Hut zu bringen sind, bleibt dabei ein Problem). Sieht man aber weiter zu, ergeben sich die verschiedensten Änderungen und Pointierungen, besser ist es darum, Thomas als den Versuch einer Synthese von Aristoteles und Augustin zu lesen.

Die Erörterung der Metaphysik des Thomas beginnt man gern mit seiner These von der vielfältigen Bedeutung des Seins. Offensichtlich handelt es sich hier um die Wiederholung einer gleich lautenden These des Aristoteles (Met Δ 7) und wie bei Aristoteles ist auch bei Thomas schwer zu sagen, wie das zu verstehen ist. Am einleuchtendsten ist es wohl, dies als eine Erörterung des Sprachgebrauchs zu verstehen, also keinerlei ontologische Verpflichtung mit zu denken. Insbesondere beachte man, das sich Thomas mit seiner These keineswegs eindeutig ausspricht. Im Sentenzenkommentar (I, 33, 1, 1 ad 1) unterscheidet Thomas Sein im Sinne von Wesen, Sein im Sinne von Existenz und das Sein, das im Urteil ausgesprochen wird. In De ente et essentia (ed. R. Allers, Darmstadt 1965, S.161) dagegen wird unterschieden zwischen dem kategorialen Sein und dem Sein im Sinne von Wahrsein. Merkwürdigerweise erörtert Thomas in dieser Schrift ausschließlich das kategoriale Sein und er scheint die These von der vielfältigen Bedeutung des Seins dann auch nur auf das kategoriale Sein zu beziehen. Weiterhin zieht Thomas aus dieser These keinerlei Konsequenzen für seine Ontologie. Ganz im Gegenteil, seine Ontologie ist von bemerkenswerter Geschlossenheit.

Andererseits ist die These von der mannigfachen Bedeutung des Seins auch nicht als belanglos abzutun. Wenn Thomas nämlich das Sein im Sinne von Wahrsein erwähnt, will er auf Folgendes hinweisen: Wir können sinnvoll und in wahren Aussagen über Dinge reden, die in einem eigentlichen Sinn nicht existieren, z.B. können wir sagen „grüne Schwäne hat noch niemand gesehen". Obwohl es grüne Schwäne nicht gibt, kann man in wahren Aussagen über grüne Schwäne reden. Und dies deshalb, weil es grüne Schwäne in gewisser Weise eben doch gibt. Alles, worüber ich wahre Aussagen treffen kann, ist in gewisser Weise seiend. Dieses Problem kann man aber im Rahmen des kategorialen Seins lösen, Aristoteles hat dies bereits getan (er nennt sie zweite Substanzen) und Thomas ist ihm hierin gefolgt, es ist allerdings nicht Gegenstand der Schrift De ente et essentia.

Weiterhin scheint im Wahrsein keineswegs ein zweiter Seinsbegriff auf, vielmehr ist das Wahrsein ein Aspekt des Seins, neben anderen Aspekten, wie etwa das Eins-Sein oder das Gut-Sein. Diese Aspekte des Seins nennt man traditionell Transzendentalien.

Sein im eigentlichen Sinn kommt nur den Substanzen zu. Substanzen sind die individuellen Gegenstände. Alles andere ist nur in geringerem Maße seiend. Dies sind einmal die Eigenschaften der Substanzen und die Relationen zwischen den Substanzen. Sie sind seiend, insofern sie an den Substanzen vorliegen. Weiterhin sind die Gedankendinge (entia rationis), wie etwa grüne Schwäne, und die Gattungen nur in einem eingeschränkten Sinn seiend. Sie sind Abstraktionen der Substanzen, sie existieren nicht real, sondern nur in Gedanken, sie sind keine Gegenstände, sondern nur Vorstellungen. Man nennt sie mit Aristoteles auch zweite Substanzen.

Was ist nun das Sein der Substanz? Das Sein eines einzelnen Menschen ist etwa sein Menschsein. Dies nennt Thomas auch sein Wesen und es ist nichts anderes als der Inhalt der Definition des Menschen. Das Sein des einzelnen Gegenstands ist also sein Artbegriff. Dies ist es eigentlich, wenn man sagt, das Sein werde in mannigfacher Bedeutung ausgesagt: Das Sein des Menschen ist sein Menschsein, das Sein des Baumes sein Baumsein und das Sein des Tisches sein Tischsein.

Das alles steht auch bei Aristoteles und insofern ist Thomas ein waschechter Aristoteliker. Die Kritik an diesem Konzept wurde dort auch bereits erwähnt.

Es gibt aber einige Erweiterungen, die nicht bei Aristoteles stehen. Die Behauptung etwa, das Sein des Menschen ist sein Menschsein ist nicht ganz vollständig. Ein solches Sein nennt Thomas bevorzugt Wesen. Es muss aber noch die Existenz des einzelnen Menschen hinzukommen, damit Sein im eigentlichen Sinn vorliegt. Meist nennt Thomas die Existenz einfach nur Sein, was man insofern tun kann, als das, was existiert in einem vollkommeneren Sinn seiend ist als das, das bloß in Gedanken vorliegt, also die Gedankendinge und die Gattungen. Thomas ist nun der Auffassung, dass die Existenz die Verwirklichung des bloßen Wesens ist. Im Wesen ist die Existenz nur angelegt aber noch nicht verwirklicht (Qu. Disp. de an. a. 6 ad

3, oder in der Summa contra gentiles, I, 45, wo es heißt, das Erkennen verhalte sich zum Verstand so, wie das Sein (=Existenz) zum Wesen. Das Erkennen ist nun aber die Verwirklichung des Verstandes.). Das ist eine überaus merkwürdige These, die auch alles andere als klar ist und die sich nicht einmal andeutungsweise bei Aristoteles findet. Allerdings äußert sich Thomas zu dieser These nicht in der gebotenen Ausführlichkeit, so ist seiner These kaum Plausibilität abzugewinnen. Warum existiert denn etwa ein weißer Schwan, ein grüner dagegen nicht? Im Begriff des weißen Schwans muss seine Existenz angelegt sein, im Begriff des grünen Schwans dagegen nicht. Es scheint vielmehr, hier wird Unvergleichbares verglichen, Existenz und Wesen sind von gänzlich verschiedener Art, als dass man das eine die Verwirklichung des anderen nennen könnte. Jedenfalls kann man Thomas durchaus Realist nennen, er hält die Welt gänzlich unabhängig vom Subjekt, sie ist mit Substanzen angefüllt, die Gott aus dem Nichts geschaffen hat und die uns in der Erkenntnis durchaus so zugänglich sind, wie sie sind und wie sie Gott geschaffen hat. Erkenntnis ist darum möglich, weil Gott sie garantiert. Er garantiert eine Entsprechung des Begriffs im Ding (der Form) und unseren Begriffen und diese Entsprechung ist Erkenntnis. Wenn wir also ein Ding wahrnehmen, so erkennen wir es adäquat. Es ist zwar außen, aber wir erkennen es als das, was es an sich selbst ist.

Eine weitere Erweiterung, die man kaum bei Aristoteles findet, ist das, was sich schon bei Augustin findet und dort die Moralisierung der Metaphysik genannt wurde. Sie findet sich zwar tendenziell schon bei Aristoteles, aber eben nicht systematisch und in wesentlicher Position wie bei Augustin. Bei Thomas steht alles in einer Ordnung von Vollkommenheit und Unvollkommenheit. Die Form ist vollkommener als der Stoff, das Wirkliche vollkommener als das Mögliche, das Ganze vollkommener als seine Teile, die Substanz vollkommener als seine Akzidentien, die Menschen vollkommener als die Tiere, die Engel vollkommener als die Menschen und natürlich ist Gott vollkommener als alles andere. Vor allem aber ist die Existenz vollkommener als das Wesen.

Grade des Seins anzunehmen mutet uns heute äußerst merkwürdig an, insbesondere können wir heute kaum glauben, dass die Existenz sozusagen eine Steigerung des bloßen Begriffs ist. Aber Grade des Seins anzunehmen liegt in der Konsequenz der aristotelischen Seinsvorstellung, falls es nicht gerade die sicher unzutreffende, aber für Thomas entscheidende These von der Verwirklichung des Begriffs in der Existenz ist. Wenn nämlich der Sinn des Seins ein Bestimmtsein ist, dann ist es verständlich, wenn sich unsere lebensweltlichen Bewertungen plötzlich in der Ontologie wiederfinden. Es gibt dann z.B. wahre Menschen und solche, die diese Qualität weniger verdienen und dann ist es naheliegend zu sagen, der eine Mensch ist seiender als der andere, eben auf Grund der Tatsache, dass sich das Sein des Dings in der Definition und allgemeiner in seiner Bestimmtheit ausspricht. Eine solche Vorstellung kommt auch dem Christentum gelegen. Gott ist dann ja das vollkommene Wesen über das nichts vollkommeneres gedacht werden kann und im eigentliche Sinne seiend.

Wie verhält es sich nun mit dem Sein? Das Sein ist für Thomas dasjenige, das macht, dass etwas ist. (Summa contra gentiles I,22). Also der Grund, und der letzte

Grund vom allem ist Gott. Gott ist für alles die Ursache des Seins (Summa contra gentiles, II, 6). Darum kann Thomas sagen – wie schon Augustin – Gott ist das Sein (a.a.O. I, 22; I, 38). Wenn man aber das Sein als den Grund ansieht, dann fragt es sich natürlich sofort: Was ist ein Grund? Nun gibt es nach Aristoteles vier Arten von Gründen und es muss geprüft werden, in welchem Sinn Gott der Grund aller Dinge ist. Gott hat die Dinge aus dem Nichts geschaffen, d.h. er brauchte kein Material, aus dem er die Dinge geformt hätte. Gott ist also nicht Grund im Sinn der causa materialis. Sicher ist aber Gott insofern causa finalis, als alles nach Vollkommenheit strebt und damit schließlich zu Gott. Gott ist weiterhin nicht in dem Sinn causa efficiens, als er nicht die unmmittelbare Ursache jeder Bewegung ist. Er ist aber insofern causa efficiens, als er alle Dinge erschaffen hat. In dem Schöpfungsakt wird den Begriffen Existenz gegeben. Dies ist eine Überlegung, die Aristoteles vollkommen fremd wäre. Die Begriffe der Dinge liegen im Geist Gottes bereit – man könnte sie also durchaus auch Ideen nennen (a.a.O., I,54, Thomas spricht hier von rationes rerum). Er schafft die Dinge, indem er sie denkt (a.a.O. II, 24, II, 26). Sein Denken ist höchste Vollkommenheit, darum besitzt er die Dinge nicht nur als Vorstellungen, sondern er lässt sie zugleich existieren. Er will sein Sein den geschaffenen Dingen mitteilen (a.a.O. II, 6). Auf diese Weise haben die Dinge am Sein, d.h. an Gott, Anteil und in dem Maße, in dem sie an Gott Anteil haben, sind sie ihm ähnlich (a.a.O. II,15). Thomas kann darum ganz platonisch (und damit auch augustinisch) sagen: Die Dinge sind seiend durch Teilhabe (a.a.O. II, 15). Durch diese Teilhabe an Gott sind die Dinge gut und göttlich. Und wegen dieser Ähnlichkeit zum Vollkommeneren will alles Seiende zu diesem Vollkommeneren hinstreben. Gott ist also causa finalis, weil er causa efficiens ist.

Ist Gott in gewisser Weise auch causa formalis? Die causa formalis nennt Thomas Wesen und sie spricht sich in der Definition aus. Natürlich ist Gott nicht das Wesen. Aber alle Substanzen sind zunächst Gedanken Gottes, man könnte auch sagen, Ideen im Geist Gottes, ihnen wird im Akt der Schöpfung Existenz gegeben. Gott ist zwar nicht das Wesen, aber die Definitionen sind die Gedanken Gottes, auch insofern ist Gott der Grund der Dinge.

Thomas sagt immer wieder, dass das Wesen das Sein ist. Das scheint im Widerspruch zu seinen sonstigen Äußerungen zu stehen, ist aber vollkommen berechtigt, denn das Wesen ist doch ein Sein, es ist nur nicht das Sein in seiner Vollkommenheit, das ist erst die Existenz. Existenz ist ja eine Vervollkommnung des Wesens, eine Verwirklichung dessen, was im Wesen bereits angelegt ist. Thomas sagt einmal, die Form sei nicht das Sein selbst, sondern das Prinzip des Seins (a.a.O. 54), womit er offensichtlich meint, die Form, d.h. das Wesen muss erst bereitliegen, damit etwas Sein, d.h. Existenz erhalten kann. So gesehen ist das Wesen die notwendige Bedingung der Existenz.

Wenn man die Ontologie von Thomas auf den Punkt bringen will, dann muss man wohl sagen, es ist die Differenzierung des Seins in Wesen und Existenz, wobei die Existenz eine Vervollkommnung des Wesens ist. Problematisch an dieser These ist bereits die Scheidung von Wesen und Existenz. Dass die Existenz die Verwirklichung des Begriffs ist, erscheint vollkommen an den Haaren herbeigezogen. Was soll denn im Begriff in nuce vorliegen, was dann zur Existenz werden könnte? Man könnte ja mit Aristoteles sagen, im Marmorblock ist die Statue in nuce vorhanden. Sicher kann man aus einem Marmorblock eine Statue herstellen, aber zu sagen, die Statue liege bereits im Marmorblock potentiell vor, ist eine platonistische Mystifikation. Thomas kann sogar sagen, das Haus besitze die Fähigkeit gebaut zu werden. Aber bereits die harmlos klingende These, die Existenz sei vollkommener als das Wesen, ist keineswegs einsichtig. Man glaubt offenbar, in der Existenz komme zum Wesen noch etwas hinzu, was seiner Natur nach nicht in ihm liegt. Dieser Ansatz ist von vornherein schief, weil er Existenz auf Existenz von Gegenständen beschränkt. Schließlich ist es schon problematisch, das Sein in Dasein (Existenz) und Sosein (Wesen) aufzuteilen. Die Tradition hat hier von „Seinsmomenten" gesprochen. Problematisch ist dies deshalb, weil man hier Unvergleichbares vergleicht. Zwar hat Thomas nicht von Seinsmomenten gesprochen, seine These ist differenzierter, aber auch er vergleicht hier Unvergleichbares. Man könnte die These von den Seinsmomenten und mit ihr verwandte Thesen als das proton pseudos der Scholastik bezeichnen. Mit dieser These schafft sie sich all ihre Probleme, um deren Lösung sie sich dann vergeblich abmühte.

Die These von den Seinsmomenten ist aber zum Gemeingut der Philosophie geworden, weil sie wieder einmal mit einem bloßen Wort eine Problemlösung vortäuscht, die Scholastiker nannten das asylum ignorantiae.

2.2.3 Nikolaus von Kues

Das Denken des Cusaners kreist beständig um ein einziges Thema, all seine Schriften erörtern – wenn auch von verschiedenen Seiten – ein einziges Problem: Wer ist Gott und wie kann er dem Denken zugänglich gemacht werden? Dieses Thema ist für uns heute kaum noch von Interesse. Auch die von ihm gegebene Antwort seiner Frage ist heute von wenig Interesse. Interessant dagegen ist seine Konstruktion selbst, ihr Zweck und die vielen sozusagen Nebenprodukte seines Denkens, besonders aber das Potential, das in seiner Philosophie liegt.

Allerdings ist die Cusanus-Lektüre oft sehr sperrig und dies vermutlich deshalb, weil er, wie fast alle Philosophen des Mittelalters, die Begrifflichkeit des Aristoteles übernimmt, also etwa: Substanz – Akzidens, Stoff – Form, Wirklichkeit – Möglichkeit. Aber obwohl er diese Begrifflichkeit übernimmt und immer wieder gebraucht, will sie auf seine eigene Philosophie überhaupt nicht passen. Er versucht also ständig, seine Philosophie mit einer ungeeigneten Begrifflichkeit zu denken.

Es ist oft bemerkt worden, dass der Cusaner zwischen Mittelalter und Neuzeit steht. Mittelalterlich ist sein Theozentrismus, neuzeitlich ist seine Erkenntniskritik. Die Philosophen vor Cusanus gaben auf den Begriff nicht viel, denn viel wichtiger als der Begriff ist doch die Sache selbst, nur sie ist philosophisch interessant. Cusanus aber argumentiert, die Sache besitzen wir Menschen prinzipiell nicht, alles, was wir wissen können, sind Begriffe, also muss die Philosophie ihr Augenmerk eher auf die Begriffe als auf die Sache richten.

Mit dieser Vorentscheidung, die man gewiss nicht mittelalterlich nennen kann, beginnt der Cusaner die Untersuchung seiner noch mittelalterlichen Themen: Gott ist teillose Einheit. Diese teillose Einheit ist erkennbar das Pendant zum Einen des Parmenides. Damit hat sich der Cusaner zum Gesprächspartner der antiken Philosophie gemacht. Genauer dürfte man ihn wohl als Neuplatoniker bezeichnen, er hat eine Hypostasenlehre, die an Plotin erinnert (Gott – Vernunft – Seele – Körper). Der Cusaner ist die vollkommene Synthese von antiker und mittelalterlicher Philosophie, nicht dass die Philosophie des Mittelalters diese Synthese nicht gesucht hätte. Ja man kann die Philosophie des Mittelalters als den Versuch einer Synthese zwischen christlicher Gottesvorstellung und antiker Philosophie lesen, aber erst dem Cusaner scheint sie gelungen zu sein und dies deshalb, weil er jenen für das Mittelalter so typischen Existenzbegriff nicht aufnimmt. Man könnte ihn darum auch einen Idealisten nennen. Die Synthese von mittelalterlicher und antiker Philosophie gelingt ihm also auf einer idealistischen Grundlage. Damit aber öffnet er das Tor für die neuzeitliche Philosophie.

Man bezeichnet den Cusaner gern als Idealisten oder doch als den Vorläufer des Idealismus. Idealismus ist dann möglich, wenn eine Differenz von Materie und Bewusstsein bewusst ist. Das war der antiken Philosophie durchaus noch nicht bewusst; zwischen Körper und Bewusstsein bestand für sie kein prinzipieller Unterschied. So war etwa die Seele zuerst ein Ding, das im Körper wohnt und ihn beim Tode wieder verlässt. Es war sicher ein Fortschritt, als man eine prinzipielle Differenz zwischen Materie und Bewusstsein bemerkte. Dann erst, d.h. zu Beginn der Neuzeit kann man sagen: Alles ist Materie oder alles ist Bewusstsein, d.h. man kann Idealist oder Materialist (oder eine Mischung von beiden) sein. Die Frage ist jetzt: War der Cusaner in diesem Sinn schon Idealist? Vermutlich ist diese Frage müßig, denn ein Unterschied von Materie und Bewusstsein erscheint in seinem System nicht.

Gott ist das teillose Eine, das darum auch als einziges Wesen in eigentlicher Weise existiert. Das ist zunächst ganz Parmenides. Gott ist aber weiter dreifache Einheit, nämlich Einheit, Gleichheit und die Verknüpfung beider. Diese Konstruktion ist natürlich der christlichen Trinitätslehre zu verdanken, denn es ist doch beim besten Willen nicht einzusehen, wie etwas Teilloses drei Teile, ja selbst nur drei Aspekte haben kann. Dieses Eine, d.h. dieser Gott nun schafft die Welt als einem ihm gegenüber uneigentlich Seienden, indem er sich selbst ausfaltet (explicatio). Diese Ausfaltung ist Denken. Die Ähnlichkeit zu dem Einen des Plotin ist auffallend, wo allerdings von Emanation die Rede ist, d.h. das Eine fließt über und erzeugt so die Welt. In Gott ist aber für Cusanus die Welt eingefaltet (complicatio), bevor er sich im Willensakt der Schöpfung ausgefaltet hat. Diese Ausdrücke sind nur schwer verständlich, man kann es sich aber vielleicht mit dem Wort Konstruktion klarmachen. Die Antike, das Mittelalter und auch Cusanus stellten sich die Zahlen als eine Vervielfachung der Eins vor. Man kann dann sagen, die Zahlen werden aus der Eins konstruiert, oder wie Cusanus sagen würde: ausgefaltet. Vor ihrer Konstruktion lagen sie eingefaltet, nämlich als die Eins vor. So stellt es sich Cusanus allgemein vor: Alles liegt eingefaltet in Gott vor. Diese Tatsache nennt Cusanus terminologisch das Können-Ist. Im Akt der Schöpfung entfaltet sich Gott selbst, d.h er konstruiert die Welt. Was ist aber die Seinsweise des Geschaffenen? Man könnte doch vermuten, Cusanus muss jetzt auch einen Existenzbegriff annehmen. Vorher waren die Dinge als Ideen nur im Geist Gottes, mit der Schöpfung kommt zu der bloßen Vorstellung noch die Existenz hinzu. Aber diese Folgerung ist keineswegs zwingend. Wenn Gott die Welt schafft, dann wird sie zu einem Anderen der Idee und zu einem ihr Ähnlichen. Das Ding ist also das der Idee gegenüber andere, aber Ähnliche – und das nennen wir Wirklichkeit. Die Ausfaltung, also die Schöpfung und damit Gott selbst ist Form-, Wirk- und Zielursache der Welt. Auffallenderweise fehlt in dieser Liste die vierte Ursache, die Materie.

Natürlich kann Gott nicht die materielle Ursache der Welt sein, sonst wäre der Cusaner ja Pantheist. Tatsächlich darf es sogar Materie nicht geben, denn Gott hat ja die Welt aus dem Nichts in dem Sinne geschaffen, als kein Material bereitlag, das Gott in der Schöpfung geformt hätte. Natürlich kennt Cusanus Materie, er hat ja wichtige Konzepte des Aristoteles zumindest terminologisch übernommen. Wenn die Substanz aus Stoff und Form zusammengesetzt ist, dann meint das aber keineswegs, dass hier eine Materie eine Gestalt aufweist, sondern die Materie ist jene Form, die unwesentlich ist, die also zum Artbegriff nichts beiträgt. Materie ist bei Cusanus ein Strukturbegriff, der immer in seiner Beziehung zur Form zu sehen ist. Als solche ist sie die jeweils minder bestimmte Form, etwa das, was erst zu etwas werden kann (de possest n. 28, de ludo globi n. 46)

Gott ist insofern Zielursache, als alles Geschaffene ihn liebt und darum wieder zu ihm zurück will. Er ist insofern Wirkursache, als er ja die Welt geschaffen hat. Hierzu muss man allerdings wissen, dass für die Alten Begriffe im Sinne der Wirkursache begründen konnten: Wenn der Begriff der Kälte verschwindet, schmilzt das Eis. Und er ist schließlich Formursache, als er alle Begriffe besitzt, diese Begriffe denkt er und damit erschafft er die Welt, genauer kann sein Denken nur darin bestehen, als er die Begriffe als von ihm verschiedene setzt. Dadurch entstehen die Dinge. Die Begriffe aller Dinge liegen also in Gott bereit und er erschafft die Dinge, indem er ihre Begriffe entäußert, wodurch sie zwar von ihrem Begriff verschieden, aber ihnen immer noch ähnlich sind. Man könnte durchaus mit Aristoteles sagen, Gott denkt sich selbst. Wenn er dies aber tut – und darin unterscheidet er sich von Aristoteles – erschafft er die Welt. Dieses Schaffen kann eigentlich nichts anderes sein als ein Unterscheiden von Begriff und sich selbst, in welchem Akt beide, Gott und Welt, verschieden werden und die Welt als Bewusstseinsinhalt des göttlichen Geistes von Gott verschieden wird und so entsteht. Was Gott da denkt kann man die Ideen nennen, das Vorbild Plato ist durchaus gewollt. Die Ideen sind mithin die Gedanken Gottes. Daraus folgt aber auch: Was Ding ist und was nicht steht ein für allemal fest – eine heute kurios wirkende Vorstellung.

Alle Dinge haben ihr Sein von Gott, sie selbst sind zwar seiend, aber in geringerem Maße, während nur Gott im eigentlichen Sinn seiend ist. Inwiefern ist Gott aber seiend und die Dinge weniger seiend. Gott wird oft genug als Eins bezeichnet, während die Dinge dagegen viele sind. Man kann darum schließen: Der Seinssinn bei Cusanus ist das Eins-Sein und: Etwas ist seiend, insofern es eines ist (vgl. De coniecturies n 12; n 145, 1ff; Idiota de sapientia n 22, 5ff). Je mehr Vielheit aber an ihm ist, um so weniger seiend ist es. Es ist aber nicht die Einheit des Seins des Parmenides, die Einheit Gottes ist keine unterschiedslose Einheit, denn zum Einen enthält Gott alles in sich, und zwar offenbar so, dass er alles konstruieren kann und zum Anderen unterscheidet er sich von nichts. Erst indem Gott denkt, oder mit Leibniz zu reden: rechnet, erhalten die Inhalte seines Geistes eine Selbständigkeit, insofern sie andere von ihm selbst sind. Die Dinge dagegen haben reale Teile und unterscheiden sich voneinander. Dieser Seinssinn bei Cusanus ist neu und revolutionär, er bedeutet eine Hinwendung zum Subjekt, weshalb man ihn idealistisch nennen könnte. Einheit ist ja keine objektive Eigenschaft, sondern eine Operation des Geistes. Eher setzt der Geist Einheit als dass sie objektiv vorläge.

Natürlich will man nun genauer wissen, wie denn dieses Denken oder Rechnen Gottes im Akt der Schöpfung vor sich geht. Cusanus benutzt hier gern eine aristotelische Sprache, die den gemeinten Sachverhalt aber eher zu verschleiern scheint. So sagt er etwa Gott sei die Form der realen Welt (de coniecturis, pars prima, n 5). Das klingt so, als ob Gott den Artbegriff verleiht, weil ja für Aristoteles die Form der Artbegriff ist. Oder er sagt sogar ganz aristotelisch: Das Sein ist die Form (de possest n 43). Cusanus meint damit aber etwas ganz anderes als Aristoteles, die Form nämlich ist nicht der Artbegriff, sondern die Proportion und Harmonie des Dings (de beryllo, n 62). Er meint aber, Gott legt die Proportion und Harmonie in die Dinge. Er sagt dafür: Die Zahl ist das Urbild der Dinge (de coniecturis, n 17, 2).

Gott erschafft nach seinen Ideen stets individuelle Dinge. Die Gattungs- und Artbegriffe dagegen sind entia rationis (Gedankendinge) und nur im menschlichen Geist. Der menschliche Geist ist – wie alles – von Gott geschaffen. Er ist mit dem Vermögen der Erkenntnis begabt, d.h. er kann von Gottes Schöpfung Kenntnis erlangen. Dies zwar nicht in adäquater Weise, aber doch angenähert. Wie die Dinge Abbilder der göttlichen Ideen sind, so ist der menschliche Geist Abbild des göttlichen Geistes. Dies ist nicht bloß eine fromme, ansonsten aber unmaßgebliche Meinung, sondern ganz im Gegenteil das Konstituens von Erkenntnis überhaupt. Die Welt der Dinge ist nämlich eine Welt, die unabhängig vom menschlichen Geist besteht. Erkenntnis einer solchen Außenwelt ist nur möglich, wenn es eine prästabilierte Verbindung zwischen der Außenwelt und dem menschlichen Geist gibt. Diese Verbindung liegt in der Tatsache, dass der menschliche Geist ein Abbild des göttlichen Geistes ist. Urbild und Abbild sind zwar verschieden, aber doch ähnlich, d.h. die Begriffe der Menschen sind den göttlichen Ideen ähnlich. Folglich sind auch unsere Begriffe den wahrgenommenen Dingen ähnlich (z. B. De venatione sapientiae Cap. 29, De possest n 17).

Nun fragt es sich natürlich, worin denn diese Ähnlichkeit, diese Strukturgleichheit von göttlichem und menschlichem Geist besteht. Es ist kurz gesagt die Mathematik (De possest n 43). Die göttliche, wie die menschliche Vernunft ist mathematisch oder wie Cusanus auch sagt, messend. Die Formen sind Verhältnisbestimmungen und ebenso erkennen wir, indem wir Verhältnisbestimmungen in den Dingen finden. Und darum sagt Cusanus auch: „Alles aber, was nicht unter den Begriff Vielheit oder Größe fällt, kann weder begriffen noch vorgestellt werden" (De possest n 43,27ff). Und: „Wenn wir also die Sache recht betrachtet haben, so besitzen wir nichts Sicheres in unserem Wissen außer unsere Mathematik" (De possest n 44, 1f). Damit formuliert Cusanus ein Programm, nämlich die Reduktion der Qualität auf die Quantität – ein Programm, das er selbst nicht ausgeführt hat.

2.3 Metaphysik der Neuzeit

Unter Philosophie der Neuzeit versteht man am besten die Philosophie der Zeitspanne von Descartes bis Schopenhauer. Sucht man in der verwirrenden Vielfalt dieser Philosophien nach dem Gemeinsamen, dann dürfte es der Ansatz beim Bewusstsein sein. Der Anfang der Philosophie liegt in irgendeiner Weise im Bewusstsein und von diesem Ansatz bei der Subjektivität gilt es, die Welt zu gewinnen. Dieser Ansatz ist gegenüber der Antike und dem Mittelalter vollkommen neu. Allerdings ist dies bereits der Ansatz von Augustin, den die mittelalterliche Philosophie aber noch nicht nutzen konnte. Vermutlich war sie dazu zu stark an den Klassikern der Antike orientiert. Man hört oft, das Motiv der Philosophie in der Antike sei das Staunen gewesen, das der Neuzeit der Zweifel. Das ist darum so, weil für die Antike die Natur göttlich war, die Neuzeit aber bei der Subjektivität als dem zunächst einzig Gegebenen ansetzt und sich dann fragen muss, wie sicheres Wissen möglich sein kann. Dieser Ansatz bei der Subjektivität hat aber durchaus christliche Motive. Es ist ja ein durchaus christlicher Ansatz (genauer ein augustinischer), Gott in der Innerlichkeit zu suchen. Aber indem die Innenwelt gegeben ist, ist automatisch auch die Außenwelt gegeben. Was wir unmittelbar wissen und kennen, das sind wir selbst, die Welt ist uns gegenüber fremd und wir müssen sie uns erst irgendwie aneignen. Man beginnt also klarerweise beim Bekannten (dem Bewusstsein) und erarbeitet sich vom Bekannten aus das Unbekannte (die Welt). Wir leben zwar alle in einer Welt, aber sie ist uns fremd und wir müssen sie uns erst vertraut machen, was wir dagegen kennen, ist die Innerlichkeit und das Bewusstsein.

Die Neuzeit selbst sah sich anders, sie hielt sich für das Zeitalter der Vernunft (um so heftiger fielen dann auch die Gegenbewegungen aus). In dieser Auffassung steckt viel Ideologie – als ob Mittelalter und Antike unvernünftig gewesen wären. Das Mittelalter kannte aber zwei Erkenntnisquellen, die Vernunft und die Offenbarung. Die Neuzeit erkannte dagegen in der Vernunft die einzige Erkenntnisquelle. Dies hatte aber zwei Auswüchse: Man neigte dazu, Rationalität auf Zweckrationalität einzuengen und man neigte zu der Meinung, außer der Vernunft sei alles andere zu vernachlässigen, wo nicht gar schädlich, so etwa der Wille oder das Gefühl. Beide Vorurteile sind in der neuzeitlichen Philosophie latent vorhanden – sehr zu ihrem Schaden.

Heute bringt man die Neuzeit gern mit dem Gedanken der Säkularisierung in Zusammenhang. Dies ist ein Irrtum. Die Säkularisierung hat sich erst im Laufe der Neuzeit langsam entwickelt. Die Gründerväter der neuzeitlichen Philosophie waren fromme Leute, aber ihre Frömmigkeit war nicht die des Mittelalters. Ihre Frömmigkeit lag nicht in der Weltflucht und ihr Leben sollte keine Pilgerfahrt zu Gott sein, sondern man nimmt aktiv am Leben teil und war man erfolgreich, bewies das gerade, dass man von Gott geliebt wurde.

Der Philosophie der Neuzeit sieht man ihre gesellschaftliche Grundlage nur allzusehr an. Sie ist die Philosophie des Erwerbsbürgers und Händlers, d.h. eines Individuums, das sich besonders in der Vorstellung der Autonomie gefällt, das sich die Welt gewinnen und aneignen will und dazu zweckrational handeln muss. Wäre man bösartig, könnte man sagen, die Philosophie der Neuzeit ist nichts als die ideologische Überhöhung dieser selbstgefälligen Anmaßung des Erwerbsbürgers.

Der Ansatz bei der Subjektivität mit dem Anspruch, aus dieser Subjektivität die Welt zu konstruieren, war sicher ein Fortschritt in der Philosophie. Aber dieser Fortschritt ging mit so vielen Irrtümern und Ideologien einher, dass man sich fragen muss, ob dieser Fortschritt nicht entschieden zu teuer erkauft wurde. Mit dem Anspruch, die Welt aus der Subjektivität zu gewinnen, ging der weitere Anspruch einher, bevor man ein Metaphysik beginne sei erst die Frage zu klären, was unser Erkenntnisvermögen überhaupt zu leisten imstande sei, Philosophie habe also, bevor sie ihr Geschäft beginnt, erst die Frage nach der Bedingung der Möglichkeit von Erkenntnis zu beantworten. Hierüber hat sich Hegel lustig gemacht und diesen Anspruch mit dem Rat des weisen Scholastikus verglichen, man sollte doch erst schwimmen lernen, bevor man sich ins Wasser wage.

Die größte Hypothek der neuzeitlichen Philosophie, an der wir heute noch zu zahlen haben, ist vermutlich ihr dümmlicher Vernunftkult. Menschliches Tun und Denken habe ausschließlich vernunftgeleitet zu sein, wobei man mit Vernunft nicht viel mehr als Zweckrationalität verband. Was nicht Vernunft ist, wurde ignoriert oder moralisch abqualifiziert. Dass dieser Vernunftkult selbst psychologisch falsch, d.h. durch die Wissenschaften widerlegt ist (wir entscheiden z.B. nicht rational, da kann die neuzeitliche Philosophie behaupten, was sie will) scheint viele moderne Philosophen gar nicht zu kümmern. Und wer auf solche Tatsachen auch nur hinweist, setzt sich sofort dem Vorwurf des Irrationalismus aus, was als moralisch verwerflich gilt, wenn nicht gar schlimmeres.

Eine nicht kleinere Hypothek stellt die typisch neuzeitliche Annahme der Autonomie des Menschen dar, obwohl sie bereits der gesunde Menschenverstand für widersinnig ansehen muss und ohnehin jeder Erfahrung Hohn spricht. Vermutlich wollte man damit eine Vorstellung, in der man sich gefällt und Forderung des Erwerbsbürgers (er will sich nämlich von niemanden, weder von der Kirche, noch vom Staat, in seine Geschäfte hineinreden lassen) ideologisch überhöhen und ihr damit eine höhere Weihe geben. Übrigens passt auch die Lehre vom Naturrecht, als Rechten, die dem Menschen von Natur zukommen, die ihm also gleichsam angeboren sind, genau in dieses Schema.

Die für uns heute interessanteste Errungenschaft der Neuzeit ist aber die Wissenschaft. Diese Wissenschaft, die die Neuzeit erfand, ist nach wie vor auch unsere moderne Wissenschaft und wir haben nur noch ein müdes Lächeln für die Zeiten übrig, die diese unsere Wissenschaften nicht kannten. Nicht dass es in Mittelalter und Antike keine Wissenschaft gegeben hätte, aber sie hatte doch einen gänzlich anderen Charakter. Auch die neuzeitliche Wissenschaft entspringt den Bedürfnissen des Erwerbsbürgers. Dem Erwerbsstreben des Bürgers muss auch die Natur gehorchen. Die Natur ist zwar Geschöpf Gottes und Gott hat sie auch auf das vollkommenste geschaffen, d.h. eben zweckrational. Aber wenn sie so vollkommen ist, dann ist sie auch zum Gebrauch des Menschen vollkommen eingerichtet. Die Natur ist sozusagen freigelassen zum Nutzen und Gebrauch der Menschen. Sie darf benutzt und gebraucht werden zur Befriedigung eigener, persönlicher Bedürfnisse, d.h. zur Befriedigung des Gewinnstrebens. Die Wissenschaft der Natur kann also nicht länger in der Betrachtung der Natur, wie das in Antike und Mittelalter üblich war, verbleiben, sondern sie muss die Natur vorausberechnen können, damit sie nutzbringend eingesetzt werden kann. Prognosen und Voraussagen in der Natur sind aber nur mit Hilfe der Mathematik möglich. Wissenschaft wird also in der Neuzeit zur theoretischen Technik. Sicherlich grob vereinfachend, aber doch nicht ganz falsch, könnte man sagen: Für die Antike war die Welt göttlich, für das Mittelalter war die Welt Symbol, für die Neuzeit ist die Welt Instrument, d.h. Mittel zum Zweck.

Die Neuzeit hat sich vielfach in der Vorstellung gefallen, sie sei gewissermaßen über Nacht entstanden und habe radikal mit dem Mittelalter gebrochen. Dass diese Sicht falsch ist, weiß man längst. Und wie sehr der philosophische Ansatz der Neuzeit aus christlichem Geist entspringt, wurde soeben erwähnt. Als Ursache für das neue Denken wurden die Bedürfnisse des Erwerbsbürgers genannt. Aber diese Bedürfnisse müssen auch Gelegenheit bekommen, sich zu entfalten. Dies war die Leistung von Renaissance, Humanismus und Reformation. Dass so verschiedene Strömungen ungefähr gleichzeitig auftraten, zeigt, dass hier offenbar eine gemeinsame Ursache vorliegen muss. Zunächst kann man ein allgemeines Krisenbewusstsein ausmachen und einen Unmut über kirchliche Missstände. Aber dazu braucht es eine neue Öffentlichkeit – die mit der Erfindung des Buchdrucks auch pünktlich verstärkt wurde. Es gab immer mehr gebildete Menschen, die nicht Kleriker waren (das ist die notwendige Bedingung) und es gab die persönliche Freiheit, ja geradezu die Aufforderung durch die Gesellschaft, frei zu produzieren und zu konsumieren (hinreichende Bedingung). Den Anfang machte Italien: Die neuen gesellschaftlichen Bedingungen erzeugten eine neue Philosophie, die lebensweltlich orientiert war und offenbar argumentierte: All diese theoretischen und spitzfindigen Begriffsdistinktionen der Scholastik sind uninteressant und lebensfern. Philosophie muss der Praxis dienen, denn der vornehmste Gegenstand der Philosophie ist der Mensch (und nicht Gott). Die herrschende Philosophie entsprach eben nicht den Bedürfnissen der neuen sozialen Schichten. Das erinnert an die sophistische Revolution im klassischen Griechenland oder an die Philosophieauffassung des Hellenismus als Gegenbewegung zu der reinen Theorie bei Plato und Aristoteles. Die außeritalienischen Humanisten und

Reformatoren waren da weit weniger radikal, sie verblieben im Rahmen des Christentums und wollten es von innen reformieren. Hier spielte die Wiederentdeckung Augustins die entscheidende Rolle, d.h. die Entdeckung der Innerlichkeit oder besser, eines Dualismus von Innen und Außen. Der Glaube wird zu einer Angelegenheit des Innen und gerade dadurch wird das Außen, d.h. die Welt, zu einem Anwendungsfall des Glaubens.

Hinzu kommt noch ein anderer, bereits erwähnter Punkt. Das Christentum stand von Anfang an unter einem Legitimationsdruck (im Gegensatz zum Islam). Es war hinein geboren in eine Zeit einer reichen philosophischen Kultur, die es nicht ignorieren konnte, wollte sie ihrem eigenen universellen Anspruch genügen. Diese Aufgabe hat das junge Christentum mit großem Geschick bewältigt. Sie hat sich selbst zum einzig legitimen Nachfolger Platos gemacht, denn der Neuplatonismus war die führende Philosophie jener Zeit. Unterliegt man aber einem Legitimationsdruck, dann ist man bereits in einer Verteidigungsposition, dann ist man sozusagen mit einem Geburtsfehler behaftet. Es ist dann nur eine Frage der Zeit bis man diesem Legitimationsdruck zum Opfer fällt. Und diese zeit war mit der Neuzeit angebrochen.

2.3.1 Descartes

Mit Descartes lässt man gemeinhin die neuzeitliche Philosophie beginnen und wenn diese These bei genauerem Zusehen doch einer Differenzierung bedarf, so ist Descartes doch immerhin derjenige, der den mittelalterlichen Theozentrismus in seinem System aufgegeben hat. Descartes hat auch die berühmteste und bekannteste aller philosophischen Thesen formuliert: Ich denke, also bin ich. Damit ist Folgendes gemeint: Um zu sicherem und unbezweifelbarem Wissen zu gelangen ist es geboten, erst einmal an allem zu zweifeln, in der Hoffnung so wenigstens einen Satz zu finden, an dem nicht gezweifelt werden kann. Dieser eine Satz kann dann dazu dienen, andere sichere und zweifelsfreie Sätze zu erschließen. Auf diese Weise kommt man dann zu einem System von sicheren und zweifelsfreien Sätzen, also zu dem, was man Wissenschaft nennen kann. Dieser eine, sichere und zweifelsfrei wahre Satz ist: Ich denke, also bin ich. Wobei unter Denken nicht das Denken in einem spezifischen Sinn gemeint ist, sondern alle bewussten psychischen Akte. Obwohl dieser Satz von vielen als unumstößlich angesehen wird, ist er doch in mehr als einer Hinsicht irrig:

1. Um zu sicherem Wissen zu gelangen, sollte man zunächst einmal an allem zweifeln. Aber ist das plausibel? Warum sollte man durch Zweifel an allem zu sicheren Ergebnissen gelangen? Im täglichen Leben zweifeln wir keineswegs systematisch und in den Wissenschaften auch nicht, trotzdem sind wir zuversichtlich, sicheres Wissen zu besitzen. Dies deshalb, weil wir dann stutzig werden, sei es im Leben oder in der Wissenschaft, wenn wir auf einen Widerspruch stoßen. Dann nämlich glauben wir, irgendwo müsse sich ein Fehler versteckt haben. Wir müssen nicht an allem zweifeln, wir müssen nur nach Widersprüchen Ausschau halten. Dieses Vorgehen hat Descartes aber nicht gewählt. Und dies deshalb, weil er einen anderen Wahrheitsbegriff hat.

Descartes sucht nach evidenten Sätzen, er hat also einen anderen Wahrheitsbegriff als wir und dann macht der Ansatz, an allem zu zweifeln, erst Sinn.

2. Warum sollte man überhaupt nach völlig gewisser Erkenntnis suchen? Alle unsere Erkenntnis ist unsicher und trotzdem kann man damit Wissenschaft betreiben.

3. Kann man wirklich an allem zweifeln? Descartes meint, man solle zunächst sogar an der Mathematik zweifeln. Das heißt aber, man solle an der Gültigkeit unserer Schlüsse zweifeln. Dann könnte wir aber gar nicht mehr zwischen wahr und falsch unterscheiden. Und dann könnten wir niemals zu sicherem Wissen kommen, weil uns die Möglichkeit genommen ist, zwischen sicherem und trügerischem Wissen zu unterscheiden.

4. Wenn man die Evidenz für das Wahrheitskriterium hält, dann ist es einsichtig und nicht zu bezweifeln, dass zumindest Bewusstseinsinhalte vorliegen. Wenn man einen Baum sieht, dann muss der Baum, den ich sehe, nicht existieren, aber dass ich ihn sehe, daran ist kein Zweifel. Dieses Argument stammt bereits von Augustin: Wenn ich zweifle, kann ich nicht zweifeln, dass ich zweifle. Augustin hat dieses Argument gegen den Skeptizismus der Spätantike angeführt. Descartes aber will darauf ein System sicheren Wissens gründen. Allerdings liegt hier ein echter Trugschluss vor. Denn was ist denn selbstevident? Descartes sagt, dass ich denke. Das aber ist falsch, gewiss ist nur, dass ein Bewusstseinsinhalt vorliegt. Vollkommen ungewiss ist es dagegen, ob dieser Bewusstseinsinhalt von einem Subjekt ausgeführt wird oder ob es ein Zentrum oder eine Einheit von Bewusstseinsinhalten gibt.

5. Aus dem Vorliegen eines Bewusstseinsinhalts kann man also nicht auf ein Etwas schließen, das Bewusstseinsinhalte ausführt oder eint. Noch weniger einsichtig ist es zu folgern, wenn Bewusstseinsinhalte vorliegen, dann bin ich. Was soll hier Existenz bedeuten? Die öfter gebrauchte Formel lautet: Ich bin ein Ding, das denkt (2. und 3. Meditation). Ich bin also Substanz und das Denken ist sein Attribut, genauer jenes Attribut, das dieser Substanz allein zukommt (das sog. Proprium). Ein solches Ergebnis lässt sich aber aus dem bloßen Vorliegen von Bewusstseinsinhalten beim besten Willen nicht erschließen.

Descartes erweist sich damit aber auch als Vertreter der Substanzmetaphysik mit Existenz, mithin der Metaphysik des Thomas von Aquin.

Nicht nur in diesem Punkt erweist sich Descartes als mittelalterlicher Denker, seine Gottesvorstellung ist ebenfalls mittelalterlich. Descartes hat nicht nur einen Gottesbeweis und man könnte sagen, wenigstens einer folge aus seiner Analyse des Ich. Wenn wir nämlich die Vorstellung eines vollkommenen Wesens fassen, dann können wir das nur, weil jenes vollkommene Wesen existiert (Prinzipien I, 20). Dieses Argument ist wirklich lächerlich, doch ist seine Rekonstruktion nicht ganz einfach, in jedem Fall klingt es nach einer Variante des ontologischen Gottesbeweises. Jedenfalls hat man mit der Einführung eines Gottes alles, was man braucht, dann kann man überhaupt alles begründen.

Mit dem Gottesbeweis soll jedenfalls ein vollkommenes und damit auch existierendes Wesen bewiesen werden. Aus seiner Vollkommenheit folgen nun wichtige Eigenschaften. Gott der Schöpfer aller Dinge, er ist weise, gütig, allmächtig und allwissend. Insbesondere aber ist er kein Lügner und Betrüger. Und daraus folgt, dass das, was wir zweifelsfrei wahrnehmen, auch existiert. Das ist zwar kein überzeugender, aber doch ein ingeniöser Trick, die Realität der Außenwelt zu begründen. Aber seine Lösung erfordert doch noch ein paar Nachfragen.

Descartes ist, wie gesagt, ein Vertreter einer noch mittelalterlicher Ontologie, etwa nach Art Thomas von Aquins, wonach das, was es gibt, entweder Substanz oder Akzidens ist. Für Descartes gibt es nun zwei Typen von Substanzen, Substanzen von der Art des Ich (res cogitans) und Substanzen von der Art der Gegenstände (res extensa). Erstere sind durch ihre Bewusstseinsinhalte gekennzeichnet, letztere durch ihre Eigenschaft der Ausdehnung. Offensichtlich ist damit das Proprium der jeweiligen Substanz gemeint, also ihre wesentliche Eigenschaft. Das Ich über seine Bewusstseinsinhalte zu definieren ist sicherlich möglich, aber das Ich als Substanz aufzufassen, das ist vor dem Hintergrund der mittelalterlichen Philosophie zwar verständlich, aber der Sache nach unplausibel und eine Überkonstruktion. Ähnlich ergeht es der res extensa. Wenn man nämlich die Dinge als Substanzen auffasst, dann muss man zwischen ihrem Wesen, das ist ihrer Definition und ihren bloß beiläufigen Eigenschaften unterscheiden. Die Gegenstände nun sind durch ihre Ausdehnung definiert. Was ist nun der Unterschied zwischen der Substanz, d.h. dem Gegenstand, und seiner Ausdehnung? Weiterhin ist ein Gegenstand immer von einer bestimmten Ausdehnung, d.h. er ist 3m hoch und rund oder dergleichen. Was ist sein Wesen? Die abstrakte Ausdehnung oder seine konkrete Größe und Gestalt. Vielleicht ist Ausdehnung auch nur eine Metapher und gemeint ist: Gegenstände sind immer Gegenstände in Raum und Zeit. Ist das Ich nicht aber auch irgendwie in Raum und Zeit? Hier wirkt eben noch die mittelalterliche Metaphysik nach: Die Dinge sind von Gott als Individuen geschaffen, die Allgemeinbegriffe dagegen sind unsere menschliche Konstruktion. Diese erschaffenen Dinge sind keine menschlichen Einbildungen, sie sind vom Bewusstsein verschieden, sie sind in Raum und Zeit.

Wir können sicher sein, dass das, was wir wahrnehmen ein Gegenstand ist, weil Gott kein Betrüger ist und uns nie über den Inhalt unserer Wahrnehmungen täuschen würde. Dennoch gibt es Irrtümer. Aber diese Irrtümer rühren daher, dass uns etwas nicht klar und deutlich gegeben ist. Es ist sogar für Descartes das Wahrheitskriterium: Was uns klar und deutlich vorliegt, das ist wahr. Und eine klare und deutliche Wahrnehmung eines Gegenstands ist tatsächlich die Wahrnehmung eines Gegenstands und nicht unsere Einbildung. Es ist aber durchaus nicht klar, was Klarheit bei Descartes meint. Man kann es sich aber in Bezugnahme auf eine Bemerkung von Leibniz so klarmachen: Etwas ist deutlich, wenn man es von allem anderen unterscheiden kann und etwas ist klar, wenn seine Teile deutlich sind. An dieser Bestimmung wird man kaum etwas aussetzen können, bemerkenswert ist aber, dass Descartes ein subjektivistisches, man könnte auch sagen, idealistisches Wahrheitskriterium vertritt.

Was ist nun mittelalterlich, was ist modern in Descartes Philosophie?

Mittelalterlich ist

1. die konstitutive Rolle des Schöpfergottes, 2. die von Descartes übernommene Ontologie des Thomas von Aquin.

Neuzeitlich ist:

1. die Preisgabe des Theozentrismus, 2. die Preisgabe aller Finalursachen, 3. die Mechanisierung des Weltbilds 4. die Mathematiserung der Natur, vor allem aber 5. ein vorsichtiger Schritt in Richtung Idealismus.

2.3.2 Locke

Man bezeichnet Locke gemeinhin als einen der wichtigsten Vertreter des Empirismus. Damit ist gemeint: Alle unsere Erkenntnis kommt aus der Erfahrung. Der menschliche Geist ist zur Zeit der Geburt inhaltsleer, einer unbeschriebenen Tafel vergleichbar (tabula rasa). Die Außenwelt affiziert unseren Geist und so wird unser Gedächtnis gefüllt, wir selbst sind es, die die Allgemeinbegriffe bilden. Dies ist das Programm, das Locke versucht durchzuführen. Was hier Erkenntnis genannt wurde, heißt bei Locke idea, was man vielleicht am besten mit distinktem Bewusstseinsinhalt wiedergeben kann. Diese Bewusstseinsinhalte oder Vorstellungen kommen nun entweder von den äußeren Gegenständen, die unseren Geist affizieren, also durch Sinneswahrnehmung oder durch Reflexion auf unsere Bewusstseinsinhalte selbst, dabei versteht es sich, dass die Erkenntnis durch Reflexion erst dann möglich ist, wenn bereits eine Sinneswahrnehmung stattgefunden hat. Lockes These ist: Alle unsere Erkenntnis lässt sich restlos auf zwei Fähigkeiten zurückführen, auf sensation (Sinneswahrnehmung) und reflection (Reflexion auf unsere Bewusstseinsinhalte).

Ob Locke aber wirklich ein Empirist war, ist alles andere als ausgemacht. Darum ist es nützlich, sich einmal die reine Lehre des Empirismus zu vergegenwärtigen. Empirismus ist zunächst ein noch nicht beendetes Projekt – von dem allerdings jeder weiß, dass es niemals erfolgreich sein wird. Der Ansatz ist: Die Seele – oder wie man dergleichen nennen will – empfängt Material, d.h. sie wird affiziert. Aus dieser rein rezeptiven Leistung soll dann unsere gesamte Erfahrung und unser gesamtes Wissen zu verstehen sein. Dieser Ansatz klingt auf den ersten Blick vollkommen abenteuerlich und er ist es tatsächlich auch. Man kann den Empirismus höchstens dann retten, wenn man der Seele irgendeine Eigenleistung, Aktivität, zuspricht. Dass aber der reine empiristische Ansatz erfolglos ist, weiß jedes Kind und es sind ja auch bereits genügend Einwände, auch von empiristischer Seite, gegen das Programm des reinen Empirismus vorgebracht worden. Aber auch zwei sozusagen Metaargumente lassen sich gegen diesen Ansatz vorbringen: 1. Was ist eigentlich an der Eigenleistung des Verstandes so schlimm, dass ihn die Empiristen scheuen wie der Teufel das Weihwasser? Man könnte geradezu definieren: Empirismus ist die Angst vor einem aktiven Verstand, also ein höchst irrationales Unternehmen. 2. Handelt es sich bei dem Programm des Empirismus überhaupt um ein philosophisches Problem? Warum überlässt man der Psychologie nicht diese Aufgabe, denn um ein Problem der Psychologie handelt es sich hier doch? Und die Psychologie hat schon herausgefunden, welch große und aktive Rolle der Verstand beim Erzeugen von Erkenntnis spielt. Also: Die Psychologie hat den Empirismus längst widerlegt.

Aber vielleicht sollte man unter Empirismus etwas anderes verstehen. Der Satz 'Nichts ist im Verstand, was nicht vorher in den Sinnen war' gilt ja als der Schlachtruf des Empirismus. Allerdings ist diese Aussage keine Erfindung des Empirismus, sondern weit älter. Nikolaus von Kues hat sie vertreten oder auch Leibniz, also Philosophen, die man wirklich nicht als Empiristen bezeichnen kann. Diese Aussage ist also keine spezifische These des Empirismus. Sie wirft aber ein Licht auf jene ebenso alberne, wie geläufige Unterscheidung von Empirismus und Rationalismus. Vermutlich ist sie von Empiristen erfunden worden, um sich einen Gegner zu verschaffen.

Jedenfalls wird man Locke insofern keinen strengen Empiristen nennen können, als er der Seele durchaus Eigenaktivität zuspricht und auch zusprechen muss. Genauer soll sich der Geist bei der Erfassung der einfachen Ideen, d.h. der Ideen, die keine Teile enthalten, vollkommen passiv verhalten (was die Psychologie längst widerlegt hat), nicht aber im Falle der Ideen, die Teile enthalten, den komplexen Ideen (Essay II, 30, 3). Es ist aber unnötig, die Konstruktionen aller unserer ideas aus sensation und reflection zu verfolgen. Meist handelt es sich um schlechte Psychologie.

Weit interessanter ist seine Metaphysik, die er sich zwar alle Mühe gibt zu verheimlichen, die er aber natürlich hat, wie ja jeder eine Metaphysik hat, der Philosoph genannt sein will. Zwar gibt sich Locke betont metaphysikkritisch und agnostizistisch, aber es ist keineswegs schwer, seine Metaphysik hinter seiner kritischen Attitüde herauszulesen. Am Anfang jeder Metaphysik steht spätestens seit dem Mittelalter der Substanzbegriff und auch Locke erweist sich durchaus als Vertreter der guten alten Substanzvorstellung. Zwar gibt er sich hier betont kritisch, aber dann taucht doch unvermittelt eine Definition der Substanz auf: Substanz ist der Träger der Qualitäten (II, 23, 2). Allerdings, und das ist das Neue, sind die Substanzen eine Syntheseleistung des Geistes, eine Verbindung einer Menge von Qualitäten zu einer Einheit. Ob das Wort Träger hier nur ein anderer Name für Einheit ist oder ob es sich bei diesem Träger um ein eigenes Ding handelt, bleibt unerörtert, dabei wäre das gerade entscheidend. Denn nur im ersten Fall wäre Lockes Substanzvorstellung wirklich neu. Vermutlich wird er aber die zweite Auffassung bevorzugen (vgl. II, 23, 37). Dafür spricht seine – gut mittelalterliche – Auffassung, die wahre Natur der Substanzen sei uns unbekannt, wir können nur das wissen, was wir durch sinnliche Wahrnehmung aufgenommen haben (II, 23, 32). Wäre die Substanz nur die abstrakte Einheit von Qualitäten, hätte man zu einer solchen Aussage keinen Anlass, dann kennen wir das Ding vollständig, wenn wir alle seine Qualitäten kennen. Ferner übernimmt er Descartes Unterscheidung von res extensa und res cogitans im wesentlichen (II, 23, 22). Eine andere Einteilung ist die Dreiteilung in Gott, den Dingen und dem Ich (IV, 3, 21). Diese Dreiteilung scheint für Locke vollständig zu sein. Sie ist natürlich auch gut cartesisch. In ihr fehlen selbstverständlich alle Begriffe, denn die Begriffe sind subjektive Konstruktionen, von denen man höchstens sagen könnte, sie existieren im Ich. Die Dinge nun affizieren das Ich und so entsteht uns eine Erkenntnis der Dinge der Außenwelt. Eine weitere Erkenntnisquelle ist die

Reflexion auf unsere Bewusstseinsinhalte, die aber keine Erkenntnis über die Dinge der Außenwelt liefert. Wir erlangen Kenntnis unseres Ich durchaus im Sinne von Descartes, durch Selbstbeobachtung (IV, 9, 3). Die Kenntnis von Gott erlangen wir durch einen Beweis. Lockes Gottesbeweis (IV, 10) fußt auf der Idee, dass das Erzeugende mindestens die gleichen Fähigkeiten haben muss wie das von ihm Erzeugte. Der Beweis ist natürlich in keiner Hinsicht einsichtig. Jedenfalls glaubt Locke die Existenz einer res cogitans bewiesen zu haben, die ewig, allwissend und allmächtig ist. Es versteht sich, dass dieser Gott der Schöpfer aller Dinge ist.

Kenntnis der Dinge der Außenwelt erlangen wir durch Sinneswahrnehmung (IV,11). Hier ist Locke allerdings sehr unklar. Manchmal redet er so, als ob die Wahrnehmung einer einfachen Idee uns bereits die Existenz eines Dinges garantiert, andererseits sagt er deutlich, dass man hier nur von Wahrscheinlichkeit reden kann. Sein Ansatz ist jedenfalls, dass es Dinge, die von mir verschieden sind, gibt und die mich affizieren, auf diese Weise erlange ich Kenntnis von ihnen – und zwar Kenntnis realer Dinge und nicht bloß von Einbildungen. Was wissen wir nun von den Dingen, die uns affizieren? Hierzu unterscheidet Locke primäre und sekundäre Qualitäten. Primäre Qualitäten sind Festigkeit, Ausdehnung, Gestalt, Bewegung und Zahl (II, 8, 9), sekundäre Qualitäten alle übrigen einfachen Ideen. Die primären Qualitäten sind offenbar tatsächliche Eigenschaften des Dings. Nehme ich eine primäre Qualität wahr, dann nehme ich das Ding wenigstens in dieser Hinsicht so wahr, wie es tatsächlich ist (II, 8, 15). So viel Naivität kann man kaum glauben, dennoch scheinen die Texte dies zu bezeugen. Die sekundären Qualitäten dagegen liegen in den Dingen nicht real vor, aber es gibt immerhin eine Kraft in den Dingen, die eine entsprechende idea in uns erzeugt.

Es ist schwer zu sagen, worauf Locke eigentlich hinaus will:

1. Die einfachste und anspruchsloseste Interpretation wäre, Locke wollte zeigen, die menschliche Erkenntnis könne ohne die Annahme angeborener Ideen restlos verstanden werden. Wäre das so, dann wäre der Essay ebenso wahr wie uninteressant. Es ist aber nicht einmal klar, was genau Locke unter angeborenen Ideen versteht. Sollten damit angeborene Bewusstseinsinhalte gemeint sein, dann würde nicht einmal Descartes die Existenz angeborener Ideen vertreten. Sollten andererseits aber Dispositionen unseres Denkens gemeint sein, dann wäre die Lehre von den angeborenen Ideen sogar zutreffend. In dieser Spannbreite bewegt sich die These von den angeborenen Ideen. Aber Locke redet bald so, bald so.

2. Naheliegend ist es, den Essay als eine Durchführung des Programms des Empirismus zu lesen. Locke ist zwar nicht der Meinung, der Geist verhalte sich im Erkennen rein rezeptiv, insofern vertritt er nicht die reine Lehre, er meint aber, in der Sinneswahrnehmung (sensation) verhalte sich der Geist rein rezeptiv, in der Reflexion auf die Bewusstseinsinhalte (reflection) aber keineswegs. Ferner behauptet er, jede geistige Tätigkeit sei entweder sensation oder reflection oder lasse sich auf sie zurückführen. Das ist schlechte Psychologie und Locke war in der Durchführung seines Programms wirklich bemerkenswert erfolglos, so dass man kaum glauben kann,

er habe es uneingeschränkt vertreten. Locke ist weder ein überzeugender, noch ein überzeugter Empirist.

3. Man kann den Essay nicht als philosophischen, sondern als psychologischen Traktat lesen mit der Pointe, die Psychologie, d.h. die moderne Wissenschaft habe die Philosophie überwunden, sie kann all die Probleme lösen, um die sich die Philosophie vergeblich bemüht hat. Insofern wäre der Essay ein Versuch der Überwindung der Philosophie durch Wissenschaft. Tatsächlich enthält der Essay aber auch jede Menge Metaphysik. Locke setzt voraus, es gebe eine Außenwelt, die mit Gegenständen bevölkert ist und die wir auch erkennen können. Die Existenz dieser Außenwelt ist zwar sehr wahrscheinlich, aber nicht mit letzter Sicherheit beweisbar, dennoch ist sie die wesentliche Voraussetzung seines Systems.

4. Man kann den Essay aber auch als einen ersten Schritt zu einer ganz neue Philosophie lesen. Danach gibt es nur Materie und der Geist ist eine Funktion der Materie. Dies ist eine Annahme, die nicht zu beweisen ist, die sich aber an den Phänomenen zu bewähren hat. Der Satz von Widerspruch wäre dann notwendige Bedingung für das Bestehen von Sachverhalten. Natürlich ist Locke von einer solchen Auffassung noch weit entfernt, aber man bemerkt doch eine deutliche Tendenz.

In Wahrheit wird Locke wohl ein Cartesianer wider Willen gewesen sein. Aber es ist heikel, Locke für eine Position vereinnahmen zu wollen, weil er in hohem Maße unklar, inkonsistent und inkonsequent ist. Bezüglich seiner Metaphysik aber scheint man ihn am ehesten Cartesianer nennen zu können. Er übernimmt etwa die Unterscheidung von res extensa und res cogitans und bestimmt den Geist auch als res cogitans, was ein Empirist eigentlich nie tun dürfte. Und der Gegenstand ist zwar nicht ausgedehnte Substanz, aber doch Substanz. Die Verbindung von Geist und Körper war ihm aber merkwürdigerweise kein Problem, entweder hat er das Problem nicht bemerkt – durchaus nicht ungewöhnlich für Locke – oder aber, er tendierte zu der Auffassung, die ja für Empiristen nicht gerade untypisch ist, der Geist sei nur eine Funktion der Materie. Dann hebt sich das Problem der Interaktion von Materie und Bewusstsein auf. Der ins Auge fallende Unterschied zu Descartes ist dagegen: Descartes hat keine Erkenntnistheorie. Descartes brauchte aber keine Erkenntnistheorie, denn Gott garantiert ja die Erkenntnis und macht sie möglich. Die Tatsache, dass Locke eine Erkenntnistheorie besitzt, deutet dagegen darauf hin, dass er hier einen Eingriff Gottes nicht zu benötigen glaubt, was bedeuten könnte, dass er das hier vorliegende Problem nicht bemerkt, weil nicht verstanden hat. Es gibt aber eine Stelle, an der er sagt: „... so glaube ich, dass mir Gott über die Existenz von Dingen außer mir eine ausreichende Gewissheit verliehen hat ...“ (IV, 11, 3). Das könnte bedeuten, dass Gott die Möglichkeit der Erkenntnis garantiert, es könnte aber auch nur bedeuten, Gott habe mir nur die Gewissheit, dass die Dinge, die ich wahrnehme, auch existieren, gegeben (eine solche Gewissheit könnte ich auch bei bloßen Einbildungen haben). Und diese Gabe Gottes könnte man doch mit einem gewissen Recht als eingeborene Idee bezeichnen.

Locke teilt also die neuzeitliche metaphysische Grundkonstruktion: Es gibt eine vom Menschen unabhängige Außenwelt, diese Außenwelt affiziert uns und wir erkennen sie zwar nicht so, wie sie ist, aber gemäß unserer menschlichen Disposition. Diese Konstruktion ruft dann die philosophische Disziplin der Erkenntnistheorie hervor. Diese Konstruktion ist bereits eine Erfindung des Mittelalters, allerdings ohne dass es bereits das Erkenntnisproblem gäbe, denn Gott garantiert unsere adäquate Welterkenntnis. Diese Konstruktion hat die Neuzeit übernommen, für sie ist es die philosophische Grundkonstruktion, sie bestimmt das Weltverhältnis des neuzeitlichen Menschen und heute ist sie geradezu die opinio cummunis. Sie ist allerdings auch naheliegend – sobald der Mensch seine Innerlichkeit entdeckt hat – ihre Erfindung stellt auch keine besondere wissenschaftliche Leistung dar.

2.3.3 Spinoza

Spinozas Theorie lässt sich in einem Satz zusammenfassen: Alles, was existiert, ist entweder Gott oder eine Erscheinungsweise Gottes. Zu diesem Ziel kommt er durch die axiomatische Methode. Er ist der einzige Philosoph von Rang, der die Methode der Mathematik übernimmt und man muss sich fragen, warum er dies tut. Die axiomatische Methode wird ja ausschließlich in der Mathematik angewandt und sonst in keiner Wissenschaft. Dies liegt daran, dass die axiomatische Methode da ungeeignet ist wo eine Wissenschaft die Aufgabe der Analyse hat. Man könnte argumentieren, die Aufgabe der Philosophie sei die Analyse des Bestehenden. Dann wäre die axiomatische Methode in der Philosophie nicht sinnvoll. Man könnte aber auch argumentieren, Gott oder das Ich oder was auch immer, existiert und alles andere folgt aus dieser Annahme sowohl logisch, als auch sachlich. Ähnlich kann man den methodischen Ansatz Spinozas verstehen. Allerdings ist der Unterschied zur Mathematik immer noch beträchtlich. In der Mathematik sind die Axiome eher Konstruktionsvorschriften als selbstevidente Wahrheiten, die Mathematik schafft sich ihren Gegenstand also selbst und das können die anderen Wissenschaften nicht tun. Bei Spinoza sind die Axiome sowie die Definitionen Tatsachen, aus denen seine ganze Philosophie verstanden werden kann. Aber wäre das alles, dann gäbe es für Spinoza keinen Grund, seine Philosophie axiomatisch aufzubauen, bzw. dann hätte jeder Philosoph Grund, seine Philosophie axiomatisch aufzubauen. Vielmehr glaubt Spinoza, aus wenigen Tatsachen, die er eben Axiome und Definitionen nennt, alles andere sachlich und logisch ableiten zu können, d.h. aus den Axiomen folgt logisch die Existenz der Welt. Die Welt, so wie wir sie kennen, ist eine logische Konsequenz aus wenigen selbstevidenten Tatsachen. Dies macht den methodischen Ansatz bei der Axiomatik plausibel, auch dann, wenn es sich nicht um die Axiomatik der Mathematik handelt. Man kann diesen Ansatz Rationalismus nennen.

Welches aber diese axiomatischen Tatsachen für Spinoza sind, darüber kann man streiten. Denn das, was Spinoza selbst Axiom oder Definition nennt, ist oft weder das eine, noch das andere. Ein Axiom ist für ihn sicher das Kausalgesetz (Ethik I, Axiom 3,4), womit die causa efficiens, also die Wirkursache gemeint ist. Dies schließt auch die Existenz anderer Gründe, insbesondere der Zweckursachen aus. Ein zweites Axiom ist die sogenannte Identität von Denken und Sein (Ethik I, Axiom 6):

Wahre Begriffe erfassen ihren Gegenstand so, wie er ist. Ein drittes Axiom wird eine Aussage über Gott oder über Substanzen machen müssen. Seine These ist: Es gibt nur eine Substanz und diese ist Gott und Gott existiert. Es ist aber schwierig, diese These aus wenigen plausiblen Grundeinsichten abzuleiten. Zunächst definiert er die Substanz als das Selbständige, d.i. das, was zu seiner Existenz keines anderen bedarf. Das klingt zunächst gut aristotelisch. Aber Spinoza radikalisiert diese Definition und dann wäre Substanz das, was nicht von einem anderen erzeugt ist. Diese Substanz kann man terminologisch Gott nennen, wobei an dieser Stelle noch nicht gezeigt ist, ob diese göttliche Substanz existiert und ob es nur einen einzigen Gott gibt. Er hat also einen Substanzbegriff, der sich von dem der Tradition wesentlich unterscheidet aber andererseits auch nicht besonders einsichtig ist, was natürlich den Verdacht aufkommen lässt, sein Substanzbegriff sei eine ad-hoc-Konstruktion, die seine Thesen bereits in nuce enthält. Als Selbständiges ist die Substanz herkömmlicherweise Träger von Eigenschaften (was aber nicht zwei verschiedene Substanzbegriffe sind, wie man oft liest), für Spinoza gibt es aber nicht einmal Eigenschaften, d.h. sie kommen in seinem Entwurf nicht vor. Substanzen haben vielmehr Attribute und Modi. Attribute sind das Wesen der Substanzen und Modi sind ihre Erscheinungsweisen. Hier ist insbesondere zu fragen, wie die Modi als Erscheinungsformen der Substanz möglich sind? Oder: Wie kann die Substanz Daseinsweisen haben?

Weder der Beweis der Einzigkeit (Ethik I, Satz 14), noch der der Existenz Gottes (Ethik I, Satz 7) sind nachvollziehbar. Aber es ist klar, dass die Argumentationsfigur die des ontlogischen Gottesbeweises ist. Falls nun aber bewiesen sein sollte, dass es genau eine Substanz gibt, nämlich Gott, dann muss die Welt, die wir kennen, Modus Gottes sein. Denken und Ausdehnung sind die beiden Attribute Gottes, jedenfalls die, die wir Menschen kennen. Tatsächlich hat Gott unendlich viele Attribute und Modi. Es handelt sich hierbei aber nicht um Eigenschaften, sondern um zwei seiner Erscheinungsweisen. Dies impliziert eine Beantwortung des psychophysischen Problems. Denken und Ausdehnung sind zwei Erscheinungsweisen derselben Sache. Dasselbe zeigt sich uns einmal als psychisches Geschehen, ein andermal als physisches Geschehen. Unklar bleibt dabei, wie weit diese Übereinstimmung geht. Entspricht jedem psychischen Vorgang ein physischer? (Das würde man sicher annehmen.) Entspricht jedem physischen Vorgang ein psychischer? (Das anzunehmen fällt schwerer.) Oder ist sogar beides der Fall?

Es ist noch eine Bemerkung zur sog. Identität von Denken und Sein anzufügen. Spinoza hat es zwar als Axiom eingeführt, aber es folgt aus der Idee Gottes und seiner Attribute. Identität von Denken und Sein heißt zunächst nur, dass es Wahrheit gibt. Die Wissenschaften ergreifen prinzipiell die Wahrheit (mögliche Irrtümer sind dabei nicht ausgeschlossen) und es wäre sinnlos, hinter dem, was wir als objektiv anerkennen, noch eine wahre Wirklichkeit zu vermuten. Die These richtet sich also gegen einen prinzipiellen Skeptizismus und ist genau besehen eine Voraussetzung, unter der man Wissenschaft betreibt, ja unter der man lebt. Spinoza hat diese Voraussetzung, die nahezu die gesamte Tradition teilt, versucht zu begründen. Dies macht das Bedeutende seiner Philosophie aus. Allerdings hat er die These von der

Identität von Denken und Sein noch in besonderer Weise pointiert. Wenn Denken, auch das menschliche Denken, ein Modus Gottes ist, dann ergreift das Denken natürlich die Dinge so, wie sie sind. Das Denken ist ja nur ein anderer Gesichtspunkt der Ausdehnung, d.h. der Dinge. Ja der Unterschied von Denken und Sein ist nur marginal, nur eine Frage des Standpunkts. Denn es gibt weder Innen-, noch Außenwelt, sondern alles ist Attribut Gottes. Denken und Sein sind also insofern identisch, als sie zwei Aspekte derselben Sache sind. So ist etwa auch der Begriff des Kreises und die Dinge, die Kreise sind, ein und dasselbe (Ethik II, Satz 7). (Eine Behauptung, die klarerweise falsch ist, denn diese Dinge sind eben keine Kreise, sondern wir halten sie für Kreise und wir wissen dies meist auch). Bei einer derart strikten Identität entsteht natürlich das Problem, wie Falsches möglich sein kann. Aus Spinozas Ansatz folgt noch ein Weiteres: Wenn das Weltgeschehen in blinder Notwendigkeit abläuft, dann muss jede korrekte Schlussfolgerung aus wahren Prämissen ein wahres und wirkliches Resultat ergeben. Und dann entsteht das Problem, wie Hypothesen möglich sein können. Daraus folgt aber auch, dass – plakativ gesprochen – die Logik Existenz erzeugt. Man könnte hierin auch eine Definition des Rationalismus sehen: Rationalismus ist die These, man könne mit logischen Mitteln die Existenz der Welt zeigen.

Natürlich ist es ungewöhnlich und provokant, die Ausdehnung als Erscheinungsweise Gottes zu bezeichnen, denn es bedeutet doch, die Welt ist Erscheinungsweise Gottes, also Gott selbst. Dies meint das bekannte Schlagwort Deus sive natura. Man könnte einwenden, wenn Gott und Natur dasselbe sind, warum sollte man dann noch von Gott reden. Dann reicht es, über Natur zu reden, denn der Begriff der Natur enthält ebenso viel wie der Begriff Gottes. Aber das Argument ist nicht zutreffend, denn Gott hat ja unendlich viele Modi und Attribute, wir Menschen kennen nur zwei von ihnen. Diese Widerlegung ist zwar nicht befriedigend, denn es gibt keinen Sinn, über etwas zu reden, was man nie wird wissen können, ist aber ganz im Sinn von Spinoza. Spinoza hat in Deutschland, namentlich im deutschen Idealismus eine große Faszination ausgeübt. Dies hat offenbar zwei Gründe: Zum Einen ist Spinoza insofern Vorläufer des deutschen Idealismus, als beide eine Philosophie des Absoluten vertreten. Alles ist Gott, oder: Alles ist Geist. Er ist aber insofern nur Vorläufer, als er sich nicht der Aufgabe unterzogen hat, die Welt aus diesem Einen zu konstruieren. Insofern ist seine Philosophie bloß Programm. Zum Zweiten ist Spinoza für etwas verantwortlich, das man Weltfrömmigkeit nannte. Die Natur, da sie göttlich ist, ist es wert, verehrt zu werden. Hier hat man aber wohl das Wort mit der Sache verwechselt. Man hat nicht wahrgenommen, dass sich Gott in Spinozas Philosophie verflüchtigt, sondern hat sich vom Glanz des Namens „Gott" blenden lassen und geglaubt, der christliche Gott habe sich in der Natur offenbart, was nun ganz sicher nicht Spinozas Meinung war.

Ein gewichtiger Einwand ist dagegen, dass Spinozas Theorie nur Programm ist. Aus dem Begriff Gottes folgt die Welt mit logischer Notwendigkeit. Aber von einem Nachweis dieser Behauptung ist Spinoza denkbar weit entfernt. Man hätte zeigen müssen, wie sich Gott den Menschen als Natur darstellt und darstellen kann. Dazu müsste man wohl zunächst Gottes Attribute untersuchen. In Ethik I, 34 heißt es dazu: Die Macht Gottes ist sein Wesen selbst. Mit Macht (potentia) ist einfach die Wirkursache gemeint. Das würde aber nur bedeuten, dass Gott das Prinzip der Kausalität ist. Aber so ist es wohl doch nicht gemeint, denn aus einem derart abstrakten Prinzip folgt nichts. Man macht oft kritisch gegen Spinoza geltend: Wie kann aus dem Einen (Gott) Vieles (Dinge) werden? Dieser Einwand ist sicher nicht unbegründet, aber vielleicht ist das, was uns als Vielheit gegeben ist, nichts als ein Modus des Attributs der Ausdehnung, der in sich strukturiert ist und diese innere Differenzierung erscheint uns als Vielheit. Natürlich kann man dann fragen: Und wie ist Differenzierung des Einen möglich? Schließlich kann man einwenden, beide, Gott und Substanz seien nur eine Redeweise. Spinozas Substanz hat zwar eine oberflächliche Verwandtschaft mit dem klassischen Substanzbegriff, sie wird aber von Spinoza so eigenwillig umgedeutet, dass wenig rechtfertigt, sie noch Substanz zu nennen. Sie nimmt sich aus wie eine ad-hoc-Konstruktion eingeführt zu dem Zweck, das zu zeigen, was man zeigen will und um den Anschein zu erwecken, hier würde erstmalig der Begriff der Substanz konsequent gedacht. Nicht anders verhält es sich mit dem Gottesbegriff. Wäre man bösartig, könnte man von Etikettenschwindel reden. Spinozas Gott ist ja nicht bloß Resultat einer eigenwilligen Umdeutung, sondern er hat mit dem Gott der Religionen nur den Namen gemein. Spinozas Gott ist nicht Person, er ist der Welt gegenüber nicht transzendent und er hat sich den Menschen auch nicht in einem einmaligen Ereignis offenbart. Er ist das Kausalitätsprinzip der Natur, genauer das Prinzip der Wirkursache. Als solches erscheint er uns Menschen, je nach Gesichtspunkt, als System des Ausgedehnten oder als System von Denkinhalten. Unabhängig vom gewählten Gesichtspunkt waltet in ihr die blinde Notwendigkeit, so dass der, der die Attribute und Modi Gottes vollständig begreifen könnte, die Natur als System von Ursache und Wirkungen vollständig beschreiben könnte. Man hat Spinozas System als Philosophie des Absoluten bezeichnet, weil seine These ist: Alles ist Gott. Wenn das aber so ist, dann wird der eingangs formulierte Einwand wieder gültig: Wenn alles Gott ist, dann ist Gott nur eine Redeweise, dann kann man auf die Vokabel „Gott" auch verzichten, dann könnte man einfach sagen, in der Natur walte das Prinzip der Wirkursache und dies sei auch ihr Wesen. Und wenn man diese Natur auch noch Substanz nennt, dann ist das ebenfalls eine prinzipiell verzichtbare Redeweise. Anders läge aber der Fall, wenn Spinoza versucht hätte, die Welt als Modus Gottes zu konstruieren, wenn er also versucht hätte, sein Programm auch durchzuführen oder im Sinn der Tradition formuliert: Gottes Gedanken vor den Schöpfung nachzudenken.

2.3.4 Leibniz

Leibniz wird geschätzt, weil er, wie man sagt, seiner Zeit weit voraus war. Seine Metaphysik dagegen, die man mit den Schlagworten Monadologie, prästabilierte Harmonie und beste aller Welten zusammenfasst, gilt eher als Gegenstand der Belustigung, was aber keineswegs eine moderne Erscheinung ist. Schon zu seinen Lebzeiten galt seine Metaphysik höchstens als Kuriosum. Demgegenüber steht aber seine immense Wirkung namentlich auf die deutsche Philosophie. Man kann Kant und große Teile der Philosophie des 19. Jahrhunderts als eine Auseinandersetzung mit Leibniz lesen (z.b. Herbart, Bolzano, Trendelenburg, Fechner, Teichmüller). Der Idealismus dagegen bleibt von ihm unbeeinflusst, was erstaunlich ist, da man Leibniz doch mit Grund den ersten Idealisten nennen kann.

Der beste Einstieg in Leibniz Metaphysik, wodurch seine Metaphysik gleichzeitig Anschluss an die Tradition gewinnt, erfolgt sicher über den Begriff der Substanz. Im Gegensatz zu vielen Philosophen seiner Zeit, beabsichtigt er keinen Bruch mit der Tradition. Er achtet die Philosophen der Antike und der Scholastik nicht gering, hat ihre Werke studiert (was viele Kritiker der Philosophie der Antike und des Mittelalters sowohl zu Leibniz Zeiten, als auch heute, nicht von sich behaupten können) und sieht sich als Bewahrer und Fortsetzer einer bedeutenden Tradition und darin war er durchaus unzeitgemäß. In Kenntnis dieser Tradition sieht er keinen Anlass, den Grundbegriff der abendländischen Philosophie, den Begriff der Substanz, aufzugeben. Er deutet ihn allerdings auf eine neue, überraschende und vor allem konsequente Art um.

Es gibt einige Stellen, in denen Leibniz seine philosophische Entwicklung nachzeichnet und in allen bezeugt er, dass er schon sehr früh das Konzept der Substanz für unverzichtbar hielt ohne allerdings schon eine Definition der Substanz zu besitzen. Man kann nur spekulieren, was ihn dazu bewogen hatte, dieses altmodische Konzept zu rehabilitieren. Vielleicht war es aber die Überzeugung, die Welt bestehe aus Individuen und das Konzept der Substanz habe die Aufgabe die Individualität des Individuums zu fassen. Weiterhin muss die Substanz teillose Einheit sein, denn hätte sie Teile, wäre sie kein Zugrundeliegendes mehr, sondern höchstens noch ihre Teile. Die Substanz wird Monade genannt, weil ihre teillose Einheit ihr Wesen ist. Die Monade ist ein metaphysischer Punkt oder beseelter Punkt, wie Leibniz sagt. Weil die Monade keine Teile hat, kann sie auch nicht mit anderen Monaden in Kontakt treten, noch können andere Monaden mit ihr in Kontakt treten. Die Monaden haben keine Fenster, sagt Leibniz. Monaden haben stattdessen Perzeptionen, das sind Bewusstseinszustände. Der Übergang von einem Bewusstseinszustand in einen anderen nennt Leibniz appetitus, was man mit Streben oder Wille übersetzen kann. Einige Monaden besitzen zusätzlich noch die Fähigkeit der Reflexion auf ihre Bewusstseinszustände (Apperzeption). Mit dieser Konstruktion hat Leibniz im Prinzip das Problem der Erkenntnis gelöst: Es ist nicht zu verstehen, wie ein Subjekt ein Außending zu sich hinein holen kann (was man meist unter Erkenntnis versteht). Wenn wir aber ein Ding sehen oder denken, dann richten wir uns nicht nach außen, sondern wir haben den Bewusstseinsinhalt etwas zu sehen. All unser Denken, Erkennen und Leben ist eine Abfolge von Perzeptionen und Apperzeptionen in uns, d.h. in einer Monade.

Die Annahme isolierter Monaden erzeugt aber ein Problem. Wie kann es sein, dass, falls ich beim Fußballspiel einen Mitspieler am Kopf treffe, dieser eine Gehirnerschütterung hat? Bei dem Mitspieler müsste also zur rechten Zeit ein gewisser

Bewusstseinsinhalt stattfinden, den wir mit Gehirnerschütterung bezeichnen. Wenn die Monaden nichts voneinander wissen, wäre dies ein unglaublicher Zufall. Die Bewusstseinsinhalte der Monaden müssten also aufeinander abgestimmt sein, sonst würden sich sofort Widersprüche einstellen und jeder Kontakt mit anderen wäre unmöglich. Dieses Problem löst Leibniz mit der sogenannten prästabilierten Harmonie: Gott hat die Bewusstseinszustände aller Monaden aufeinander abgestimmt, so dass wir den Eindruck einer konsistenten Welt haben, bei dem also oben genanntes Problem nicht länger auftritt. Gott hat aber auch die Bewusstseinszustände der Monaden so eingerichtet, dass die beste aller möglichen Welten entstand. Die beste aller möglichen Welten ist jene Welt, in der bei größtmöglicher Vielfalt der Erscheinungen die größtmögliche Ordnung herrscht. Man könnte hier von einem Ökonomieprinzip sprechen, bei der die Vielfalt der Erscheinungen und die Komplexität der Naturgesetze zu optimieren sind. Vermutlich hat Leibniz hier an das später so genannte Prinzip von Maupertuis, das auch Prinzip der kleinsten Wirkung genannt wurde, gedacht, das er aber vielleicht bereits kannte: Jeder Vorgang in der Natur verläuft so, dass seine Wirkung minimal wird.

Wenn die Monade Individuum ist, dann gibt es auch keine zwei Monaden, die identisch sind. Und wenn die Monaden teillose Einheiten sind, dann ist es schwer vorstellbar, wie sie entstehen und vergehen könnten. Monaden sind also weder erzeugbar, noch zerstörbar. Wenn also ein Lebewesen stirbt, dann wird keine Monade zerstört, sondern ihre Perzeptionen ändern sich. Schließlich kann man auch sagen, dass die Menge der Perzeptionen und Apperzeptionen einer Monade ein Gesichtspunkt auf die Welt ist, ein Aspekt der Welt, der in einer Monade repräsentiert ist. Dies wird genauer damit begründet, dass es in der Natur kein isoliertes Ereignis geben kann. Wenn also irgendetwas geschieht, dann muss jede Monade eine, wenn auch sehr kleine, Wirkung davon verspüren (wie das möglich ist, obwohl die Monaden doch keine Fenster haben, klärt die Lehre von der prästabilierten Harmonie.).

Die Monaden besitzen, im Gegensatz zur klassischen Substanz, eine Kraft, sie sind Kraftzentren. Dies ist nicht leicht zu verstehen. Man könnte glauben, eine solche Kraft sei nötig, um die Monade zu einen und zusammen zu halten. Aber eine zusammenhaltende Kraft braucht die Monade nur, wenn sie Teile hätte. Unter Kraft ist wahrscheinlich nur eine allgemeine Lebenskraft zu verstehen. Leibniz denkt bei seinen Monaden insbesondere an Seelen und Seelen besitzen Perzeptionen. Diese Perzeptionen und auch die Apperzeptionen kann man durchaus als eine Kraft ansehen.

Sind auch die körperlichen Dinge Monaden? Das ist in der Literatur strittig. Verneint man es, dann muss man die Körper als bloße Erscheinungen, also als Bewusstseinsinhalte von Monaden auffassen. Dann aber gäbe es das Problem der Beziehung von Körper und Seele nicht länger, das Leibniz aber doch mit seiner Annahme einer prästabilierten Harmonie gelöst hat, denn dann wäre ja alles Geist. Man muss die Frage also bejahen. Dann müssten die Monaden aber unendlich klein sein, denn die Körper sind ja, nach Ansicht von Leibniz, unendlich teilbar. Das ist aber durchaus möglich, Leibniz bezeichnet sie selbst als metaphysische Punkte. Wie soll aber aus

Punkten Ausdehnung entstehen können? Da Punkte keine Länge besitzen, lässt eine Aneinanderreihung von Punkten keine Ausdehnung entstehen. Aber dieser Einwand ist nur scheinbar zutreffend, denn die Ausdehnung ist ja Erscheinung, also Bewusstseinsinhalt, sie ist keine Eigenschaft der Substanz.

Leibniz' System ist von beeindruckender Konsistenz. Man entkommt ihm nur, wenn man seine Voraussetzungen, sozusagen seine Axiome, in Frage stellt. Tatsächlich macht Leibniz zwei Annahmen, die für sein System konstitutiv sind und die er nicht in Frage stellt. Es ist dies der Glaube an einen Gott und die Annahme, die Welt bestehe aus Individuen. Gibt man diese beiden Annahmen zu, ist man gezwungen, Leibniz zuzustimmen. Wenn Gott existiert und wenn er allmächtig und gütig ist, dann muss er die beste aller möglichen Welten geschaffen haben, sonst wäre er ja böse oder unfähig. Und wenn die Welt aus Individuen besteht, dann müssen sie teillos sein, denn was Teile hat, kann nicht Individuum sein. Ein Individuum kann auch keinen Kontakt mit der Außenwelt haben, sonst müsste es ebenfalls Teile haben. Trotzdem haben die Individuen, d.h. die Monaden, Perzeptionen, also doch Teile. Das ist eine unvermeidbare Inkonsequenz. Wenn die Monade keine Fenster hat, dann müssen die Perzeptionen der Monaden synchronisiert werden und was liegt näher, als diese Aufgabe Gott zuzuschreiben. Aber wer möchte heute noch diese Annahme mitgehen? Aber noch schwieriger ist die Annahme von Monaden. Sie sollen und müssen teillos sein, aber dies ist nicht durchzuhalten, wenn sie nur Bewusstseinszustände (also Perzeptionen) besitzen. Als Individuen sind sie durch ihre Einheit bestimmt, die Einheit ist das Individuationsprinzip. Aber durch ihre abstrakte Einheit können sich die Individuen nicht voneinander unterscheiden, die Monaden sind vielmehr durch ihre unterschiedlichen Bewusstseinszustände voneinander verschieden und das heißt doch: Individuen sind als Individuen qualitativ, d.h. durch Eigenschaften, bestimmt. Ihre Qualitäten und nicht ihre Einheit lässt die Monaden voneinander verschieden sein und d.h.: lässt sie Individuen sein. Leibniz ist wie selbstverständlich von der Annahme ausgegangen: Die Welt ist eine Menge von Individuen. Hier liegt das proton pseudos seiner Philosophie. Ein Idealismus muss vielmehr von der gegenteiligen Annahme ausgehen: Die Welt besteht aus Begriffen. Begriffe sind zwar Individuen aber auch Allgemeinbegriffe sind Individuen, insofern nämlich, als sie durch ihre Teile von allen anderen Begriffen unterschieden werden können. Diese Unterscheidung ist immer eine begriffliche Unterscheidung. Mit diesem Ansatz ist ein Individuationsprinzip überflüssig.

Alles in der Natur ist begreifbar, insofern ist das Seiende intelligibel. Die Wirklichkeit gehorcht sogar den Gesetzen der Logik. Dies liegt daran, dass im Begriff einer Substanz all das enthalten ist, was der Substanz jemals zustoßen kann. So ist im Begriff Alexanders d. Gr. enthalten, dass er den Darius besiegt hat. Darum ist der Satz „Alexander hat den Darius besiegt" ein analytisches Urteil, denn er enthält nur das, was im Subjekt, d.i. in Alexander schon liegt. Auf diese Weise sind alle Urteile analytische Urteile, man müsste nur die Substanzen genau kennen, dann könnte man alle Substanzen analysieren und hätte damit alles Wissen über die Welt erhalten. Und diese (sicherlich falsche) These unterstellt weiterhin, dass sich die Prädikate eines Subjekts nicht widersprechen können und dass jedes Ereignis einen Grund hat, warum es so und nicht anders ist, denn sonst wäre eine Analyse ja nicht möglich. Es scheint auch, Leibniz habe die alte mittelalterliche Seinsvorstellung übernommen, nämlich jene doppelte von Wesen und Existenz, die nicht zusammengebracht werden können. Man könnte aber auch mit Grund vermuten, Leibniz kenne nur noch das Sein im Sinne von Existenz. Dass ein Ding qualitativ bestimmt ist, ist zwar klar, aber das konstituiert nicht seine Existenz. Ein Ding existiert darum, weil es Teil einer Welt ist, die Gott zur Existenz ausgewählt hat. Existenz beruht auf einer Auswahl Gottes, aber keiner beliebigen, sondern jener, die die beste aller möglichen gewählt hat. Existenz heißt also, Teil der besten aller möglichen Welten zu sein. In allen möglichen Welten muss dagegen der Satz vom Widerspruch und der Satz von Grund gelten, aber Existenz impliziert beide Sätze noch nicht. Andererseits kann man natürlich mit Leibniz sagen, ein Ding ist, was es ist, durch seine qualitative Bestimmtheit. Aber dieser Satz fasst nicht das Wesentliche des Dings. Dies ist vielmehr seine Einheit und dies ist keine qualitative Bestimmung. Die Einheit des Dings garantiert allerdings auch nicht seine Existenz, es gibt ja auch Dinge in möglichen Welten. Aber offenbar ist Sein für Leibniz weniger etwas, was einem einzelnen Ding, als vielmehr einer ganzen Welt zukommt. Dann wäre der Sinn des Seins auch weniger die Einheit, als vielmehr ein Gutsein im Sinne eines Optimiertseins.

2.3.5 Berkeley

Neuzeitliche Philosophie besteht in der Entdeckung des Unterschieds von Innenwelt und Außenwelt. Diesbezüglich kann eine neuzeitliche Metaphysik im Wesentlichen drei Positionen einnehmen. Man kann sagen, alles ist Materie, der Geist dagegen ist ein Epiphänomen. Man kann aber auch sagen, alles ist Geist und die Materie ist ein Epiphänomen des Geistes. Schließlich ist es denkbar zu behaupten,es gebe sowohl Geist, als auch Materie und keines von beiden ist auf das andere reduzierbar. Diese Position ist besonders schwierig durchzuführen. Descartes hat es versucht und ist eklatant gescheitert. Berkeley vertrat die zweite Position, also einen typischen Idealismus – jedenfalls auf den ersten Blick.

Die These des Idealismus: Alles ist Geist, stellt sich bei Berkeley so dar: Die uns umgebenden Dinge kennen wir nur als Wahrnehmungsinhalte, Berkeley sagt Ideen, und über ihre Existenz jenseits ihrer Erkennbarkeit zu spekulieren ist sinnlos, weil wir über ihre Existenz nichts entscheiden könnten. Was wir also ein Ding nennen, ist in Wahrheit der Bewusstseinsinhalt von einem Ding, ist die Vorstellung eines Dings. Und das ist bereits das ganze Wesen des Dings. Was aber ist der Inhalt einer Wahrnehmung wenn man etwa einen Apfel sieht? Sind es die Qualitäten rot und rund? Ist es ein Zusammenvorliegen der Qualitäten rot und rund? Oder ist es vielleicht der Apfel? Berkeley scheint sich für ersteren Fall ausgesprochen zu haben. Wenn wir aber nur Qualitäten wahrnehmen, wie kommt es, dass wir in der Wahrnehmung ganze Dinge auffassen? Hier muss eine Eigenleistung unseres Verstandes stattfinden, die die Wahrnehmung einzelner Qualitäten zu Dingen macht. Bedenkt man dies, kann man durchaus sagen, wir würden Dinge wahrnehmen. Berkeley hat dafür eine berühmte Formel gefunden: esse est percipi – Sein ist Wahrgenommenwerden. Diese Formel ist äußerst missverständlich, sie gibt sich wie eine Definition, was sie aber gerade nicht ist. Am besten versteht man sie als Auslassungssatz mit dem gemeint ist, das Sein des Dings ist sein Wahrgenommenwerden. Womit gemeint ist, die Wahrnehmung ist ein konstitutiver Akt, er erzeugt das Ding, weil Dinge nur für uns existieren können.

Der Satz esse est percipi heißt natürlich auch, dass Bergriffe eben gerade nicht existieren (sie werden ja nicht wahrgenommen). Diese Kritik am Abstrakten ist ein altbekannter Topos. Diese Kritik hat sich nie klargemacht, was sie eigentlich mit Existenz meint, wenn sie behauptet, Abstrakta existieren nicht. Insgeheim scheint doch wohl eine Existenz in Raum und Zeit gemeint zu sein – dann allerdings wäre die Kritik berechtigt. Aber wer hätte dergleichen je ernsthaft behauptet? Die Kritik wäre auch dann berechtigt, wenn man Plato wörtlich nimmt und die Abstrakta, hier: Begriffe, an einem – mit Plato zu reden – überhimmlischen Ort zu finden glaubt, von wo aus sie ein für allemal alles bestimmen, was jemals Ding sein kann und auf das wir uns denkend richten, wenn wir die Dinge erfassen wollen. Etwas anderes wird es aber, wenn man diese Begriffe oder Ideen als die Gedanken Gottes erklärt, wie es ja das Mittelalter oft getan hat. Eine solche Auffassung wäre derjenigen Berkeleys (wie sich bald zeigen wird) nicht so weit entfernt.

Gegen Berkeleys These, dass uns nur die Wahrnehmung Erkenntnis von Existierendem gewährt, liegen drei Einwände nahe: 1. Wenn man einen Gegenstand sieht, die Augen schließt und wieder öffnet, dann müsste doch derselbe Gegenstand ein zweites mal erzeugt worden sein, da er doch zweimal wahrgenommen wurde. Diesem Einwand kann man leicht begegnen, denn es wird doch tatsächlich der Gegenstand ein zweites mal erschaffen und wir erinnern uns eben an denselben Eindruck, so dass wir sagen können, wir sehen denselben Gegenstand ein weiteres mal. 2. Wie können wir noch zwischen Realität und bloßer Einbildung unterscheiden? Auch dieser Einwand ist behebbar, denn ob etwas Realität oder Einbildung ist können wir an dem Kontext entscheiden, in dem es steht. Ist etwas etwa klar und deutlich gegeben, ist es Realität und keine Einbildung. Und vielleicht ist Klarheit und Deutlichkeit auch nicht das Kriterium der Realität, aus dem Kontext des jeweils Wahrgenommenen lässt sich mit Sicherheit ein Kriterium ableiten. 3. Wie kommt die Regelhaftigkeit der Natur zu Stande? Dies ist tatsächlich ein Problem, das das esse – est – percipi – Prinzip zwar aufwirft, aber keiner Lösung zuführt. Dies ist das Einfallstor der Metaphysik in Berkeleys System. Dieses Problem löst Berkeley mit Annahmen, die ihn zu einem Vertreter der klassischen Metaphysik machen.

Berkeley wird zwar nicht müde, gegen die Annahme von Substanzen zu polemisieren, aber wogegen er polemisiert, sind genauer materielle Substanzen. Es gibt aber (seiner Auffassung nach) noch geistige Substanzen, die durchaus existieren, obwohl sie nicht wahrgenommen werden können. Diese geistigen Substanzen nennt er Geister oder Seelen und zu diesen geistigen Substanzen gehört nicht nur die menschliche Seele, sondern auch Gott. In diesen geistigen Substanzen sieht Berkeley kein

Problem, sie werden wie selbstverständlich vorausgesetzt. Jedenfalls hat Gott eine wesentliche Funktion in seinem System. Die Wahrnehmungsinhalte besitzen ja eine gewisse Regelhaftigkeit und dieser Tatsache ist es zu verdanken, dass es Naturgesetze gibt und dass wir überhaupt Wissenschaft betreiben können. Berkeley scheint nun so zu reden, als ob Gott die Wahrnehmungen in all ihrer Regelhaftigkeit in uns erzeugt. Er könnte aber auch gemeint haben, Gott habe die außer uns existierenden Ding erzeugt. Es gibt allerdings keinen Grund, warum er Letzteres annehmen sollte. Gegenstände als Dinge außer uns gibt es nicht, sondern Gott erzeugt die Dingwahrnehmungen in uns – mehr muss Berkeley nicht behaupten. Als frommer Mann sucht er dann natürlich auch die teleologische Naturbetrachtung zu reaktivieren. Gott als weiser und gütiger Schöpfer hat alle Dinge zu unserem Besten eingerichtet und dies zu betrachten und dieser Tatsache nachzuforschen ist die wahre Naturwissenschaft zumal die Kausalität ja ohnehin nur ein Produkt der Gewöhnung ist und die Annahme der kausalen Struktur der Natur ist die Grundannahme der modernen Naturwissenschaft. Wenn Eindrücke des öfteren aufeinander folgen, entsteht uns der Eindruck der Kausalität. Das erklärt zwar gar nichts, reicht Berkeley aber aus, die Kausalität zu diskreditieren und die Teleologie wieder in ihr altes Recht einzusetzen.

Beachtet man all dies, bleibt von Berkeleys kritischer Attitüde nicht allzuviel übrig. Er bleibt in Wahrheit ein mittelalterlicher Metaphysiker. Modern ist dagegen der Ansatz beim Subjekt. Wessen wir uns sicher sein können, sind unsere Sinneseindrücke, die sogenannten Ideen, den Rest müssen wir erschließen. Da er der Seele Eigenaktivität in erheblichem Umfang zuspricht (womit er auch recht hat) ist er alles andere als ein Empirist. Gut vergleichbar ist er sowohl im Ansatz, als auch in der Methode und in den Resultaten mit Descartes. Seine Differenz zu Descartes liegt in seiner immer wieder vorgebrachten Ablehnung der res extensa. Die res extensa wird statt dessen reduziert auf von Gott erzeugte Sinneseindrücke. Betrachtet man Berkeley aber als Metaphysiker, liegt kein Grund vor, warum er die Dinge auf Sinneseindrücke reduzieren sollte, nichts in der Sache oder in seinem Ansatz zwingt ihn zu dieser Annahme. Umso größeres Gewicht ist darum den Argumenten zuzumessen, die für seine Konstruktion sprechen. Sein Argument ist: Uns liegen stets nur Wahrnehmungsinhalte vor, also ist das Ding Wahrnehmungsinhalt. Aber bereits bei dem Vordersatz kann man anderer Meinung sein. Man kann doch mit Grund die Meinung vertreten, wir sähen Dinge, sagt man dagegen, uns lägen Sinneseindrücke vor („Wir sehen Sinneseindrücke" ist dagegen sinnlos), dann entsteht daraus die Verpflichtung, unsere Dingwahrnehmung aus diesem bloßen Vorliegen von Sinneseindrücken zu konstruieren. Dies hat Berkeley, zumindest andeutungsweise, auch getan. Er hat dann aber darüber hinaus einen Satz über die Existenz von Dingen erschlossen, nämlich: Also ist Existenz Wahrgenommenwerden. Dieser Schluss ist aber weder logisch zwingend noch irgendwie motiviert. Man weiß also nicht, welche Probleme Berkeley mit seinem Ansatz überhaupt lösen will. Ist es vielleicht das Problem der Substanz? Aber obwohl Berkeley nicht müde wird, gegen die materielle Substanz zu polemisieren, hat er nicht die geringsten Probleme, geistige Substanzen anzunehmen, obwohl die Probleme doch in beiden Fällen gleich sind.

Philosophiehistorisch betrachtet liegt, genau wie bei Descartes, ein vorsichtiger Schritt in Richtung Idealismus vor. Einen Idealismus kann man Berkeleys System aber mein besten Willen nicht nennen. Dafür spielt Gott eine zu große Rolle, ja sogar die entscheidende und für sein System konstitiutive. Ein Idealismus, der seinen Namen verdient, müsste die Regelhaftigkeit der Erscheinungen ohne göttlichen Eingriff erklären können. Überhaupt spielt ja Gott in der Philosophie gern die Rolle des deus ex machina, d.h. wenn ein Problem unlösbar scheint oder auf Grund des gewählten Ansatzes unlösbar ist, dann kommt Gott gerade recht, mit seiner Hilfe kann man überhaupt jedes Problem lösen.

2.3.6 Hume

Humes Position kann man mit zwei Schlagworten zusammenfassen: Empirismus und Skepsis. Er war ein Bewunderer Newtons und der Meinung, so wie Newton die Natur entschlüsselt hat, so benötige man einen Newton der Psychologie, der die Natur des Menschen entschlüsselt. Hume hat zwar nicht gesagt, er selbst sei dieser neue Newton, aber er wird es wohl geglaubt oder doch gehofft haben. Und ebenso wie Newtons Physik ist seine Psychologie streng mechanistisch. Sein Konstrukt, mit dem er alles erklärt, ist etwas, was man heute Assoziation nennen würde. Dabei stellt er sich den menschlichen Geist – pointiert gesagt – als einen Tummelplatz von Eindrücken und ihren Produkten vor. Wir nehmen Eindrücke auf und verarbeiten sie sozusagen mechanisch ohne unser Zutun. Was zeitlich unmittelbar aufeinander folgt, das deuten wir als einen Ursache – Wirkungs – Zusammenhang, was im Raum nah beieinander liegt, das deuten wir als Ding. Was wir Verstand oder Vernunft nennen ist nur ein Werk der Gewohnheit. Der Schluss der Gewohnheit wird mechanisch geübt. Was des Öfteren aufeinander folgt, das wird automatisch als Ursache und Wirkung gedacht. Das macht sozusagen die menschliche Natur selbst ohne unser Zutun.

Nur die Sinneswahrnehmung liefert uns unmittelbare Erkenntnis, alles andere ist aus ihr abgeleitet. Entweder sind dies willentliche Kombinationen möglicher Wahrnehmungsinhalte (z. B. gläserne Berge) oder unwillkürliche und mechanisch vorgenommene Zusammenfassungen möglicher Sinneswahrnehmungen (z.B. die Konzepte der Substanz oder der Kausalität). Das ist alles schlechte Psychologie, weil sie sich nicht die Mühe macht, die Aktivität und Eigenleistung des Denkens zu bemerken. Hume will dem Denken um keinen Preis eine Eigenleistung zusprechen, und weil nicht sein kann, was nicht sein darf, ist das Denken selbst bei Begriffen wie Kausalität oder Substanz nicht mehr beteiligt. Folgen nämlich des öfteren gleichartige Sinneseindrücke aufeinander, stellt sich von selbst das Konzept der Kausalität ein. Dies hat auch Auswirkungen auf die Wissenschaft, denn als wissenschaftliche Aussage ist nur das zulässig, was sich auf Sinneseindrücke beziehen kann. Aber jede Wissenschaft stellt Theorien und Modelle auf, also nichts, was man unmittelbar wahrnehmen könnte, um mit ihnen Tatsachen zu begründen. Alles ruht auf der Meinung, Sinneswahrnehmungen seien irgendwie besser als abstrakte Begriffe und dies ist bei den Empiristen beinahe schon eine moralphilosophische Aussage. Diese unmotivierte Ideologie erzeugt dann auch den Wunsch, die Seele möge doch gänzlich passiv sein.

Hume gilt ja als der große Kritiker des Konzepts der Kausalität. Wir sagen zwar, ein Ereignis sei die Wirkung einer Ursache. Aber was wir da nach dem Schema von Ursache und Wirkung verbinden, das hat nur die Gewohnheit verbunden, weil beide Ereignisse oft aufeinander folgten. Welches ist der Theoriestatus dieser Aussage? Ist es eine psychologische Aussage? Dann wäre die Aussage richtig – aber sie wäre dann auch keine Kritik. Es handelte sich dann um eine Beantwortung der Frage Wie finden wir Kausalbeziehungen? Es mag vielleicht stimmen, dass wir da eine Kausalbeziehung in Erwägung ziehen, wo Ereignisse oft zusammen erscheinen. Das ist aber nur ein Motiv für unsere Annahme von Kausalbeziehungen und berührt nicht die Rechtmäßigkeit des Kausalbegriffs. Weiter: Nachdem ich mich morgens rasiert habe, kleide ich mich an und wenn ich mich morgens nicht ankleide, rasiere ich mich auch nicht und niemals kleide ich mich an, ohne mich rasiert zu haben. Also ist doch die morgentliche Rasur Ursache für mein Ankleiden. Aber das wird doch niemand im Ernst sagen wollen. Hume scheint eine Eigenschaft der Kausalitätsbeziehung für ihr Wesen genommen zu haben. Weiter: Hume klagt immer wieder wortreich eine „Verknüpfung" von Ursache und Wirkung ein. Diese geforderte Verknüpfung soll es nicht geben, was es stattdessen gibt, ist nur die Gewohnheit an das Zusammenvorliegen von Ereignissen. Aber: Wozu braucht man eigentlich eine „Verknüpfung" von Ursache und Wirkung? Und was meint hier eigentlich „Verknüpfung"? Verknüpfung ist nur eine Metapher, aber was soll sie bedeuten? Was genau sucht Hume hier eigentlich? Eine typische Aussage, die eine Kausalbeziehung beschreibt, ist etwa: Eine Masse in einem Gravitationsfeld erfährt eine Beschleunigung. Diese Aussage ist – nach Lage der Dinge – richtig und verständlich. Was sollte an ihr unklar sein? Nach welcher Verknüpfung könnte man hier noch mit Sinn fragen? Interessanterweise tauchen in diesem typischen eine Kausalbeziehung beschreibenden Satz die Wörter Ursache und Wirkung nicht auf. Wenn also Hume nach einer „Verknüpfung" von Ursache und Wirkung sucht, dann scheint er einer Mystifizierung aufgesessen zu sein, was bei einem Nominalisten Wunder nimmt, der doch immer gern Sachfragen als bloße Bezeichnungsfragen entlarven möchte.

Alles, was uns unmittelbar gewiss ist, sind Perzeptionen (Wahrnehmungen). Ein Schluss von der Wahrnehmung eines Dings auf die Existenz dieses Dings außer uns ist nicht zulässig. Berkeley hatte genauso argumentiert und dann geschlossen, also ist das Sein der Dinge ihr Wahrgenommensein. Dieser Schluss ist natürlich ebenso ungültig. Hume schließt dagegen: Über Dinge außer uns wissen wir nichts und können wir nichts wissen. An diesem Argument ist einiges zu bemerken. 1. Dass uns nur die Wahrnehmungen unmittelbar gewiss seien ist einfach nicht wahr. In Wahrheit sind uns doch Dinge unmittelbar gewiss und gerade nicht ihre Wahrnehmungen. Die Wahrnehmung des Gegenstands bemerken wir erst dank einer Reflexion auf die Wahrnehmung, wenn wir nämlich nach dem Gegebensein dieses Gegenstands fragen. Wahrnehmungen sind uns gerade nicht unmittelbar gegeben. 2. Ebenso wie

Berkeley muss auch Hume erklären, wie die Regelmäßigkeit der Wahrnehmungen und damit Wissenschaft möglich sein kann. Darum musste Berkeley auch ein Wesen annehmen, das die Wahrnehmungen in all ihrer Regelmäßigkeit in uns erzeugt. Hume leugnet die Regelmäßigkeit der Wahrnehmung nicht, aber er will Berkeley nicht folgen. Er stellt sich auf den Standpunkt der Skepsis und behauptet, der Mensch könne hierüber nichts wissen. In gewisser Weise übernimmt dann Humes Skepsis die Rolle, die bei Berkeley und in der Philosophie des Mittelalters Gott hatte. Gott kommt immer dann gerade recht, wenn es gilt ein Problem zu lösen, für das die Philosophie gerade keine Lösung hat. Stößt Hume auf ein Problem, das sein Ansatz nicht zu lösen erlaubt, dann nimmt er die Position des Skeptikers ein und behauptet, darüber könnten wir Menschen keine Aussage machen. So betrachtet ist die Skepsis ein Trick, unangenehme Fragen aus der Welt zu schaffen.

Skepsis ist immer eine uninteressante und unwissenschaftliche Position, weil sie sinnvolle Fragen verbietet. Sie zeigt meist, dass etwas mit den Voraussetzungen oder der Fragerichtung nicht stimmt. Es ist aber leicht möglich, Hume von seiner Skepsis zu befreien. Seine These ist ja, ein Schluss von der Wahrnehmung auf die Existenz des Wahrnehmungsinhalts ist nicht zulässig und folgert dann: Also kann man über Dinge außer uns keine sinnvolle Aussage machen. Man könnte versuchen, die Außenwelt nicht offen zu lassen, sondern sie definitiv zu bestreiten. Alles, was existiert, sind subjektlose Sinneswahrnehmungen, sowie ihre Verbindung nach Regeln der Assoziation und ein Bewusstsein hiervon. Diese Theorie ist vielleicht bizarr, scheint aber zunächst nicht widersprüchlich zu sein. Allerdings hat sie Hume nicht durchgeführt. So hätte er etwa Berkeleys Problem zu lösen: Wie entsteht die Regelmäßigkeit unter den Sinneswahrnehmungen? Oder: Ist eine solche Theorie ohne die Annahme von Subjekten möglich?

Es ist noch ein Wort über Humes Psychologismus zu verlieren. Dieser Begriff kommt aus der deutschen nachkantischen Tradition und gilt heute als obskur – obwohl die Sache nach wie vor aktuell ist. Psychologismus meint, Philosophie restlos auf Psychologie reduzieren zu können. Wir erkennen die Welt gemäß den Dispositionen unseres Denkens, folglich muss die Philosophie diese Dispositionen untersuchen, diese sind aber ein Gegenstand der Psychologie. Dem Programm des Psychologismus liegt also die Vorentscheidung zu Grunde, Philosophie sei nichts anderes als Erkenntnistheorie. In gleicher Weise ist Humes Psychologismus eine Folge seines Empirismus. Alle Erkenntnis ist entweder Sinneswahrnehmung oder auf sie reduzierbar. Humes Aufgabe ist dann, unsere Begriffe – wofern sie nicht gänzlich sinnlos sind – auf Sinneswahrnehmungen zu reduzieren. Man nehme etwa das Beispiel der Substanz. Substanzen sind nicht unmittelbar Gegenstand einer Wahrnehmung – da wird ein Empirist sofort hellhörig. Man könnte zwar einfach sagen, wir gewinnen durch Abstraktion aus dem Wahrgenommenen die Substanz und ob diese Abstraktion sinnvoll war, muss sich in der Folge zeigen oder wir schließen auf Substanzen, um gewisse, ansonsten unerklärliche Tatsachen besser und einfacher erklären zu können. Aber solche naheliegende Erklärungen bleiben dem Empirismus verschlossen. Stattdessen wird das Problem psychologisiert, weil man unter der Zwangsvorstellung lebt, für alles eine „empirische Basis" finden zu müssen. Allerdings ist die These, wir würden nie Substanzen wahrnehmen nicht ganz widerspruchslos hinzunehmen. Natürlich nehmen wir Substanzen wahr, nämlich immer dann, wenn wir Gegenstände wahrnehmen. Den Begriff der Substanz nehmen wir natürlich nie wahr – aber das ist trivial. Dies muss man erwähnen, weil Empiristen manchmal nicht einmal Trivialitäten klar zu machen sind. Erscheinen ähnliche Eindrücke räumlich nahe beieinander und dies auch nicht nur einmal, sondern beständig, dann sind wir geneigt, diese konstanten Wahrnehmungsinhalte als Substanzen zu bezeichnen und auf einen von uns unabhängigen Träger von Qualitäten zu schließen. Damit hat Hume natürlich recht, aber was folgt daraus? Was spricht denn dagegen, wenn man die Eindrücke von Konstanz und Dauer als Substanzen interpretiert? Es ist zwar logisch nicht in Ordnung, aber es ist vielleicht nützlich oder hilfreich oder hat sich aus irgendeinem anderen Grund bewährt. Oder will uns Hume untersagen, auf Grund dieses irrigen Schlusses, weiterhin von Substanzen zu sprechen? Etwas anderes wäre es natürlich, wenn Hume sagen wollte, das Konzept der Substanz sei sinnlos. Dies wäre allerdings noch näher zu begründen, die Tatsache aber, dass aus bloßen Wahrnehmungen nicht die Existenz des Wahrnehmungsinhalts folgt, reicht als Begründung noch nicht aus. Wer führt einen solchen Schluss überhaupt aus? Weder Philosophen, noch andere Wissenschaftler argumentieren so und im täglichen Leben wird ganz gewiss nicht so argumentiert. Wird hier nicht ein Argument, das niemand behauptet, allen unterstellt? Natürlich nehmen wir alle Gegenstände unabhängig von uns an, aber sicher nicht auf Grund dieses ohnehin falschen Schlusses. Hier ist wieder auf den Theoriestatus vieler Thesen des Empirismus hinzuweisen. Die Philosophie fragt Was sind Begriffe? Aber nicht Wie entstehen Begriffe in unserem Denken? oder Was passiert in unserem Kopf, wenn wir Begriffe denken? Dies sind Fragen der Psychologie und man kann nicht die Fragen der einen Wissenschaft mit den Lösungen der anderen Wissenschaft beantworten.

2.3.7 Kant

Kant geht von der Voraussetzung aus, es gebe eine reale und von uns Menschen vollkommen unabhängige Außenwelt. Von dieser Außenwelt wissen wir nur, dass sie uns affiziert, d.h. irgendwie auf uns einwirkt. Dieses Außenstehende, von dem wir nichts wissen können, die Außenwelt, nennt Kant terminologisch das Ding-an-sich. Aus diesen Einwirkungen des Dings-an-sich bilden wir selbst dann die uns bekannte Welt. Insofern ähnelt Kants Ansatz demjenigen Lockes. Kant hat es aber unternommen, diese unsere Weltkonstitution zu rekonstruieren. Sein Ansatz ist dabei, dass in unserer Seele gewisse Dispositionen und Strukturen bereit liegen, die das Gegebene strukturieren und auf diese Weise entsteht unsere Welt. Die Welt, in der wir leben und in der wir Wissenschaft treiben ist also unsere eigene Konstruktion. Obwohl diese Ansicht durch Psychologie und Physiologie gedeckt ist und sich als richtig erwiesen hat, treibt Kant dennoch keine Wahrnehmungs- oder Denkpsychologie, sondern eine rationale Konstruktion der Welt aus den Affektionen des Dings-an-sich, die er darum als ein Gegebenes ansehen darf (Zu dieser allgemein verbreiteten Meinung ist später noch etwas zu sagen). Dazu fragt er, welches die Dispositionen und Strukturen unserer Seele sein müssen, damit sie jene Welt konstruieren kann, die wir alle kennen? Man hat sich angewöhnt, solche Argumente, die nach der Bedingung der Möglichkeit der Existenz von etwas fragen, transzendental zu nennen.

Aber Kant kleidet seine Aufgabe in die Leitfrage „Wie sind synthetische Urteile a priori möglich?" Und hat damit endlose Diskussionen über die Fragen heraufbeschworen, ob man denn analytische und synthetische Urteile, ebenso Urteile a priori und a posteriori sauber unterscheiden kann (was man nicht kann), obwohl diese Fragen in seinem Zusammenhang vollkommen nebensächlich sind. Dies tut Kant allerdings deshalb, weil er glaubt, seine Aufgabe anhand dem Leitfaden der klassischen Logik lösen zu können. Die Kritik der reinen Vernunft ist ja auch formal wie eine klassische Logik aufgebaut.

Kant unterteilt die Seele, insofern sie Erkenntnis liefert, in Anschauung, Denken und Vernunft und für jede dieser drei Teile gibt es Dispositionen und Strukturen, die die Wirklichkeit gestalten. Aber Dinge werden nur erkannt in einem Zusammenspiel von Anschauung und Verstand. Das klingt zunächst trivial: Daten werden aufgenommen und vom Verstand weiterverarbeitet, damit uns Erkenntnis eines Dings entstehen kann. Aber für Kant gilt auch die Umkehrung: Wo nicht Anschauung und Verstand zusammen vorliegen, da liegt auch keine Erkenntnis vor. Diese These ist keineswegs trivial – aber auch nicht plausibel. Man denke etwa an Elektronen oder Punktmassen, denen sicher keine Anschauung korrespondiert, die aber durchaus Erkenntnisse sind. Sie sind Modelle, die sich bei der Erklärung der Natur bestens bewährt haben. Es ist einfach nicht wahr, dass zu jeder Erkenntnis eine Anschauung gehören muss.

Jedenfalls strukturiert bereits die Anschauung das Gegebene, u.zw. nach Raum und Zeit. Alles Angeschaute ist für uns in Raum und Zeit, aber nicht, weil die Außenwelt räumlich und zeitlich wäre, sondern weil wir selbst das Gegebene als räumlich und zeitlich deuten. Man würde doch glauben, hier handle es sich um eine Leistung des Verstandes und nicht um eine der Anschauung.

Kant unterscheidet gern zwischen Form und Inhalt. In diesem Sinn sind Raum und Zeit die Form der Sinnlichkeit, was wäre dann aber ihr Inhalt? Doch offenbar das, was vom Ding-an-sich in die Seele kommt, also z.B. das, was wir nach geeigneter Verarbeitung Gestalt oder Farbe zu bezeichnen gewohnt sind. Dieser Inhalt wird vom Verstand strukturiert und unter Einheitsgesichtspunkte gebracht, mithin so verarbeitet, dass wir das Resultat Erkenntnis nennen können. Denken schafft also eine gewisse Einheit unter einem unstrukturierten, gegebenem Material. Hiermit hat Kant sicher recht. Diese Regeln und Gesichtspunkte, Einheit herzustellen, nennt Kant reine Verstandesbegriffe oder Kategorien. Sie sind die Art und Weise, wie wir die Dinge denken und folglich auch wahrnehmen. Er sucht sogar die vollständige Liste dieser Kategorien aufzustellen. Kategorien sind etwa die Quantität, die Qualität, das Substanz-Akzidenz-Schema, das Kausalgesetz oder der Begriff der Notwendigkeit, insgesamt soll es zwölf dieser Kategorien geben.

Kant sucht aber nicht nur die Vollständigkeit seiner Liste nachzuweisen, er sucht auch die Bedingungen der Möglichkeit der Existenz dieser Einheitsfunktionen auf. Diese Bedingung der Möglichkeit ist das transzendentale Ich – aber was ist das? Die möglichen Interpretationen schwanken zwischen dem empirischen Ich und einer ganz abstrakten Einheitsfunktion und vermutlich wird Letzteres die Sache am besten treffen. Heißt das: Einheit kann man nur schaffen, wenn Einheit zu Grunde liegt?

Jetzt bleibt noch die Frage offen, wann wir eigentlich welche Kategorie anwenden. Einmal strukturieren wir das Gegebene so, dass wir es farbig nennen, ein andermal so, dass wir es rund oder eckig nennen. Weiterhin ist nicht klar, wie allein unter Benutzung der Kategorien Qualitäten wie Gestalt oder Farbe sollen entstehen können.

Woher weiß der Verstand also, welche Kategorie er gerade anzuwenden hat? Kant hat diese Fähigkeit des Verstandes Urteilskraft genannt, ohne damit bereits ein eigenes seelisches Vermögen zu meinen. Die Urteilskraft ist eine bestimmte Fähigkeit des Denkens. Der Verstand entscheidet an der zeitlichen Form, in der die Daten eintreffen, welche Kategorie gerade anzuwenden ist. Es müsste also zwölf verschiedene Arten der Zeitstruktur geben – ebenso viele wie Kategorien und dass das kaum möglich ist, leuchtet ein.

Man sagt gern, Kants Erkenntnistheorie sei keine Psychologie, sondern Transzendentalphilosophie, also Erforschung der Bedingung der Möglichkeit von Erkenntnis, nicht Konstruktion der Erkenntnis aus bloßen Sinnesdaten. Aber das ist keine echte Alternative. Kants These, Raum und Zeit seien die Form der Anschauung ist der psychologischen Forschung zugänglich, sie kann entscheiden, ob Kant in diesem Punkt recht hat. Ebenso könnte die Psychologie prüfen, ob die Kategorien Formen des Verstands sind. Insofern könnte man durchaus von Kants Erkenntnispsychologie reden. Ebenso kann ja auch die Psychologie die These des Empirismus prüfen und hat ja auch längst belegt, wie falsch er ist (was einen echten Empiristen allerdings nicht irritiert). Würde die Psychologie eine solche Prüfung für Kant vornehmen, würde sie ohne Zweifel den Irrtum von Kants Erkenntnispsychologie festellen

Das dritte erkenntnisstiftende Vermögen ist die Vernunft. Vernunft ist das Vermögen zu schließen und hier genauer das Vermögen, Begriffe zu ordnen. Sie bezieht sich nie auf Erfahrung, sondern ihr Gegenstand sind die Begriffe, d.h. der Verstand. Ordnen heißt hier, die Verstandeserkenntnisse zu systematisieren und unter eine Einheit zu bringen. Für die Vernunft sucht Kant nun, analog zu den Verstandesbegriffen, reine Vernunftbegriffe zu finden, die dem Verstand die Regeln vorschreiben, auf welche Weise er zu schließen hat. Um diese Vernunftbegriffe abzuleiten betrachte man einen typischen Vernunftschluss: Alle Menschen sind sterblich, also ist Sokrates sterblich. Hier wird ein Allgemeines auf ein Besonderes hin eingeschränkt. Kant sagt, wir schließen von einer Totalität der Bedingung (Alle Menschen sind sterblich) auf ein gegebenes Bedingtes (Sokrates ist sterblich) (KdrV B 380). Ein reiner Vernunftbegriff oder wie Kant auch sagt, eine transzendentale Idee, ist dann der Begriff eines Unbedingten, sofern er Grund für ein Bedingtes ist. Plakativ kann man sagen, die Vernunft schließt vom Bedingten auf das Unbedingte in der Form der Gesamtheit des Bedingten. Von diesen Vernunftbegriffen oder Vernunftschlüssen (es ist in der Tat gleichgültig, wie man sich hier ausdrückt), soll es nun angeblich drei geben. Es können sich nämlich alle unsere Vorstellungen entweder auf das Subjekt, auf die Erscheinungen oder auf alle Gegenstände des Denkens (B 390f) beziehen. Folglich sind die transzendentalen Ideen die Einheit des Subjekts, die Einheit der Bedingungen der Erscheinung und die Einheit der Bedingungen aller Gegenstände des Denkens, mithin Seele, Welt und Gott. Und damit wären dann die drei Disziplinen der klassischen Metaphysik, psychologia rationalis, kosmologia rationalis und theologia rationalis abgeleitet.

Natürlich ist diese Ableitung völlig albern und gekünstelt. Hier wird ein Vexierspiel getrieben zwischen einem relativ Unbedingten, wie es als Voraussetzung in jedem Schluss vorliegt, und einem absolut Unbedingten, das die letzte Voraussetzung aller Schlüsse ist. Es ist dies wieder ein Fehlschluss von der Form auf den Inhalt, wie er sich bei Kant des Öfteren findet.

Weil den Ideen (Seele, Welt, Gott) keine Anschauung korrespondiert, sind sie nur Hirngespinste, oder: Sie existieren nicht als Gegenstände. Aber sie sind notwendige Hirngespinste, unsere Vernunft ist eben so angelegt, dass sie aus dem Bedingten auf das Unbedingte schließt. Dieser Trugschluss steht nicht in unserer Macht, er ist sozusagen ein Menschheitsirrtum. Ganz sinnlos sind diese Hirngespinste aber nicht, sie leiten uns zumindest an, immer wieder Fragen zu stellen und lenken die Fragen in eine bestimmte Richtung. Insofern nennt Kant sie regulative Ideen. Kants Irrtum liegt aber in der Annahme einer zweifachen Wurzel der Erkenntnis, Sinnlichkeit und Verstand, und dass das eine immer mit dem anderen zusammen gehen müsse.

Erwähnenswert ist diese – vorsichtig ausgedrückt – merkwürdige Konstruktion der transzendentalen Dialektik allein darum, weil sie ein wenig beachtetes Potential enthält. Wenn man nämlich Kants Dialektik gehörig verallgemeinert und sich von Kants Konstruktionszwang befreit, dem er leider ständig unterliegt, kann man der transzendentalen Dialektik eine gewisse Berechtigung nicht absprechen. Zunächst wundern wir uns ja über das, was wir in der Welt vorfinden. Die nähere Ausgestaltung dieses Verwunderns ist kulturell bedingt. Aber wir fragen in jedem Fall nach dem Ganzen und suchen es uns begreiflich zu machen – ohne dass man hier gleich von einer transzendentalen Idee sprechen müsste. Dies können wir aber nur darum, weil wir die Begriffe von Teil und Ganzem besitzen. Wir können alles als Ganzes von Teilen auffassen und ebenso als Teil eines Ganzen. Dabei hat das Ganze immer einen sozusagen moralischen Vorzug gegenüber dem, was nur Teil ist. Und bei diesem theoretischen Trieb verrennen wir uns wohl auch gelegentlich in Aporien. Aus der Unterscheidung von Teil und Ganzem und der Bevorzugung des Ganzen folgt unmittelbar auch eine Bevorzugung des Einen gegenüber dem Vielen, darum ist ein jeder Dualismus für uns nicht befriedigend. Eine Variante dieses Ansatzes ist dann auch unser Drang, nach dem Grund von allem zu fragen und haben wir einen Grund gefunden, fragen wir sogleich nach dem Grund dieses Grunds usw. Und damit erhält man eine weitere Aporie, die sozusagen natürlich ist und mit Kant könnte man sagen, sie sei in unserer Vernunft angelegt. Die Aufgabe der Metaphysik wäre es nun, diese natürlichen Trugschlüsse zu entlarven und damit einen wesentlichen Schritt in der Beantwortung der Frage zu tun: Was kann Vernunft leisten?

Man hat darum auch zu Recht gesagt, Kants theoretische Philosophie sei Metaphysik der Metaphysik (A. Riehl). Sie ist insofern nicht Metaphysik, als ihre Aufgabe ist, zu untersuchen, wo die Grenzen unseres Erkenntnisvermögens liegen und wie diese beschaffen sind. Sie ist aber insofern Metaphysik, als sie von unbeweisbaren Voraussetzungen und unreflektierten Vorentscheidungen ausgeht. Dies ist zum Einen die einer ursprünglichen Unterscheidung von Subjekt und Objekt (hier: Ding-an-sich) und die Lehre von den zwei Quellen der Erkenntnis, die wie ein böser Stern über der transzendentalen Dialektik steht. Ob eine solche Metaphysik der Metaphysik, wie Kant sie projektiert hatte, möglich ist, zumindest in welchem Sinn sie möglich ist, ist auch durchaus einer Frage wert. Das Problem ist doch: Kann Vernunft ihre eigenen Voraussetzungen und Begrenzungen reflektieren? Oder terminologisch formuliert: Kann Vernunft sich selbst transzendieren? Kant hat diese Frage bejaht, aber das könnte voreilig gewesen sein.

Es ist noch etwas über das Ding-an-sich zu sagen. Es wird von den meisten Interpreten so vorsichtig behandelt wie von Kant selbst, dabei ist es doch der Hauptpunkt seiner Systems. Das Ding-an-sich ist uns gänzlich unbekannt und wir wissen darüber nicht das Geringste. Aber eines wissen wir doch: Es affiziert uns und aus dieser Affektion bilden wir dann die Erfahrungswelt. D.h. aber doch, das Ding-an-sich besitzt zumindest die Fähigkeit, uns zu affizieren und wir besitzen die Fähigkeit, von ihm affiziert zu werden. Welch ein glückliches und geradezu unglaubliches Zusammentreffen, das eigentlich eine nähere Erörterung nicht bloß verdient hätte, sondern dringend erfordert. Es muss eine Affinität von Ding-an-sich und Ich vorhanden sein und das alte und ungelöste Grundproblem der Erkenntnistheorie bricht wieder auf.

2.3.8 Fichte

Kein Philosoph ist so schwierig zu lesen wie Fichte und man behauptet nicht zu viel, wenn man ihn als bis heute unverstanden bezeichnet. Am leichtesten zugänglich ist immer noch seine Grundlage der gesamten Wissenschaftslehre von 1794, die auch meist als sein Hauptwerk bezeichnet wird - vielleicht auch deshalb, weil die späteren Wissenschaftslehren bisher noch niemand ausreichend verstanden hat. Dabei ist Fichtes These leicht zu fassen und in einem Satz zu formulieren: Alles, was ist, ist nur insofern, als es im Ich gesetzt ist, und außer dem Ich ist nichts (SW I, S. 99). In moderner Terminologie würde man sagen: Die Welt ist ein Produkt des Subjekts. Man kann nun diese These zur Kenntnis nehmen, sie als subjektiven Idealismus bezeichnen (es wird sich zeigen, wie sinnlos diese geläufige Bezeichnung ist) und zur philosophischen Tagesordnung übergehen. Man kann aber auch versuchen zuzusehen, wie Fichte diesen Gedanken durchführt und begründet. Dies soll hier, wenn auch nur andeutungsweise, versucht werden.

Fichte setzt nichts als eine einzige Tätigkeit voraus und sucht allein aus dieser Tätigkeit die Welt zu konstruieren (später wird sich zeigen, dass er vielleicht noch ein zweites Vermögen braucht). Diese Tätigkeit ist die Bewusstwerdung; Fichte nennt sie Tathandlung, weil sie eine Tätigkeit und keine Tatsache ist. Um die Natur dieser ursprünglichen Tathandlung zu verstehen, sollte man zunächst den psychischen Akt betrachten. Gewöhnlich unterscheidet man an ihm drei Teile. Dasjenige, das den Akt ausführt, das Ich oder das Subjekt. Weiter den Akt selbst (z.b. das Sehen) und seinen Inhalt (z.B. das Gesehene). Also z.B.: Ich sehe etwas. Aber das ist eine Überinterpretation. Zunächst benötigt man kein Subjekt, das den psychischen Akt ausführen müsste. Nicht „Ich sehe etwas" ist die zutreffende Interpretation, sondern „Es liegt ein Seheindruck vor". Darum ist auch die gängige Unterscheidung von Akt und Inhalt künstlich und höchstens als Abstraktion gültig. Im Vorliegen eines Seheindrucks etwa gibt es keinen realen Unterschied zwischen Akt und Inhalt, sondern es liegt eben eine qualifizierte Bewusstheit vor. Der Tisch ist als Gesehener präsent, oder besser: Das Gesehene ist präsent, d.h. bewusst. Man hat zunächst also nur eine qualifizierte Bewusstheit und nichts weiter. Diese einfache Bewusstheit ist der für das Ich konstitutive Akt. Und damit besteht das Ich auch in nichts anderem als in seiner Bewusstheit. Diese These erscheint auf den ersten Blick absurd, zumindest erfordert sie eine Präzisierung. An anderer Stelle in der Grundlage von 1794 bezeichnet Fichte das Ich als die Einheit des Bewusstseins. Die Einheit des Bewusstseins kann man aber deuten als das Bewusstsein eines Zusammenhangs der Bewusstseinsinhalte (etwa der, der in der Erinnerung gegeben ist). Fichte kann dann sowohl sagen, das Ich sei sowohl Einheit des Bewusstseins, als auch die Tätigkeit der Bewusstwerdung. Jetzt kann Fichte auch sagen: „Das Ich setzt sich selbst". Es liegt Bewusstsein vor und als vorliegendes Bewusstsein existiert das Ich. Setzen wäre dann ein Bewusst-Werden, Bewusstheit ist Existenz und ohne Bewusstheit kein Ich.

Die Bewusstheit, oder wie Fichte gelegentlich auch sagt, das Ich (gemeint ist das Ich vor der Reflexion), wird später Anschauung genannt und in der Wissenschaftslehre von 1801 heißt sie – sehr treffend – Lichtzustand. Wenn wir einen Baum sehen, so liegt uns ursprünglich nicht der Baum, oder der gesehene Baum vor, sondern eine qualifizierte Bewusstheit, hier: eine Baumbewusstheit. Unter diesen Bewusstheiten gibt es insbesondere auch eine Bewusstheit der Bewusstheit, also eine Bewusstheit seiner selbst, die Reflexion und später intellektuelle Anschauung genannt wird. Wenn die Bewusstheit die Form der Reflexion annimmt, treten Subjekt, Objekt und Akt auseinander, aber so, dass das Objekt nach wie vor im Subjekt liegt.

Der nächste Konstruktionsschritt ist: Das Ich setzt das Nicht-Ich. Das Nicht-Ich ist die gegenständliche Welt. Dies ist eine im Rahmen eines idealistischen Ansatzes unvermeidliche Konstruktion. Man beachte dabei aber, dass das Ich an dieser Stelle erst eine Redeweise ist. Was ist das für eine Fähigkeit, vermöge derer das Ich die gegenständliche Welt setzt? Bisher gab es nur die Tätigkeit des Bewusstwerdens. Lässt sich das Setzen des Nicht-Ich als ein Bewusstwerden verstehen? Vielleicht so: Die Bewusstwerdung selbst wird bewusst (Reflexion), d.h. die Bewusstwerdung wendet sich auf sich selbst an. Sei also eine Reflexion auf eine Bewusstheit gegeben, dann hat sich damit sozusagen ein und dieselbe Bewusstheit verdoppelt, obwohl sie doch ein und dieselbe ist, sie wird sich selbst Objekt. Mit Fichte könnte man dann und durchaus zu recht sagen: Das Ich teilt sich in Ich und Nicht-Ich. Durch den Akt der Reflexion, durch Bewusstheit von Bewusstheit, entsteht eine nicht länger formale und abstrakte, sondern reale Unterscheidung von Akt, Inhalt und demjenigen, der den Akt ausführt. Das Nicht-Ich, d.h. der Gegenstand ist also ein Nicht-Ich im Bewusstsein. Aber nicht nur, dass das Ich – durch Reflexion – den Gegenstand (Nicht-Ich) erzeugt hat, auch umgekehrt verfestigt das Nicht-Ich das Ich. Durch das Nicht-Ich wird das Ich auf eine neue Stufe gehoben. Fichte sagt: „Das Ich, sowohl als das Nicht-Ich sind beides Produkte ursprünglicher Handlungen des Ich." (Grundlage der gesamten Wissenschaftslehre von 1794, ed. W. Jacobs, Hamburg 1970, S. 27). Dies ist ein uns vollkommen vertrautes Phänomen. Die Welt der Gegenstände stabilisiert unser Ich, ja schafft es erst eigentlich. Wir fühlen uns sozusagen in einer Welt eingebettet.

Mit der Konstitution des Nicht-Ich sind noch nicht die Gegenstände konstituiert, sondern erst die Möglichkeit, Gegenstände zu haben. Die Reflexion auf die Bewusstheit erzeugt den Bewusstseinsinhalt als Gegenstand und damit – so Fichte – die Tendenz, alle Gegenstände zu bestimmen. Dies nennt Fichte Streben (a.a.O., S. 179). Das Streben wäre dann die Möglichkeit der Gegenstandsbestimmung.

Fichte schließt nun weiter: Im Ich ist alles gesetzt, was überhaupt nur denkbar ist, d.h. alles, was es gibt. Er nennt es die absolute Totalität der Realität (a.a.O., S. 59). Da die Totalität ein Ganzes ist, hat es auch Teile und ist teilbar. Auf diese Weise sind sowohl das Ich, als auch das Nicht-Ich als teilbar gesetzt. Es ist eine geniale Idee, die idealistische Konstitution der Wirklichkeit mit der Quantität und gerade nicht mit der Qualität zu beginnen, aber Fichtes Ableitung ist alles andere als stichhaltig. Zunächst ist die Totalität nur eine Möglichkeit und kein bereitliegendes Ganzes. Sodann hätte man zu klären, ob es sich bei diesem Ganzen der Totalität überhaupt um einen sinnvollen Begriff handelt. Jedenfalls wäre ein Quantum dann eine Einschränkung der Totalität und man könnte dann durchaus den Gegenstand als Quantum auffassen. Damit wäre das Problem der Gegenstandskonstitution aber noch nicht gelöst, denn der Gegenstand ist ja bestimmtes Quantum und nicht beliebige Beschränkung der Totalität, schließlich ist die Welt der Gegenstände ja geordnet. Und was ist mit der Qualität? Gegenstände sind qualifiziert. Wird die Qualität auf Quantität zurückgeführt? Aber wie? Fichtes Konstruktion nahm seinen Ausgang bei der qualifizierten Bewusstheit und damit wäre Qualität bereits gegeben. Insofern muss er auch nicht die Qualität konstituieren. Eine qualifizierte Bewusstheit wäre dann als Teil und damit Einschränkung aller nur denkbaren Bewusstheit bewusst und genau das wäre dann der Gegenstand. Das wäre aber keine überzeugende Konstruktion, weil sie das Vorliegen der Qualitäten bereits voraussetzt.

Fichte meint, im theoretischen Teil der Grundlagen die Natur des Gegenstands geklärt zu haben, nicht aber das Gegenstandsbewusstsein, d.h der Gegenstand ist noch nicht als Gegenstand bewusst und damit ist er noch kein Bestandteil der Außenwelt. Indem das Nicht-Ich gesetzt ist, erfährt das Ich eine Beschränkung (a.a.O., S. 214). Das Nicht-Ich wird als Widerstand gegen das Ich empfunden. Diese Widerstandserfahrung ist aber nur möglich, wenn es einen Willen im Ich gibt, der

Beschränkung aufheben will – so Fichte. Diese Widerstandserfahrung ist jedenfalls unser Außenweltbewusstsein. Der Drang, den das Ich empfindet, ist die Ursache unseres Bewusstseins einer Außenwelt (a.a.O., S. 220).

Genauer geht Fichte so vor: 'Das Ich fühlt sich getrieben, ..., und zwar hinaus außer sich selbst getrieben' (a.a.O., S. 213). 'Das Ich fühlt in sich ein Sehnen, es fühlt sich bedürftig' (a.a.O., S.219). Das Ich befriedigt nun seinen Trieb, indem es sich selbst begrenzt (a.a.O., S.205f) und damit wäre bereits das Nicht-Ich erzeugt. Das Ich begrenzt sich genauer mit einem Gefühl, dem von Fichte so genannten Selbstgefühl (a.a.O., S. 222). Dieses Selbstgefühl ist das Gefühl der Begrenzung seiner selbst. Das Selbstgefühl kann man auch, wenn man den Aspekt des Wollens abstrahiert, Reflexion nennen. Das Streben wird also befriedigt, indem ein Nicht-Ich gesetzt wird (a.a.O., S.210, wo diese Befriedigung des Strebens als Äußerung des Triebs bezeichnet wird).

Fichtes idealistische Konstruktion hat im Wesentlichen zwei Probleme: Die Konstitution des Gegenstands, die ganz offensichtlich nicht gelingt und die Vorstellung eines Ich. Das Ich ist zunächst nur Bewusstheit. Dieses Ich erhält dann die weitere Bestimmung eines bewussten Zusammenhangs von Bewusstheiten. Im Lauf der Untersuchung verselbständigt und vergegenständlicht sich das Ich aber und das ist eine wesentliche Inkonsistenz der Wissenschaftslehre von 1794. Klar ist jedenfalls, dass das Ich nicht das individuelle Ich des Einzelnen ist, sondern ein überindividuelles Ich. Was hat man aber darunter zu verstehen? Wenn man beachtet, dass die Empfindungen privat, der Verstand aber für alle Menschen der gleiche ist, dann ist es verständlich, wenn das Ich ein überindividuelles Ich ist. Auch ist der Name Ich dann natürlich unangemessen und Fichte spricht später dann etwa auch vom absoluten Wissen. Und dann ist es auch nur konsequent, statt Ich oder absolutes Wissen, Gott zu sagen. Damit entsteht dann aber das umgekehrte Problem: Wie können die privaten Empfindungen aus einem allgemeinen und überindividuellen Geist, Gott genannt, entstehen? Warum hat sich also Gott sozusagen aufgeteilt? Damit wäre man dann in der Philosophie des Spinoza angelangt.

Spätestens seit 1804 ist Fichtes Philosophie Spinozismus. Das ist aber nicht Fichtes zweite Philosophie, sondern es ist eine konsequente Weiterentwicklung seines Ansatzes von 1794. Wenn man Fichtes Ansatz beim Ich teilt, dann ist Spinozismus unvermeidliche Konsequenz. Diese neue Philosophie kann man in dem Schlagwort zusammenfassen: Die Welt ist Entfaltung des absoluten Wissens.

Das absolute Wissen kann nicht das einzelne Subjekt sein. Es kann nur etwas sein, an dem alle Menschen teilhaben.

Wenn alle Realität absolutes Wissen ist, dann kann man das Wissen als ein sich Ergreifen des Wissens ansehen (SW 2, S. 27), man kann auch sagen, es ist Bewusstheit des absoluten Wissens. Alles, was existiert, existiert nur als bewusstes. Fichte sagt: Alles Sein ist Wissen und alles Wissen ist Sein (SW 2, S. 35). Um diesen Umstand zu beschreiben, hat Fichte stets nach neuen Formeln gesucht. So nennt er diese Bewusstheit des absoluten Wissens auch ein Sicherscheinen oder eine Reflexion (SW 10, S.339), oder er sagt, das Wissen sieht sich selbst (SW 2, S. 38).

Man darf sich das absolute Wissen also nicht als ein Vorliegen von Begriffen vorstellen, sondern als eine Reflexion des Wissens auf sich selbst. In dieser Reflexion erzeugt es sich zwar nicht, aber es liegt nur als Reflexion auf sich selbst vor. Es ist ein Haben seiner selbst und ein Wissen darum, ein Wissen des Wissens.

2.3.9 Schelling

Man hat Schelling unterstellt, er würde immer wieder neue und gänzlich verschiedene Ansätze verfolgen und darum könne man auch von der Philosophie Schellings kaum reden. Meist unterscheidet man (nach der Vorgabe von Nicolai Hartmann) fünf Phasen seiner Philosophie, die sich allerdings nie sauber abtrennen lassen:

1. Subjektiver Idealismus nach Fichtes Vorbild (der irreführende Terminus stammt von Schelling selbst). Das Ich setzt im Ich die Welt und sich selbst. Das ist sozusagen der Ausgangspunkt Schellings. Aus diesem (fichteschen) Ansatz entwickeln sich alle Phasen seiner Philosophie organisch. Schriften: Vom Ich als Prinzip der Philosophie (1796). Abhandlungen zur Erläuterung des Idealismus der Wissenschaftslehre (1796/97). In dieser Phase zieht Schelling aber bereits die Konsequenz (die auch Fichte gezogen hatte), das Ich zuerst vorsichtig, dann ausdrücklich mit Gott zu identifizieren, indem dieses Ich zunehmend hypostastiert wird.

2. Naturphilosophie. Dies ist eigentlich keine neue Phase, sondern die Zeit der Ausarbeitung eines Themas im Geiste Fichtes, das Fichte ausgespart hatte. Natur als Organismus mit dem Menschen als ihrem Höhepunkt. Schriften: Erster Entwurf eines Systems der Naturphilosophie (1799). Den Abschluss beider Phasen bildet das System des transzendentalen Idealismus (1800).

3. Die Identitätsphilosophie als weitere Variante von Schellings Spinozismus: Alles ist eins, insofern alles in Gott ist. Alle Dinge und ihre Gegensätze fallen in Gott zusammen. Schriften: Darstellung meines Systems der Philosophie (1801). Fernere Darstellungen aus dem System der Philosophie (1802). System der gesamten Philosophie und der Naturphilosophie insbesondere (1804).

4. Philosophie der Romantik. Der Monismus der Identitätsphilosophie differenziert sich in einen Dualismus aus. Schriften: Stuttgarter Privatvorlesungen (1810). Die Weltalter (1811).

5. Sog. Positive Philosophie, die man oft auch für eine Überwindung des Idealismus hält, weil Schelling annimmt, die Vernunft könne nie Existenz herstellen, das könne allein Gott. Schriften: Philosophie der Offenbarung, Philosophie der Mythologie.

Schelling begann als Fichteaner und seine gesamte Philosophie (oder seine Philosophieen, wie manchen sagen würden) ist ein Durchdenken der Konsequenzen, die sich aus Fichte ergeben. In seiner ersten Darstellung seiner Philosophie „Vom Ich als Prinzip der Philosophie" (1795), die eine Entwicklung des Ansatzes von Fichte ist, popularisiert er zwar einerseits Fichtes Grundlagen von 1794, entwickelt sie aber andererseits konsequent in eine Richtung weiter, die Fichte selbst jedenfalls in seinen Veröffentlichungen erst später eingeschlagen hat. Seine, bzw. Fichtes These ist: Alle Realität ist vom Ich im Ich gesetzt. Im Gegensatz zu Fichte unterscheidet er deutlich zwischen absolutem und empirischem Ich und zieht die Konsequenz, das absolute Ich mit der Substanz Spinozas, d.h. mit Gott zu identifizieren. Die Realität ist dann ein Akzidenz Gottes. Schelling hat allerdings auch erste Schritte zu einer Konstruktion des Dings geleistet, wozu sich bei Fichte 1794 fast nichts findet. Bei Schelling ist es aber mehr ein Programm und ein wenig erfolgversprechendes dazu und keine durchgearbeitete Theorie. Er beginnt – wie Fichte – bei dem Wechselspiel von Ich und Nicht-Ich. Besser sollte man bei Schelling vielleicht von Bestimmtheit und Unbestimmtheit sprechen. Aus einer synthetischen Leistung des Ich, die er Thesis und Antithesis nennt, wird zunächst der Gegenstand überhaupt, d.h. die Möglichkeit, konkrete Gegenstände zu konstruieren. Diese Synthese erfolgt offenbar gemäß den kantischen Kategorien. Aus dem Gegenstand überhaupt wird dann der konkrete Gegenstand, sobald die Vorstellung der Zeit hinzukommt. Angenommen, Schellings Programm sei erfolgreich durchgeführt, dann bleibt immer noch ein Problem: Das Ich setzt den Gegenstand, sei es der Gegenstand überhaupt oder der empirische, in einem Akt der Freiheit. Die Welt der uns umgebenden Gegenstände, die Natur, ist aber regelgeleitet. Wie entsteht die Regelmäßigkeit der Natur? Darum geht es Schelling dann auch in seiner Naturphilosophie. Bis dahin liegt alles in der Konsequenz des Fichteschen Ansatzes.

Aber spätestens seit 1796 hat Schelling einen eigenen Ansatz oder besser, eine eigene Akzentuierung des Fichteschen Ansatzes: Wenn ich etwa einen Tisch sehe, dann bin ich keineswegs der Meinung, bei mir läge eine Tischwahrnehmung vor, sondern ich bin ganz im Gegenteil der Auffassung, ich sehe einen wirklichen Tisch. Schelling nennt das die Identität von Gegenstand und Vorstellung. Wie ist eine solche Identität aber möglich? Schellings Lösung liegt ganz im Ansatz von Fichte: Sehe ich einen Tisch, so schaue ich mich selbst an, denn ich selbst habe den Tisch als real gesetzt (Abhandlungen zu Erläuterung des Idealismus der Wissenschaftslehre. In: Schelling. Ausgewählte Schriften. Frankfurt 1995. I, S.171). Wahrnehmen ist also ein Selbstanschauen des Geistes (Schelling sagt nicht: des Ich). Der Geist ist eine sich selbst organisierende Natur (a.a.O., S. 178).

In der folgenden größeren Schrift „System des transzendentalen Idealismus", den viele als sein Hauptwerk ansehen, bleibt Schelling noch ganz innerhalb des Ansatzes von Fichte. Man kann diese Schrift als einen Kommentar zu Fichtes Grundlegung ansehen, allerdings mit einer Fortführung dessen, was bei Fichte bloß Andeutung blieb. So etwa die Konstruktion der Materie. Sie stellt sich Schelling – ganz im Geist Fichtes – als ein Zusammenwirken des Drangs des Ichs, ins Unendliche zu wirken und der Hemmung dieses Drangs durch das Nicht-Ich vor. Dieses Zusammenspiel beider Bewegungen nennt Schelling produktive Anschauung und sie konstituiert die Materie. Mit dieser Konstruktion wird aber höchstens so etwas wie Gegenständlichkeit und sicher nicht der Gegenstand und die Qualität konstruiert. Dies ist nach Schellings Ansicht sogar unmöglich (a.a.O. I, S. 478). Aber darauf kommt es in einem Idealismus doch wesentlich an. Schelling konstruiert nichts weiter als die Materialität, diese aber sehr modern als Kraft, genauer als Magnetismus, Elektrizität und als chemischen Prozess (was er als Kraft ansieht). Schellings Naturphilosophie mutet heute nur kurios an. Das liegt nicht nur an einer gänzlich anderen Form die Natur aufzufassen, als aus dies heute geläufig ist. Seine Konstruktionen sind nicht einmal innerhalb seines Ansatzes plausibel. Natur ist für Schelling ein lebendiger, sich selbst entwickelnder und organisierender Organismus (das hätte auch Goethe sagen können). Naturphilosophie hat die Aufgabe, die Konsequenz dieser Organisation zu beschreiben. Natur ist speziell der sichtbare Organismus unseres Verstandes (a.a.O. I, S. 340) und ursprünglich nichts als reine Produktivität (a.a.O. I, S. 355), wie ja das Ich auch. Eine Hemmung in dieser Produktivität wird dann ein Ding genannt. Das ist zwar nicht mehr der Geist Fichtes, liegt aber immer noch in der Konsequenz der Grundlagen von 1794. Allerdings ist das nur ein Programm, die Durchführung und Begründung dieses Programms bleibt Schelling schuldig.

Nach dem System des transzendentalen Idealismus hat sich Schelling von Fichte entfernt. Er bezeichnet Fichtes Philosophie als subjektiven Idealismus, seine eigene als objektiven Idealismus. Fichte stehe auf dem Standpunkt der Reflexion, er selbst auf dem der Produktion (a.a.O. II, S.41). Wenn Fichte hätte sagen können „Außer dem Ich ist nichts und in ihm ist alles", so sagt Schelling „Außer der Vernunft ist nichts und in ihr ist alles" (a.a.O. II, S. 47). Statt Vernunft sagt Schelling aber auch das Absolute oder das absolute Wissen (sic!) und dann könnte man durchaus auch Gott sagen und Schelling hat das späterhin ja auch getan. Diese Absolute ist der Vollzug des absoluten Wissens, die intellektuelle Anschauung.

Schelling bringt hier eine Überlegung ins Spiel, die er bereits früher erwähnt hatte: Wenn wir etwas wahrnehmen, dann unterscheiden wir nicht zwischen Subjektivität und Objektivität, nicht zwischen Ding und bloßer Vorstellung. In der Mathematik ist das ganz offensichtlich. Das Dreieck, dessen Winkel ich etwa betrachte, ist real, indem ich es denke. In unserem empirischen Denken unterscheiden wir allerdings zwischen Ding und seinem Begriff. Das absolute Wissen (oder die Vernunft) dagegen (also Gott) denkt ähnlich wie ein Mathematiker. Das absolute Wissen ist das Absolute. In ihm ist alles eins, weshalb man auch von Identitätsphilosophie gesprochen hat. Unter anderem sind dann natürlich auch Begriff und Gegenstand eins, sie sind nur zwei Gesichtspunkte derselben Sache (a.a.O. II, S. 162). Damit ist Schelling bei einer Variante des Spinozismus angekommen, wie bereits Fichte. „Aus Gott kann nichts entspringen, denn Gott ist alles" (a.a.O. III, S. 162). Und für den Menschen gilt: „Nicht ich weiß, sondern nur das All weiß in mir ..." (a.a.O. III, S. 150). Wenn alles im Absoluten Eins ist, dann ist alles Besondere ein Aspekt des Absoluten, dann kann man auch sagen, und Schelling tut dies gelegentlich, es ist nur ein Aspekt des Absoluten, es ist nur ein Schein, unwesentlich und in gewisser Weise gar nicht vorhanden.

Die Konstruktion des Dings kann man sich mit einem Argument denken, das bereits Fichte geliefert hat: Die Existenz des Absoluten ist Selbsterkennen (a.a.O. III, S. 178). Im Erkennen treten Wissen und Gewusstes, man kann auch sagen Subjekt und Objekt, auseinander. Subjekt und Objekt sind hier dieselben und höchstens in ihrer Identität verschieden. Das Absolute, insofern es Gewusstes ist, ist Ding (a.a.O. III, S. 179). Damit ist aber nur geklärt, dass Dinge möglich sind, aber wie kommt die Vielheit der Dinge zustande? Das Wesen des Dings ist das Absolute, aber daraus können nicht die einzelnen Dinge entstehen. Existieren diese aber aus irgendeinem Grunde erst, dann kann man auch sagen, sie seien von ihrem Begriff verschieden und ihre Existenz sei nichts anderes als diese Differenz zu ihrem Begriff (a.a.O. III, S. 194). Das Ding ist damit ein relatives Nichtsein (a.a.O. III, S.199).

Schelling wendet nun sein bekanntes Argument, wonach das Ich in der Reflexion sich selbst in Subjekt und Objekt als dieselben differenziert, auf Gott und die Welt an. Gott erkennt sich selbst und differenziert sich damit in Wissen und Gewusstes als dieselben, Schelling sagt meist, in Reales und Ideales, wobei das Reale die Natur ist. Gott und Natur sind damit in Gott identisch. Man kann nun sagen, alles ist eins, was Identitätsphilosophie genannt wird und was Schelling auch zunächst vertreten hat. Man kann aber auch auf die Differenz abstellen und einen Dualismus vertreten.

Diesen Weg des Dualismus ist Schelling dann auch gegangen, man spricht oft von der Philosophie der Romantik. In Gott selbst liegt ein dunkler Wille und ein heller Verstand. Gott selbst hat seinen eigenen triebhaften Willen vergeistigt und sozusagen zivilisiert, dies nennt man Schöpfung. Die bloße Materie ist der triebhafte Teil Gottes, die Materie ist ja auch regellos und chaotisch. Diese Materie wird in der Schöpfung gezügelt und geformt, so dass aus diesem Prozess die Pflanzen, die Tiere und schließlich der Mensch hervorgeht. Er ist die Krone der Schöpfung, weil der Anteil des Verstandes unter allen Geschöpfen bei ihm am größten ist. Aber die ganze Schöpfung bleibt immer noch in Gott, so dass immer noch die Grundstruktur eines Spinozismus vorliegt. Was man daraus lernen kann, ist, dass ein Idealismus nicht allein die Verstandesbestimmungen zu entwickeln hat, sondern in gleicher Weise die Bestimmungen des Willens (was man aber eigentlich bereits bei Fichte lernen kann).

In seiner letzten Phase, der sogenannten positiven Philosophie kommt Schelling auf eine Überlegung zurück, die ihn von Anfang an beschäftigte und die immer der Pfahl im Fleisch seiner idealistischen Konstruktionen war. Wie kann der Idealismus Wirklichkeit konstruieren? Dem Idealismus ist es – nach Schelling – nie gelungen, die Existenz der Dinge zu konstruieren, er ist nie über ihren Begriff hinausgekommen. Und dies ist nicht nur eine nachträgliche Interpretation, sondern dies wusste Schelling immer schon. Was aber sonst nur Anmerkung war, wird jetzt Thema. Schellings Ergebnis ist aber bloß negativ (obwohl Schelling von positiver Philosophie spricht. Das Wort positiv ist hier in seiner ursprünglichen Bedeutung zu nehmen, so wie man auch von Positivismus spricht.): Die Vernunft kann die Existenz nie erreichen. Traditionell ist die Existenz ein Produkt Gottes. Das Mittelalter unterschied erstmals zwischen Begriff und Existenz und die Existenz war immer die Konstitutionsleistung Gottes, die Theologen nannten sie Schöpfung. Konsequenterweise verlegt sich Schelling nun auf die Untersuchung Gottes und unser Wissen von ihm. Dass er dabei das Geheimnis der Existenz geklärt hätte, wird niemand behaupten können, vielmehr hat er sich in geradezu peinliche theosophische Spekulationen verstiegen.

2.3.10 Hegel

Hegels Philosophie kann man in einem Satz zusammenfassen: Alles ist Geist. Aber was ist Geist? Zunächst ein Konglomerat verschiedenster Dinge: Wahrnehmung, Vernunft, Recht, Kultur, Kunst, Religion, Geschichte, Gott. Das ist zunächst verständlich, bis auf eine Ausnahme, denn das muss auch bedeuten: Das Ding ist Geist. Nähere Auskunft hierüber gibt Hegels Ansicht über die Natur, denn die Natur ist ja eine Menge von Gegenständen. Die Natur ist die „Idee in der Form des Andersseins" (Enzyklopädie §247) und statt Idee kann man hier auch Geist sagen (a.a.O. §247). Es ist nicht leicht zu sagen, was das bedeuten soll, wenn aber gesagt ist, dass die Natur Geist in einer bestimmten Form ist, so ist sie immerhin noch Geist. Sie ist also Anderssein des Geistes im Geist. Die Ähnlichkeit zu Fichtes Konstruktion des Gegenstandes ist auffallend.

Nun sollte eigentlich jedes einzelne Ding als ein Anderssein des Geistes verstehbar sein. Dies bestreitet aber Hegel insofern, als die einzelnen Dinge nicht mittels der Vernunft in ihrer Existenz und ihrem Wesen deduziert werden können. Hegel redet hier von der Ohnmacht der Natur und der Grenze der Philosophie (a.a.O. §250). Das Ding ist nur insoweit deduzierbar und notwendig, insofern es Begriff ist. Das Einzelne dagegen, insofern es Einzelnes ist, ist zufällig und darum nicht einmal Gegenstand der Wissenschaft. Den Grund des Einzelnen hat man oft in der Materie erkannt, aber diese Lösung ist innerhalb eines jeden Idealismus nicht möglich. Aber irgendetwas muss das Einzelne als Einzelnes doch sein, irgendwie ist es auch begrifflich bestimmt. Jedenfalls kann das Einzelne nicht Gegenstand der Naturphilosophie sein, sondern nur die Dinge, insofern sie Begriff sind, denn nur unter den Begriffen gibt es Gründe und Notwendigkeit. Die Natur ist – wie bei Schelling – organische Entwicklung mit dem Menschen als Ziel. Aber gegenüber der Natur hegt Hegel eine gewisse Aversion und dies aus folgendem Grund: Am Ding kann man sein Sein, also seine Qualitäten und sein Wesen unterscheiden (a.a.O. §112 ff). Das Ding ist nun bestimmt als die Erscheinung seines Wesens. So ist etwa der einzelne Stuhl die Erscheinung der Idee des Stuhls. Diese Analyse wollte Hegel nicht nur auf die geistigen, sondern auch auf die natürlichen Dinge angewandt wissen. Hier ist die Differenz zwischen Erscheinung und Wesen sogar besonders groß. Für die geistigen Dinge leuchtet diese Analyse ja auch ohne weiteres ein (sie stammt bekanntlich von Plato), keineswegs aber für die natürlichen Dinge. Die Einzelnen sind aber jedenfalls Erscheinung ihres Begriffs und nur, insofern sie Begriff sind, sind sie wirklich. Hegel muss also die Individualität nicht deduzieren, weil eben nur das Begriffliche wirklich ist. Das Einzelne ist, insofern es Einzelnes ist, natürlich nicht Materie – dergleichen darf ein Idealismus nie sagen – es ist nach wie vor begriffliche Bestimmung, es ist nur unwesentlich und darum philosophisch uninteressant.

Kann dann Hegel die Individuen überhaupt noch deduzieren (etwa die berühmte Schreibfeder Traugott Krugs)? Das wäre ein Einwand gegen Fichte, aber Hegel will nichts deduzieren, seine Philosophie ist Phänomenologie des Geistes. Die Erscheinungen des Geistes werden in ihrer Entwicklung beschrieben, aber der Geist konstruiert nicht die Welt wie Fichtes Ich.

Viel interessanter als die Natur sind für Hegel die geistigen Dinge. Der Geist wurde vorläufig als ein Konglomerat von Geistigem bestimmt. Die Bestandteile dieses Konglomerats sind weder reale Teile, noch seine Abstraktionen. Vielmehr entwickelt sich ein Geistiges und die Entwicklungsstufen sind ein Bestandteil des Ganzen, wenn auch ein unvollkommener. Hegel sagt: Die Wahrheit ist das Ganze. Die Philosophie beispielsweise entwickelt und vervollkommnet sich in ihrer Geschichte. Keine ihrer Strömungen und Schulen ist verloren oder war sinnlos, sondern sie sind notwendige, wenn auch unvollkommene Erscheinung des Ganzen, d.h. der Philosophie. Die Philosophie ist ihre Geschichte. So waren etwa Empirismus und Rationalismus notwendige Erscheinungen der Philosophie und wurden schließlich durch die Philosophie Kants aufgehoben. Das Wort Aufheben ist eines der Lieblingswörter Hegels und bedeutet dreierlei: 1. zerstören, 2. bewahren und 3. hochheben. Bekannt geworden ist auch Hegels Bild von Blüte und Frucht. Die Blüte ist eine notwendige Durchgangsstation auf dem Weg zur Frucht und die Frucht hebt die Blüte in allen drei Bedeutungen des Wortes auf.

Diese Struktur findet Hegel in allem (auch in der Natur), sie ist bekannt geworden unter dem Namen Dialektik. Sie ist sicher plausibel anzunehmen überall da, wo man von einem Entwicklungsfortschritt sprechen kann. Hier trifft sie sicher im Großen und Ganzen zu, aber auch sicher nicht in jedem Detail. In anderen Fällen muss man einen Fortschritt unterstellen, wie z.B. in der Natur. Alle Dinge und Wesen der Natur sind Stationen auf dem Weg zum Menschen. Noch schwieriger wird es etwa in der Staatsphilosophie oder der Logik. Hier könnte man die einzelnen Teile höchstens als Abstraktionen des Ganzen ansehen, wenn man eine dialektische Struktur unterstellen möchte.

Was Hegel Logik nennt, ist keineswegs eine Kunst des Denkens, sondern nichts geringeres als seine Metaphysik. Hegels Logik beschreibt zwar die Strukturen unseres Denkens, aber auch die der Sachen, denn die Sachen sind so, wie wir sie denken. Denn es ist ein und derselbe Geist, der sich in den Sachen und im menschlichen Denken manifestiert. Hegels Logik tritt in Konkurrenz zur klassischen Logik und zu Kants transzendentaler Logik. Die klassische Logik hat die Intention die Denkgesetze zu finden und die Denkgesetze sind notwendige Bedingungen der Sachen, d.h. die Tatsachen können den Denkgesetzen nicht widersprechen, z.B. was sich selbst widerspricht, kann nicht existieren. Kants transzendentale Logik ermittelt ebenfalls Denkgesetze. Diese Denkgesetze bestimmen die Wirklichkeit, weil sie die Weisen einer möglichen Erfahrung festlegen. Beide Konstruktionen lehnt Hegel natürlich ab.

Metaphysik ist für Hegel Logik. Weil eben alles vernünftige wirklich und alles Wirkliche vernünftig ist, sind die Bestimmungen des Denkens die Bestimmungen der Realität. Hegels Satz Alles Wirkliche ist vernünftig und alles Vernünftige ist wirklich ist vielleicht Hegels berühmteste Äußerung und wurde meist als Zeugnis für Hegels reaktionäre Gesinnung, wenn nicht für Schlimmeres genommen. Aber wie so oft, hat man sich auch hier meist nicht die Mühe gemacht, über den Sinn dieser Aussage nachzudenken. Auf diese Deutung konnte man verfallen, weil der Satz kommentarlos in der Vorrede zu Hegels Rechtsphilosophie steht. Hegel hat in der Enzyklopädie (§ 6) noch eine (wirkungslose) Klarstellung versucht. Hier setzt er nämlich das Wirkliche vom Zufälligen ab. Das Zufällige ist der Bereich des Einzelnen, das Wirkliche der des Begriffs. Das Einzelne aber ist nicht einmal Gegenstand der Philosophie. Hegels Satz bedarf aber auch bezüglich des Worts „vernünftig" einer Klärung, wobei es sich zeigt, dass es sich hierbei nicht um einen Satz der praktischen Philosophie handelt. Wenn Hegel also sagt, alles Wirkliche ist vernünftig, dann will er nicht sagen, alles Bestehende ist gut so, wie es ist. Er will auch nicht sagen, die Vernunft habe die Wirklichkeit konstruiert (wie es Kant oder Fichte hätten sagen können). Er meint vielmehr zunächst und vorläufig, dass alles begrifflich Seiende eine logische und damit notwendige Folge aus anderem Seienden ist. Auf die Rechtsphilosophie angewandt: Eine logische Folge aus vorausgegangenen politischen Zuständen. So zu reden ist für Hegel aber nur darum möglich, weil alles Seiende (auch das bloß Zufällige) vernünftig, will sagen begrifflich oder wenigstens qualitativ bestimmt, kurz: intelligibel ist. Das ist ja auch kein Wunder, denn alles Seiende ist geistiger Natur. Weit interessanter ist aber die Umkehrung des Satzes: Alles Vernünftige ist wirklich. Ist damit gemeint, alles, was gedacht werden kann, existiert, also etwa auch grüne Schwäne? In gewisser Weise ist das durchaus richtig, alles hängt nur davon ab, welchen Existenzbegriff man zugrunde legt. Hegel hat seinen Satz aber etwas spezifischer gemeint. Alles, was es gibt, ist Begriff und nur der Begriff ist wirklich. Er ist geistiger Inhalt und als geistiger Inhalt existiert er. Die Unterscheidung von Denken und Wirklichkeit, wie sie in Hegels Satz ausgesprochen wird, existiert lediglich in der Abstraktion. Wirklich ist eben etwas als geistiger Inhalt und d.h. denkend.

Man nennt Hegel einen Idealisten und mit Fichte und Schelling in einem Atemzug. Aber tatsächlich steckt in Hegel mehr Plato als in Kant, Fichte und Schelling zusammen. Hegel ist antiker Denker, er verzichtet auf den Ansatz, die Welt aus dem Subjekt zu konstruieren. Alles, was existiert, ist von vornherein Geist und Hegel beobachtet die Selbstbewegung und Selbstentfaltung des Geistes. In einem einzigen Punkt geht Hegel über die Antike hinaus, im Fall der Geschichte, wobei Geschichte hier in einem verallgemeinerten Sinn zu verstehen ist. Die Stadien einer jeden Entwicklung sind nicht um des Ziels willen vernachlässigbar, sie sind notwendige Stadien, die zum Ziel als seine Momente gehören. Zur Frucht gehört die Blüte, sie ist notwendiger Bestandteil eines Prozesses, an dessen Ende die Frucht steht. In gleicher Weise ist der Geist ein zielgerichteter Prozess, er ist nicht nur das Ziel eines Prozesses. Der Geist ist seine eigene Selbstexplikation. Wendet man dies auf die Geschichte an, so ist Hegel von einem naiven Fortschrittsglauben weit entfernt, sondern jede Zeit ist ein notwendiges Stadium. Das zielgerichtete Ganze ist die Geschichte. Verallgemeinert man dies, dann wird es auch verständlich, wenn Hegel in der Vorrede zur Phänomenologie des Geistes sagt: „Das Wahre ist das Ganze. Das Ganze ist aber nur das durch seine Entwicklung sich vollendende Wesen."

Wenn Hegel ein antiker Philosoph ist, dann muss er auch eine Antwort auf das Grundproblem der antiken Philosophie, dem Problem des Parmenides haben: Was bedeutet Nicht-Sein? Hegel hat auf dieses Problem eine geniale Antwort gefunden, sie lautet kurz gesagt: Das Sein ist das Nichts. Dies deshalb, weil das Sein in seiner Abstraktion keinen Inhalt besitzt, es ist unbestimmt. Man könnte das Sein auch unbestimmte Bestimmtheit nennen. Alles, was es gibt, ist Sein und Nichts, ist bestimmt und nicht-bestimmt. Etwas ist z.b. als Stuhl bestimmt, als solches ist es weder Tisch, noch Wand (also bestimmte Unbestimmtheit). Es ist Bestimmtheit (Sein) und Unbestimmtheit (Nichts) und die Einheit beider, d.h. als bestimmt und unbestimmt bestimmt. Diese Konstruktion ist aber nur darum möglich, weil der Sinn von Sein für Hegel die Bestimmtheit ist. Bestimmt ist etwas dann, wenn es von allem anderen unterscheidbar ist, was bei Hegel offenbar mittels Qualitäten geschieht. Bestimmtheit ist für Hegel also genauer qualitative Bestimmtheit. Allerdings sind Qualitäten bereits selbst schon bestimmt. Sie erzeugen Bestimmtheit aber wie ist ihre eigene Bestimmtheit erzeugt? Darauf erhält man mit Hegel keine Antwort.

2.3.11 Schopenhauer

Schopenhauer hat bereits im Titel seines Hauptwerks seine Philosophie zusammengefasst: Die Welt ist Wille und Vorstellung.

Da aber auch die Vorstellung ein Erzeugnis des Willens ist, ist es gerechtfertigt zu sagen: Die Welt ist Wille. Zunächst aber ist der erste Teil von Schopenhauers These zu betrachten: Die Welt ist meine Vorstellung. Ist die Vorstellungswelt dabei mein eigenes Erzeugnis oder gibt es Gegenstände, die mich affizieren, woraus ich mir dann meine Welt bilde? Schopenhauer ist der Auffassung, es gebe etwas Reales, etwas wie Kants Ding-an-sich, das die Vorstellungswelt in mir hervorruft. Für Schopenhauer ist es der Wille. In der Konstruktion der Erkenntnis folgt er Kant: Der Wille wirkt irgendwie auf mich ein und aus diesem Material bilde ich mir die Welt gemäß den Dispositionen meiner Anschauung und meines Verstandes. Für Kant waren dies die Kategorien und die Anschauungsformen Raum und Zeit. Für Schopenhauer ist es allein der Satz vom Grund und er ist ernstlich der Meinung, der Satz vom Grund reiche aus, um aus einem gegebenen Material, hier: unstrukturierte, gleichwohl bereits qualifizierte Empfindungsinhalte, die Welt als Vorstellung zu erzeugen. Wenn wir etwa eine Tastempfindung haben, dann schließen wir auf ein Objekt, das die Tastempfindung in uns erzeugt. Ersichtlich reicht der Satz vom Grund aber nicht aus, um die Vorstellung eines qualifizierten Objekts, als Ursache der Tastempfindung zu erzeugen. Wir müssen auch in der Lage sein, das Ertastete als Einheit zu erfassen und wir müssen in der Lage sein, die Empfindungsqualitäten des so Ertasteten mit der Einheit in Beziehung zu setzen. All das kann der Satz vom Grund nicht leisten. Der Satz vom Grund ist für Schopenhauer aber die Form des Objekts (wie Kants Kategorien), weil Objekte ja durch ihre Wirkung bestimmt sind (WWV I, §3), womit aber noch nicht das Objektsein des Objekts erklärt ist. Schopenhauers Konstruktion wird nur dann gelingen, wenn das gegebene Material bereits in erheblichem Umfang vorstrukturiert ist (hiervon später).

Ist das Subjekt ebenfalls meine Vorstellung? Im Subjekt sind alle meine Vorstellungen, die zusammen meine Welt bilden. Ist das Subjekt selbst Vorstellung, dann wären die Inhalte des Subjekts Erscheinung von Erscheinung, also Vorstellung von Vorstellung. Vorstellungen von Vorstellungen sind nach Schopenhauer aber Begriffe (WWV I, §9), also wäre jede Vorstellung schon Begriff, und das ist ein Ergebnis, das ganz sicher nicht im Sinne von Schopenhauer wäre. Um dieses unerwünschte Resultat zu vermeiden, könnte man auf das Konzept des Subjekts verzichten und das Subjekt nur als Epiphänomen ansehen. Das ist möglich – selbst im Sinne von Schopenhauer.

Schopenhauer ist – im Gegensatz zu Kant – der Meinung, das Ding-an-sich sei durchaus erkennbar, es ist der Wille. Den Willen erkennen wir aber nicht direkt, die Welt ist ja meine Vorstellung. Der Wille offenbart sich vielmehr in der Vorstellung. Man könnte sagen, er materialisiert sich, besser (und so drückt sich auch Schopenhauer aus), er objektiviert sich, d.h. er wird für uns Objekt als Vorstellung. Dies zeigt Schopenhauer zunächst am Beispiel des Leibes. Der Leib wird uns als Erscheinung des Willens bewusst. So sind etwa die Geschlechtsorgane der Leib gewordene Geschlechtstrieb, ebenso das Gehirn das Leib gewordene Erkennen-Wollen. Und so verhält es sich mit dem gesamten Leib, er ist objektivierter Wille. Dem Leib eines jeden Lebewesens entspricht genau seine Willensstruktur. Der Akt des Willens erzeugt nicht eine Bewegung des Leibes, sondern beide sind zwei Aspekte derselben Sache: Den Willen selbst stellen wir uns als Leib vor. Diese Überlegungen gelten auch für die unorganische Natur. Alle Kräfte der Natur sind Erscheinungen des Willens.

Damit wird im Übrigen auch klar, wie der Satz vom Grund ausreichen kann, die Vorstellungswelt zu erklären. Der Wille erscheint bereits als jeweiliges Ding und wir selbst ordnen die Dinge nur noch nach dem Schema von Ursache und Wirkung. Der Wille bringt uns bereits die Welt vollständig zur Erscheinung und dazu benötigt es keine Kategorien seitens des Subjekts, vermittels derer wir uns die Welt als Vorstellung konstruieren müssten.

Es ist aber ein und derselbe Wille, der sich in die vielen Dinge und Lebewesen materialisiert. Das ist eine neuplatonische Konstruktion, die deutlich an das Eins Plotins erinnert – mit all den Problemen, die diesem Eins anhaften.

Weiter ist der Wille blind und bewusstlos, ohne eigenes Erkennen, ein unaufhaltsamer, zielloser Drang, rastlos und unersättlich, der noch mit sich selbst im Zwiespalt liegt, d.h. gegen sich selbst agiert. Dieser Zwiespalt des Willens mit sich selbst zeigt sich in der unbelebten Natur etwa im Zwiespalt von Trägheit und Schwere oder von Zentrifugal- und Zentripedalkraft. In der belebten Natur ist der Widerstreit ohnehin sofort klar. Die belebte Natur ist ein Krieg aller gegen alle, ein Fressen und Gefressenwerden. Man lebt, um zu essen und isst, um zu leben. Alles wiederholt sich immerfort, es gibt keinen Fortschritt. Die Natur ist keineswegs zum Besten eingerichtet, sondern derart, dass alles gerade so bestehen kann. Darin besteht die Teleologie der Natur.

Es gibt ein berühmtes Argument, das Eduard Zeller (Geschichte der deutschen Philosophie seit Leibniz, München 1873, S. 86) gegen Schopenhauer geäußert hat und unter dem Namen Hirnparadoxon bekannt geworden ist: „Wir befinden uns demnach in dem greifbaren Zirkel, dass die Vorstellung ein Produkt des Gehirns und das Gehirn ein Produkt der Vorstellung sein soll." Schopenhauer kannte das Argument selbst, er hat es so formuliert: „Dass der Kopf im Raum sei hält ihn nicht ab, einzusehen, dass der Raum doch nur im Kopfe sei." (Parerga II, 48) Er hat in diesem Argument aber offenbar keinen Widerspruch gesehen. Zunächst sieht es zwar aus wie der primitive Kategorienfehler der Identifizierung von Geistigem und Körperlichem, die Sache ist aber komplizierter. Man bedenke, dass die Materie für Schopenhauer ein geistiges Phänomen ist, nämlich ein Objektiviertsein des Willens. Weiter ist aber auch das Erkennen eine Erscheinung des Willens und das Gehirn nichts anderes als das Erkennenwollen als Vorstellung angesehen. Also sind beide, das Gehirn und das Vorstellen Willensphänomene. Wenn man sagt, die Vorstellung sei Produkt des Gehirns, dann darf man das gerade nicht so verstehen, als ob das Gehirn Ursache der Gedanken wäre, das wäre in der Tat ein primitiver Kategorienfehler, sondern das Gehirn ist materialisiertes Erkennenwollen oder besser: objektiviertes Erkennenwollen, es ist nämlich Objekt einer Vorstellung. Der Wille hat sich hier in das Erkennenwollen objektiviert. Der Wille objektiviert sich also einmal als Gehirn, ein andermal als Vorstellung des Gehirns, d.h. der Inhalt der Vorstellung ist das Gehirn, das als Objektivation des Erkennenwolllens gewusst wird. Auf diese Weise verschwindet der Widerspruch, weil es sozusagen eine gemeinsame Instanz gibt, nämlich den Willen, der sowohl zum Ding wird, als auch zur Vorstellung von einem Ding.

Es scheint aber, das Problem habe sich jetzt verlagert. Es müssen ja nun Vorstellungen und ihre Inhalte zueinander passen. Was wäre denn, wenn die Vorstellung eines Hauses in einem Baum materialisiert wäre? Der Wille muss also seine Objektivationen synchronisiert haben. Leibniz stand vor einem ähnlichen Problem – einem Problem, dessen Lösung er getrost Gott übertragen konnte. Aber Schopenhauers Wille ist blind und bewusstlos, einer derartigen Aufgabe wäre dieser Wille schlechthin nicht gewachsen.

2.4 Metaphysik der Moderne

Unter der Philosophie der Moderne soll hier die Philosophie beginnend mit Nietzsche verstanden werden. Unter der Postmoderne versteht man manchmal eben das, was hier einfach Moderne genannt wird, manchmal aber auch die Philosophie seit den fünfziger Jahren. Dies ist aber schon allein darum nicht überzeugend, als die Protagonisten dieser Philosophie, die neueren französischen Philosophen, ohne Nietzsche und Heidegger kaum denkbar wären.

Über die Philosophie der Moderne zu reden ist fast nicht möglich, da wir uns noch in der Moderne befinden. Wir kennen sie noch nicht abschließend und sind darum auf Vermutungen angewiesen. Es nimmt darum nicht Wunder, wenn es kaum möglich sein dürfte, eine sachliche Gemeinsamkeit der Philosophien der Moderne zu finden. Ihr Gemeinsames ist höchstens ihre Verschiedenheit. Darum bietet es sich an, gerade diese Verschiedenheit als ihr Wesen aufzufassen, zumal sie sich in diesem Punkt tatsächlich von allen früheren Epochen unterscheidet.

Die derzeitige Philosophie der Moderne stellt sich als aus zwei Lagern bestehend dar, wie sie unterschiedlicher nicht sein könnten und die sich folglich auch nichts zu sagen haben. Es sind dies einmal der Traditionsstrang von Nietzsche über Heidegger zu der neueren französischen Philosophie, der andere leitet sich aus dem Wiener Kreis und verwandten Strömungen ab, verstand sich als Metaphysikkritik (oder dessen, was er für Metaphysik hielt) und wissenschaftliche Philosophie und sah seine Aufgabe darin, den exakten Wissenschaften eine philosophische Grundlage zu geben. Diese sehr bescheidene Aufgabe wurde in der Folge wohl um etwas verallgemeinert, so dass man auch von einem neuen Realismus reden konnte.

Die neuzeitliche Philosophie war in ihrem Wesen insofern Idealismus, als sie versuchte, die Welt aus der Subjektivität zu konstruieren oder wenigstens zu verstehen (das gilt selbst für den Empirismus). Die Moderne hält diesen Ansatz für falsch, denn kein Mensch würde das tun, was die neuzeitlichen Philosophien unternehmen und fordern. Vermutlich könnte kein Mensch lange existieren, würde er mit dem Bewusstsein leben, die Dinge seien nur meine subjektiven Konstruktionen. Die moderne Philosophie wirft der Philosophie der Neuzeit vor, ihr Ansatz und ihre Konstruktionen seien bloß akademisch und fernab von allen Tatsachen, sozusagen eine Wolkenkuckucksheimphilosophie. Der ganze Mensch erfasst die Dinge und nicht nur das Denken; er lebt in der Welt und hat nicht bloß eine Beziehung zu ihr. Insofern kann man den philosophischen Ansatz der Moderne lebensweltlich nennen. Dieser lebensweltliche Ansatz ist bei Nietzsche, Heidegger und den neueren französischen Philosophen mit Händen zu greifen und es ist der wesentlich Punkt, in dem sie sich von der Philosophie der Neuzeit absetzen. Als äußeren Beleg nehme man, dass alle keine Erkenntnistheorie besitzen und sie ablehnen. Aber auch der Aufstand des Wiener Kreises gegen das, was er Metaphysik nannte, war ein Versuch, die wissenschaftliche Wirklichkeit gegen den Idealismus geltend zu machen, also ebenfalls ein, wenn auch eingeschränkter, lebensweltlicher Ansatz. Man könnte darum die These vertreten, das Gemeinsame der Philosophie der Moderne sei ihr lebensweltlicher Ansatz und hierin unterscheide sie sich von der neuzeitlichen Philosophie. Aber diese Bestimmung der Moderne über ihren lebensweltlichen Ansatz ist in Wahrheit negativ, denn sie sagt doch nicht viel mehr als dass sie den Ansatz der Neuzeit nicht mehr teilt.

Demgegenüber steht die Behauptung vom Ende der großen Erzählungen (etwa Christentum, Marxismus, Aufklärung) als das Charakteristikum zumindest der Postmoderne (Lyotard). Dazu beachte man, dass die meisten Protagonisten der Postmoderne Marxisten waren, selbst also offenbar nicht so recht an das Ende der großen Erzählungen glaubten. Aber bei Lyotards Behauptung handelt es sich auch nicht um eine These über die moderne Philosophie, sondern über das postmoderne Wissen.

Seine These kann also nicht geeignet sein, das Wesen der philosophischen Moderne zu erfassen.

Eng damit verwandt, aber nicht dieselbe ist eine These, die man oft als das Zentrum des postmodernen Denkens ansieht: anything goes – nichts ist unmöglich. Das klingt wie ein Wahlslogan, meint aber, es gebe kein allgemein verbindliches Denken mehr und darum sei jede Theorie gleichermaßen im Recht. Auch dies ist keine philosophische These, sondern eine These über das postmoderne Wissen. Soll sie aber mehr als ein halbwahres Schlagwort sein, bedarf sie einer philosophischen Fundierung. Dann sollte man sie aber prägnanter und deutlicher formulieren. Das hat bereits Nietzsche getan: „Nichts ist wahr, alles ist erlaubt." Wenn aber nichts wahr ist, dann heißt das nicht, alles sei falsch, sondern, alles ist möglich. So redet Nietzsche aber nicht, denn sagt man, alles sei möglich, dann ist impliziert, einiges Mögliche ist wirklich, hier: wahr. Gerade das ist nicht gemeint. Wenn etwas erlaubt ist, dann steht es nicht unter Strafe und man kann es ohne schädliche Konsequenzen tun. Der Wahrheitsanspruch bleibt dabei ausgeklammert, ja ist nicht nur irrelevant, sondern nicht einmal mehr Gesichtspunkt.

Der Zustand der Modernen ist also die Pluralität gleichwertiger Theorien. Wenn es aber auf deren Wahrheit nicht länger ankommt, worauf dann? Man könnte vermuten, auf deren Konsistenz. Schließlich kann man prinzipiell alles beweisen, wenn man nur die Voraussetzungen geeignet wählt. Gegeben eine These – finde die Theorie, die sie beweist. Diese Theorie wird es aus den genannten Gründen immer geben. Eine jede Theorie sollte aber konsistent sein. Das ist dann aber nichts anderes als die axiomatische Methode, wie sie aus der Mathematik bekannt ist. Das wäre aber eine unzulässige und übertriebene Idealisierung. Konsistenz kann nur heißen: Auf den ersten Blick schlüssig und plausibel. Weit wichtiger als ihre Konsistenz ist ihre Akzeptanz. Die Theorie muss sich etablieren – das ist erst der Beweis ihrer Richtigkeit. Sie ist dann ein allgemein akzeptiertes Begründungsmodell, sie muss aber gerade nicht das einzige akzeptierte Begründungsmodell sein. Man redet fortan so, wie es die Theorie vorschreibt – sie ist zum Sprachspiel geworden. Diese Pluralität der Theorien theoretisch zu erfassen, scheint sich mithin die Spätphilosophie Wittgensteins anzubieten. Aber Wittgensteins Spätphilosophie halst sich durch ihren kompromisslosen Rekurs auf die Sprache das Problem der Bedeutung auf, das aber ihr radikaler Ansatz nicht zu lösen vermag. Es scheint eben doch kein Sprachspiel, sondern ein Gedankenspiel vorzuliegen. Man benötigt also doch wieder eine Ontologie, allerdings eine vom Sein befreite Ontologie. Jedenfalls scheint dieser allgemeine Konsens nichts anderes als die Vernunft in der Moderne zu sein. Und etwas existiert dann, wenn ein allgemeiner Konsens seine Existenz festlegt. Diese Bestimmung ist darum nicht widersprüchlich, weil es keinerlei Regeln und Konstruktionen für Existenz gibt außer eben jener, dass es das ist, worüber zu denken ist und das ist bereits das, was ein Wort bezeichnet. Genauer muss ein Wort nur den Anschein erwecken, etwas zu bezeichnen, es ist ein Zeichen, das nicht notwendig etwas bezeichnet, gleichwohl etwas unterstellt, das es bezeichnet (was man Simulakrum genannt hat).

Diese Wendung der Moderne zum Theorienpluralismus dürfte ihre Ursache in etwas haben, das man die universelle Naturalisierung nennen könnte. Die Neuzeit hatte die Naturaliserung allein auf die Natur bezogen. Die Natur ist ein autonomes Geschehen, das keiner Begründung bedarf, die nicht auch Natur wäre. Sie funktioniert nach mathematischen Gesetzen und darum können alle Prozesse der Natur prinzipiell nachgemacht oder sogar zu eigenen kreativen und manchmal nützlichen, immer aber gewinnbringenden Prozessen umgestaltet werden. Insbesondere nahm die Neuzeit das Bewusstsein und die Subjektivität von diesem Prozess der Naturalisierung aus und erkannte sogar, gegen Ende der Neuzeit, in Bewusstsein und Kultur Phänomene sui generis, die auf Natur nicht reduzierbar seien. Diese Einsicht wurde durch die Fortschritte der Wissenschaften nach und nach erschüttert. Man lernte organische chemische Verbindungen zu synthetisieren, man untersuchte die Vorgänge des Sehens und Hörens und konnte darum der Vermutung nicht länger ausweichen, das Leben selbst sei natürlichen Ursprungs. Die Gehirnforschung legt ein Ähnliches für das Bewusstsein nahe. Und man erkennt zunehmend deutlicher, nach welchen Regeln Menschen und Gesellschaft funktionieren und dies so, dass diese Erkenntnisse geeignet sind, Menschen und Gesellschaft gezielt zu manipulieren. Die Technik, durch die vordem allein die unbelebte Natur zum Gebrauch des Menschen umgelenkt wurde, kann zunehmend auf Bewusstsein und Gesellschaft angewandt werden, und bald wird sich ihr nichts mehr entziehen können. Im Prinzip ist alles reproduzierbar und frei gestaltbar. Man könnte von einer technologischen Kränkung sprechen, einer Kränkung des Menschen durch den Menschen.

Konsequenterweise steht dann auch die Vernunft selbst zur Disposition. Sie ist eine Gehirnfunktion und es sind andere Gehirne möglich, die eine andere Vernunft produzieren. Vernunft ist also ein kontingentes Faktum und man sollte nur noch im Plural von ihr sprechen (was unsere Sprache aber nicht vorgesehen hat). Sie ist aber nicht nur ein Produkt der Hirnstruktur, d.h. der Biologie, sie ist ebenso ein Produkt von Kultur und Gesellschaft. Eine andere Vernunft ist also jederzeit möglich und offenbar auch machbar.

Wenn die Vernunft des Menschen ihre Exklusivität verliert, es keine gute oder schlechte Vernunft gibt, und jede Vernunft gleichwertig ist, hat dies auch Auswirkungen auf das Verständnis von Philosophie selbst. Die Moderne bestimmt das Wesen der Philosophie selbst neu, im Gegensatz zur gesamten vormodernen Philosophie. Bei all ihren Differenzen war man sich doch darin einig, dass die Philosophie die erste aller Wissenschaften ist. Diese selbstverständliche Grundannahme erfuhr lediglich verschiedene Ausprägungen. Dieser grundlegende Charakter der Philosophie ist für die Antike zwar klar, aber ebenso unbestimmt, da sich das, was wir so selbstverständlich Wissenschaft nennen, erst herausbilden musste. Es gab zwar einzelne Wissenschaften (z.B. Mathematik, Astronomie, Medizin), aber ein Wissenschaftskanon bildete sich erst in der Spätantike (Trivium, Quadrivium). Das Mittelalter übernahm den Wissenschaftskanon der Spätantike und die Philosophie konnte in ihr einen Platz finden. Sie war sozusagen die Verstandesseite der Theologie. Die göttlichen Wahrheiten zeigten sich auf zwei Gebieten, in der Offenbarung und im

Verstand. Hier hat die Philosophie auf der Verstandesseite ihren Platz als grundlegende Wissenschaft. Ebenfalls grundlegend ist die Philosophie in der Neuzeit als Grundlegung der Welt im Bewusstsein. Die Philosophie ist dann so grundlegend, wie die Psychologie grundlegend ist. Die Konsequenz der neuzeitlichen Philosophie war (und so ist es zumindest im deutschen Sprachraum dann auch gekommen) der Psychologismus. Gegen all diese Konstruktionen (und nicht nur gegen die der Neuzeit) wendet sich die Moderne, sie bestreitet die universelle grundlegende Funktion der Philosophie. Gewiss hat sie eine Sonderstellung inne, aber nicht mehr eine grundlegende. Nietzsche hat aus dieser Tendenz zum Psychologismus die Konsequenz gezogen und die Aufhebung der Philosophie in der Psychologie gefordert. Wittgenstein erklärt alle Sätze der Philosophie für sinnlos, auch die seiner eigenen. Wenn Philosophie einen Sinn haben soll, dann nur als logische Analyse der Sprache und Analyse des Wortgebrauchs. Für Heidegger hat die Philosophie nichts als eine einzige Aufgabe, das Sein im rechten Wort zur Sprache zu bringen. Man könnte eine solche Liste geradezu beliebig verlängern. Nicht nur gibt es keine allgemein verbindliche Auffassung darüber, was Philosophie ist, sondern diese Unbestimmtheit selbst ist das Wesen der Philosophie.

2.4.1 Nietzsche

Wirkung und Bedeutung Nietzsches sind unbestritten. Aber gemessen an Aristoteles oder Hegel ist er ein leidenschaftlicher Dilettant. So Karl Löwith und damit hat er sicher recht. Auch sein Werk enthält kaum Ausgearbeitetes und Durchkomponiertes. Am Ende sind alles nur große und kleine Aphorismen. Jaspers bezeichnete Nietzsches Werk darum als einen Trümmerhaufen. Aber Nietzsche ist immer interessant und ingeniös und unter den vielen Aspekten unter denen man ihn lesen kann ist sicher derjenige am interessantesten und wichtigsten, der in ihm den ersten postmodernen Philosophen sieht.

Nietzsches These ist: Die Welt ist ein chaotisches Geschehen (Fröhliche Wissenschaft, Nr 109). Wir Menschen erkennen die Welt, indem wir das Chaos interpretieren. Nietzsche ist also durchaus Realist. Es gibt aber keine wahre Welt hinter den Interpretationen, sondern jede Weltbeziehung ist Interpretation, wir können uns nur interpretierend zur Welt verhalten. Man spricht hier auch vom Perspektivismus Nietzsches. Jede Interpretation erfolgt aber unter einem Gesichtspunkt. Der Gesichtspunkt jener Interpretation, die Erkenntnis genannt wird, ist der der Nützlichkeit. Wir interpretieren das Chaos so, wie es für unser Überleben im Chaos am nützlichsten ist und das bedeutet, wir bringen Ordnung ins Chaos und schaffen damit eine Welt, die vorhersehbar, berechenbar und gestaltbar ist. Für diesen Ordnungsgesichtspunkt, der uns das Überleben im Chaos sichern soll, hat Nietzsche ein Schlagwort gefunden: Wille zur Macht. Das erinnert sofort an Schopenhauer. Aber während der Wille bei Schopenhauer Ding ist, ist der Wille zur Macht für Nietzsche Funktion. Unsere Interpretation des Chaos auf Ordnung und Stabilität hin, kann man als eine Weise auffassen, die Welt zu beherrschen: „Der ganze Erkenntnis-

Apparat ist ein Abstraktions- und Simplifikations-Apparat – nicht auf Erkenntnis gerichtet, sondern auf Bemächtigung der Dinge" (Friedrich Nietzsche Werke. Hrsg. K. Schlechta, Bd. III, S. 442). In gewisser Weise kann man dann auch sagen, der Wille zur Macht sei das Sein für Nietzsche, denn es gibt den Deutungsgesichtspunkt unseres Weltverhaltens an. Im Falle der Erkenntnis ist es Ordnen und Klassifizieren, wir interpretieren mithin logisch. Die Logik ist also ein Produkt unseres Willens, im Chaos zu überleben und ein Mittel, das uns für diesen Überlebenskampf geeignet erschien. „Die Welt erscheint uns logisch, weil wir sie erst logisiert haben."(III, S. 526)

Wie aber diese Interpretation des Chaos unter dem Gesichtspunkt der Ordnung im Detail erfolgt, das führt Nietzsche nicht aus. Seine Erkenntnistheorie bleibt nur Programm. Drei Punkte sind aber hervorzuheben:

1. Gegenstand: Das Chaos besteht natürlich nicht aus Gegenständen, sondern wir deuten es so, dass wir überall Gegenstände finden. Dazu identifizieren wir das, was nicht identisch ist und vereinfachen und klassifizieren so das Chaos und machen es zur Welt. So wird das Chaos handlich und verstehbar. „Nicht 'Erkennen', sondern schematisieren, - dem Chaos so viel Regularität und Formen auferlegen, als es unserem praktischen Bedürfnis genugtut." (III, S. 729) Erkenntnis kann man dann psychologisierend, wie schon gesagt, als Wille zur Macht deuten. Aber auch im Benennen eines Dings spricht sich ein Wille zur Macht aus. Belegt man ein Ding mit einem Namen, dann sagt man ja, es ist das und das und schreibt ihm vor, wie es zu sein hat. Das ist natürlich nur ein Hinweis auf eine philosophische Theorie des Gegenstands und eher eine Psychologie des Gegenstandsbewusstseins. Wie man ja überhaupt Nietzsches Methode eine Methode der genetischen Psychologie nennen könnte und sich fragen könnte, ob es sich dabei überhaupt um Philosophie handelt (s.u.).

2. Ursache – Wirkung: Nietzsche teilt nicht die These des Empirismus, wonach das Konzept von Ursache und Wirkung ein Produkt der Gewohnheit sei. Er hält Ursache und Wirkung für einen Anthropomorphismus. Wir glauben, jede Tätigkeit setze einen Täter , jedes Geschehen eine Absicht voraus (III, S. 501). Und diese unsere selbstverständliche Annahme übertragen wird auf die Natur, wo es aber gar nicht mehr passt. Man muss hier aber nicht notwendig einen Mechanismus der Übertragung annehmen, sondern wir machen zunächst keinerlei Unterschied zwischen gesellschaftlichen Verhältnissen und Ereignissen der Natur, wir reden in beiden Fällen von Schuld, Absicht und den Folgen einer Tat. Genauso ist es mit den Naturgesetzen. Die Menschheit nahm wohl einmal an, die Natur hält sich so an Gesetze, wie auch wir Menschen sich an Gesetze halten. Diese Vorstellungen haben sich dann in die wissenschaftliche Naturbetrachtung, d.h. in die Physik, hinüber gerettet und wir haben dabei vergessen, dass diese Konzepte nur um Reminiszenzen an eine archaische und animistische Weltbetrachtung sind. Es gibt keine Naturgesetze, sondern wir interpretieren ein chaotisches Geschehen, indem wir es klassifizieren und ordnen, damit es berechenbar wird. Ebenso gibt es nicht Ursache und Wirkung, sondern wir interpretieren jede Veränderung nach dem Schema Täter – Tat (III, S. 775).

3. Wahrheit: Natürlich ist auch das, was wir Wahrheit nennen, eine spezielle Interpretation des Chaos. Denken ist ja Interpretieren unter dem Gesichtspunkt der Nützlichkeit. Auf diese Weise entsteht uns Welt. Es gibt darum auch keinen Sinn, etwas wahr oder falsch zu nennen wenn es einfach nur nützlich ist. Wenn wir dies trotzdem tun, dann nicht, weil wir damit die Qualität unserer Weltsicht, d.h. unserer Interpretation bezeichnen wollten. Sondern weil wir uns alle auf eine Interpretation geeinigt und sie für verbindlich erklärt haben. Von der verbindlichen Interpretation abweichende Interpretationen sind falsche Interpretationen. Weil wir die nützlichste Interpretation für verbindlich erklärt haben, moralisieren wir auch unsere Interpretationen, das Wahre ist dann auch das Gute und das Falsche das Schlechte.

Nietzsche proklamiert ja das Ende der Philosophie. An ihre Stelle soll eine genetisch verfahrende Psychologie treten. Man kann aber einwenden, damit würde Sinn und Aufgabe der Philosophie missverstanden. Sie soll ja z.B. nicht klären, wie uns der Substanzbegriff entstanden ist, sondern die Frage beantworten „Was ist eine Substanz?". Man kann diese Fragerichtung naiv und unreflektiert nennen und sie zugunsten von Psychologie, Soziologie oder Kulturwissenschaft aufheben wollen, aber in diesem Sinn wäre dann auch die Mathematik naiv und unreflektiert – eben nur weil sie nicht den genetischen Standpunkt einnimmt. Man sollte also besser versuchen, Nietzsche als Philosophen und nicht als Psychologen zu lesen. Tut man dies, bemerkt man zunächst, dass Nietzsche Realist ist: Es gibt eine von uns Menschen vollkommen unabhängige Welt. Nietzsche hält sie für ein chaotisches Geschehen und unterscheidet sie von der Welt, in der wir leben und in der wir Wissenschaft betreiben und die man terminologisch Umwelt nennen könnte (was Nietzsche nicht tut), die aber immer ein Produkt einer Interpretation des Chaos ist. Hier wirkt aber der hermeneutische Zirkel, denn das Chaos selbst, wenn wir es als es selbst denken und erkennen wollen, kann doch auch nichts anderes als das Ergebnis einer Interpretation sein. Diesem Zirkel entkommt man nur mit der Annahme einer von uns unabhängigen Außenwelt. Hält man dann diese Welt für das Produkt einer Interpretation, dann fragt sich sofort: Interpretation wovon? Man hat keine andere Wahl, als zu sagen: Von einer uns ansonsten unbekannten Außenwelt und das hätte auch Kant sagen können. Es hilft also nicht, die Außenwelt als Chaos zu bezeichnen, denn das ist bereits eine Interpretation. Man könnte andererseits natürlich auf dem Standpunkt stehen, es sei ja schließlich ausgemacht, dass wir Dinge wahrnehmen und dann annehmen, diese Dinge bilden eine von uns unabhängige Außenwelt. Das wäre aber nicht mehr Nietzsche – jedenfalls auf den ersten Blick. Wie kommen wir aber zu dieser Annahme? Eigentlich ist sie alles andere als naheliegend und auf keinen Fall ist sie einfach und natürlich, wie gern behauptet wird. Sie ist im Gegenteil kompliziert und voraussetzungsreich. Vermutlich gewährt sie aber andererseits irgendeinen besonderen Vorteil. Ein solcher ist aber nicht zu erkennen, zumal die Idee der Existenz erst spät in das menschliche Bewusstsein Eingang fand. Sie ist ein Produkt des Mittelalters, sie ist die eigentliche Leistung Gottes (creatio ex nihilo) und man könnte die Vermutung aussprechen, an dieser Stelle läge der Ursprung der modernen Wissenschaft. Die Natur ist sozusagen freigelassen aus den Ansprüchen des Geistes.

Nietzsche hält Erkenntnis für eine Interpretation eines chaotischen, gleichwohl objektiven und realen Geschehens. Aber zu jeder Interpretation gehört etwas, das interpretiert wird. Dieses Etwas ist entweder ein erkanntes Etwas oder es ist nicht erkannt. Im ersten Fall wird das Problem der Erkenntnis nur verschoben und im zweiten Fall handelte es sich bei diesem Etwas um Kants Ding an sich. In keinem Fall wäre aber das Phänomen der Erkenntnis zureichend erklärt. Es scheint aber, man kann Nietzsches Lösung des Erkenntnisproblems durchaus retten. Dazu ist es angezeigt, einmal die Terminologie zu ändern und zu sagen, in der Erkenntnis werde ein Erkenntnisorgan affiziert. Diese Konstruktion des Erkenntnisvorgangs ist vorauszusetzen und man wird sehen, wie erfolgreich diese Annahme ist. Diese Affektion kann selbsterzeugt sein oder von einer Außenwelt kommen, das ist sowohl unentscheidbar, als auch gleichgültig. Erkenntnis wird also aus einem Gegebenen produziert. Es gibt jedoch verschiedene Produktionsweisen und diese Produktionsweisen gibt die Gesellschaft vor und Gesellschaften ändern sich. Unsere Produktion der Welt, die Erkennen genannt wird, ist insofern beliebig, als auch andere Produktionsweisen möglich wären. Insofern kann man von einer Interpretation sprechen. Dieses Interpretieren ist genauer ein Interpretieren-Wollen. Wir müssen so interpretieren, wie wir interpretieren, wenn wir überleben wollen. Unsere Interpretationen sind also interessengeleitet. Dies nennt Nietzsche terminologisch Wille zur Macht. Unser Interesse besteht darin, Ordnung und Regel in die Welt zu bringen und so sie beherrschen und Macht über sie zu gewinnen. Man kann den Willen zur Macht auch das Sein nennen, weil es den Anstoß gibt, das Seiende zu erzeugen und es so sein lässt, wie es gerade ist. Aber dies wäre nur eine uneigentliche Redeweise, denn wie kann man denn von einem Sein reden, wenn es ganz in unser Belieben gestellt ist. Die Welt ist eine Interpretation, an der nichts liegt, die auch völlig anders hätte sein können und keine Interpretation ist besser als eine andere, höchstens nützlicher. Das Sein ist der Wille zur Interpretation, aber jede Interpretation ist beliebig. Die Welt ist eine beliebige Interpretation und wir wissen nicht einmal wovon. Also sollte man doch konsequenterweise die Vorstellung von einem Sein als unpassend ablehnen. Das ist aber noch lange nicht das Ende der Philosophie und das heißt auch nicht, wenn es kein Sein gibt, dann gibt es auch kein Seiendes. Es gibt vielmehr Seiendes ohne Sein. Dieses Seiende ist dann die Interpretation, die man auch Welt nennt und von der es beliebig viele gibt, von denen keine besser als die andere ist. Diesen Zustand kann man positiv aufnehmen und in ihm den ontologischen Zustand unserer Kultur sehen. Insofern wäre dann Nietzsche der erste und maßgebende Philosoph der Postmoderne.

2.4.2 Heidegger

Heidegger war es in seinem gesamten Werk um eine einzige Frage zu tun: Was ist das Sein? Zur Beantwortung dieser Frage hat er zwei Anläufe unternommen, deren Beziehung er selbst als die einer Kehre gekennzeichnet hat. Kehren sind die Serpentinen im Gebirge, bei denen man, um auf den Gipfel zu kommen, die Richtung ändern muss. Sein erster Anlauf ist sein meist so genanntes Hauptwerk „Sein und Zeit" (= SuZ). Sein zweiter Anlauf ist seine sogenannten Spätphilosophie, von der Heidegger lediglich mehrere Vorträge selbst veröffentlicht hat.

Heideggers Frage nach dem Sein liegen eine Reihe von Vorentscheidungen zu Grunde: Die erste Grundentscheidung, die er niemals in Frage gestellt hat, ist: Sein ist ein gewisses Vorliegen, ein Vorhandensein oder Präsent-Sein, sein Terminus dafür ist: Anwesen. Die Natur dieses Anwesens zu untersuchen, ist seine beständige Aufgabe und mit dieser Grundentscheidung setzt er sich gegen maßgebliche Teile der Tradition von vornherein ab.

Eine zweite Grundentscheidung ist die Annahme, der Mensch habe schon immer ein Seinsverständnis, es stehe ihm immer schon offen – ganz im Gegensatz zum Tier. Man kann auch sagen: Der Mensch hat eine Welt, die ihm offen steht, das Tier vermutlich nicht. Das heißt dann andererseits auch: Das Sein zeigt sich dem Menschen. Das Sein braucht also den Menschen, um offenbar zu werden. Woraus man den Schluss zu ziehen hätte, eine Untersuchung über das Sein hat das Wesen des Menschen zu untersuchen, denn so, wie es sich im Menschen zeigt, so ist es auch, weil es sich nirgends als im Menschen zeigt. Diesen Weg ist Heidegger in „Sein und Zeit" tatsächlich auch gegangen – um hinterher zu bemerken, dass dieser Weg ein Irrweg war.

Daraus folgt dann eine dritte Grundentscheidung, die sogenannte ontologische Differenz, die Scheidung von Sein und Seiendem. Das Sein ist kein Ding, kein Allgemeines (wie in der klassischen Metaphysik), kein letzter Grund (wie z.B. Gott). Um es zu beschreiben, redet Heidegger meist von der Lichtung. Dies ist als ein Ereignis aufzufassen: Sein ist ein Geschehen, kein Ding. Um diesen Ereignischarakter des Seins zu betonen, kann Heidegger darum auch sagen: Seiendes ist, aber das Sein west. Oder: das Ding dingt, oder: Die Welt weltet. Wenn man sein Anliegen versteht, wirken solche Sätze auch nicht länger lächerlich. Von diesem Willen zur adäquaten Bezeichnung, die ihn durchaus immer das angemessene Wort finden lässt, ist dagegen sein Hang zum Sprachkitsch zu unterscheiden, die seine Sprache oft den Charakter von Heimatliteratur annehmen lässt. („Fährnisse und Nöte bedrängen ... allerorten die Menschen übermäßig zu jeder Stunde." Das ist selbst für einen Heimatdichter ziemlich dick aufgetragen.)

Der Titel von Heideggers Hauptwerk ist Programm, „Sein und Zeit" meint „Sein ist Zeitlichkeit". Die Zeitlichkeit, die das Sein ist, soll sich an der Seinsart des Menschen (Heidegger nennt ihn terminologisch Dasein) zeigen. Ein solches Vorgehen erinnert auffallend an das Programm der Transzendentalphilosophie. Während aber Kant hierzu Anschauung, Denken und Vernunft analysiert, hält Heidegger ein solches Vorgehen für falsch, denn zunächst verhalten wir uns keineswegs erkennend zu den Dingen, d.h. wir synthetisieren keineswegs Daten mit Hilfe von Kategorien zu einem Ding. Wir eignen uns nicht erkennend die Welt an, wie das die neuzeitliche Philosophie stets annahm. Tatsächlich sind wir immer schon in der Welt, handeln in ihr und haben eine affektive Beziehung zu den Dingen. Heidegger hat für diese Tatsache die treffende Bezeichnung In-der-Welt-Sein geprägt. Wir müssen die Dinge nicht erst erkennen, bevor wir mit ihnen umgehen, sondern wir leben immer in einer Welt, in der wir die Dinge nutzenorientiert betrachten, d.h. in einer Beziehung des Gebrauchens und kein einziges Ding ist für uns objektiver, neutraler Gegenstand. Heidegger sagt, die Dinge sind zuhanden, sie sind Zeug. Diese Beziehung zu den Dingen nennt Heidegger auch Verstehen, das meint ein Sich-Verstehen auf Möglichkeiten. Wir deuten Geräusche als ein Lied oder erkennen eine Holzplatte als Tisch. Aber nicht nur wir verhalten uns in der Welt so, dass wir Etwas als Etwas deuten, auch das Ding zeigt sich uns als etwas. Ist ein Ding als Hammer geeignet, dann zeigt er sich auch als Hammer. Und drittens ist unser gesamtes Leben eine Sich-Entwerfen auf Möglichkeiten hin. Das Verstehen durchzieht also unsere gesamte Existenz.

Nicht allein unsere Beziehung zu den Dingen ist affektiv gestimmt, unsere gesamte Existenz unterliegt Stimmungen. Da auch sie die Struktur des Etwas als Etwas aufweisen, kann man sie auch als eine Form des Verstehens auffassen. Die wichtigste Stimmung ist die der Angst. Sie ist nicht zu verwechseln mit der Furcht vor etwas, sondern sie ist eine Stimmung oder eine Befindlichkeit. In der Angst wird der Mensch vor die Möglichkeit der Unmöglichkeit der eigenen Existenz im Tod gebracht. Dies ist das sogenannte Sein-zum-Tode. Durch dieses Sein-zum-Tode wird das Sich-Entwerfen konstituiert, also das, was die menschliche Existenz ausmacht, das Aus-sein auf noch nicht verwirklichte Möglichkeiten. Um das nachvollziehen zu können braucht man schon sehr viel guten Willen. Jedenfalls schließt Heidegger dann, das Sein-zum-Tode ist nur möglich auf Grund der Zeitlichkeit.

Zeitlichkeit ist Zukunft, aus ihr wird Vergangenheit und Gegenwart abgeleitet. Zukunft ist das, worauf ich vorgreife und was dann auf mich zukommt (SuZ, S.325). Indem das Mögliche als Wirkliches antizipiert wird, entsteht Gewesenes. Indem das Antizipieren des Möglichen als Akt gegeben ist, ist Gegenwart. Wenn Sein Zeitlichkeit ist, dann muss Heidegger alle Wesensbestimmungen des Menschen zeitlich fundieren. Das versucht Heidegger auch in SuZ und dieses Unternehmen misslingt vollkommen. Damit ist aber das gesamte Programm von SuZ hinfällig. Der Ansatz von SuZ ist ja transzendentalphilosophisch: Die Dinge sind so, wie wir sie denken. Dann macht es auch wenig Sinn, noch nach einer Ontologie zu suchen und konsequenterweise hat Kant auch keine Ontologie. Heidegger hat Kants transzendentalphilosophischen Ansatz zwar erweitert (Weniger unser Denken, als vielmehr unser gesamtes Weltverhalten bestimmt, was ein Ding ist), dennoch lässt der Ansatz von SuZ keine Ontologie in überzeugender Weise zu. Es ist also nur konsequent, wenn Heidegger diesen Ansatz von SuZ aufgegeben hat.

Heideggers Grundfrage ist also auch nach SuZ ungelöst: Was ist Sein, und d.h. in Heideggers Ansatz, Was ist Anwesen? In SuZ argumentiert er so: Anwesenheit ist ein Präsent-Sein, aber Präsent-Sein ist eine zeitliche Bestimmtheit. Also ist Sein Zeitlichkeit. Später scheint Heidegger dieses Argument nicht mehr geteilt zu haben. Und das zu Recht, denn ob Präsent-Sein eine zeitliche Bestimmung ist, ist keineswegs klar. Er hat überhaupt mehrere Versuche unternommen, das Sein des Anwesens angemessen zu formulieren, aber meist ist sein Wort für Anwesen Lichtung. Lichtung ist zunächst die Lichtung im Wald, eine Stelle, die frei von Bäumen ist, in der das Licht bis auf den Waldboden durchdringen kann. Um die Lichtung herum wäre dann der Bereich des Dunklen, Unerkennbaren, eben des Nichtseins. Man wäre also versucht mit Nietzsche zu deuten, das Sein ist der kleine Bezirk der Ordnung in einem Meer des Chaos. Aber so ist es nicht gemeint. Sicher ist die Lichtung der Bezirk des Offenen, Hellen und damit Erkennbaren, also des Anwesenden. Aber das Lichten ist kein menschliches Ordnungstiften, mithin kein Konstruieren des Seienden, das wäre ein Idealismus. Lichten ist vielmehr eine doppelte Beziehung. Der Mensch vernimmt das Seiende und das Seiende zeigt sich ihm als das, was es ist. Aus der Frage nach dem Sein wird in der Spätphilosophie die Frage nach dem Verhältnis von Denken und Sein und konsequenterweise rückt jetzt Parmenides ins Zentrum von Heideggers Überlegungen.

Das Sein braucht den Menschen insofern, als ohne ihn keine Lichtung möglich wäre. Das Sein braucht auch das Seiende, um sich zeigen zu können. Aber die Umkehrung gilt nicht, das Seiende braucht nicht das Sein (Gesamtausgabe (= GA), Bd. 65, S. 30). Das wird klar, wenn man bedenkt, dass das Sein Lichtung und nicht letzter Grund ist. Die Lichtung kann aber auch ein Seiendes als ein Verborgenes und Abwesendes zeigen. Das sieht man am besten an dem Unterschied von Vorhandenem und Zuhandenem. Wir haben niemals eine neutrale Beziehung zu den Dingen, wir betrachten sie als Gebrauchsdinge, die noch dazu stets in einer affektiven Beziehung zu uns stehen; die Dinge sind zuhandene. Das Vorhandene dagegen sind die objektiven, neutralen Gegenstände. Sie existieren aber höchstens als nachträgliche Abstraktionen des Zuhandenen. Das Zuhandene ist anwesend, das Vorhandene ist zwar erkannt und existent, aber abwesend, d.h. es zeigt sich nicht so, wie es ist.

Man erhält also folgenden Zusammenhang:

1. Sein ist Lichtung. Lichtung geschieht so, dass das Seiende in das nennende Wort gehoben wird (GA 45, S. 96). Die Lichtung hat eine Geschichte, denn man sieht doch etwa, dass die Antike die Dinge anders aufgefasst hat als die Moderne. Diese Geschichte des Seins ist nicht vorhersehbar, sozusagen vollkommen ins Belieben des Seins gestellt.

2. Lichtung ist das Offene allen An- und Abwesens.

Auch das Abwesende ist gelichtet, wie man am Beispiel des Vorhandenen sieht. Darum nennt Heidegger das Sein auch lichtend-verbergend.

3. Das Offene ist ein Zusammenpassen von Vernehmen und Vernommenem (z.B. von Sehen und Gesehenem), allgemeiner: von Denken und Sein.

Um genau dieses Zusammenpassen, das die Tradition das Verhältnis von Denken und Sein nannte, geht es in Heideggers Spätphilosophie. Er hat dazu verschiedene Anläufe genommen, diese Beziehung angemessen zu beschreiben. Etwa: Das Denken ist offen für das Sein und das Sein öffnet sich dem Denken, ohne dass beide identisch wären. Oder: Mensch und Sein gehören einander. Das Sein gehört zu uns, denn nur bei uns kann es anwesen (Identität und Differenz, S. 20). Oder: Das Denken gehört dem Sein und hört auf das Sein, beide wahren einander in ihrem Wesen (Wegmarken, S. 148).

Man würde hier sofort an die Beziehung der Dialektik denken, aber das will Heidegger gerade nicht. Dialektik meint, seiner Ansicht nach, immer eine Verflechtung und hier soll keine Verflechtung zweier ansonsten verschiedener Dinge vorliegen. Andererseits ist es natürlich auch keine einfache Identität. Man darf sich beider Verhältnis aber auf keinen Fall so vorstellen, als ob hier zweierlei – Denken und Sein – zusammenkommen, denn es gibt keinen Weg vom einen zum anderen - aus diesem Grund lehnt ja Heidegger jede Form von Erkenntnistheorie ab. Dieses Zusammenpassen von Denken und Sein ist dann aber nur so denkbar, dass man beide auf folgende Art identifiziert: Indem Denken vorliegt, lichtet sich das Sein und das Sein lichtet sich als Denken. Indem das Sein sich lichtet, liegt es als Denken vor. Denken ist das Sein unter den spezifischen Bedingungen des Menschseins. Man könnte auch sagen – obwohl Heidegger so nicht redet – Denken und Sein sind zwei Gesichtspunkte desselben. Jedenfalls ist es nicht seine Absicht, die Struktur dieser Beziehung zu analysieren, sondern er will das rechte Wort für diese Beziehung finden. Die dem Sein angemessene Sprache darf nicht vergegenständlichend sein, sondern sollte vielmehr den Ereignischarakter des Seins betonen.

2.4.3 Wittgenstein

Wie Nietzsche, ist auch Wittgenstein, der nie eine fachphilosophische Ausbildung absolviert hatte, ein leidenschaftlicher Dilettant und wie alle Dilettanten ist er von besonderer Radikalität. Aber vielleicht braucht die Philosophie von Zeit zu Zeit leidenschaftliche Dilettanten.

Sein Werk, das mehr eine lose Ansammlung von Aphorismen ist, besteht aus zwei Philosophien, die erste repräsentiert im Tractatus logico-philosophicus (= TLP), die zweite in den Philosophischen Untersuchungen (= PU), in denen er zwei völlig verschiedene (und extreme) Antworten auf dieselben Fragestellungen gibt.

Für den Tractatus gibt es einen Bestand an Gegenständen, der in allen möglichen Welten gleich ist. Diese Gegenstände sind einfach, nicht zusammengesetzt und folglich auch nicht weiter analysierbar. Die Gegenstände können aber Relationen untereinander eingehen und in diesen Relationen unterscheiden sich die möglichen Welten voneinander. Wir erfassen die Welt mittels der Sprache, wobei zwischen Denken und Sprache kein relevanter Unterschied besteht. Die Sprache besteht zunächst aus einer Menge von Elementarsätzen, das sind Sätze, die nicht weiter analysierbar sind (und weshalb man die Tractatus-Philosophie auch logischen Atomismus genannt hat). Aus den Elementarsätzen werden dann nach den Regeln der Logik (und, oder, nicht, wenn ... dann) weitere Sätze gebildet und die Wahrheit, bzw. Falschheit dieser zusammengesetzten Sätze ist nur von der Wahrheit oder Falschheit seiner Elementarsätze abhängig, wie es eben in der formalen Logik üblich ist. Jeder Satz der Sprache ist also entweder ein Elementarsatz oder er ist aus Elementarsätzen nach den Regeln der Logik zusammengesetzt. Vor allem aber ist die Sprache eine verkappte formale Logik. Man nennt solche Ansätze Philosophie der idealen Sprache und wundert sich gleichzeitig über so viel Naivität. Merkwürdigerweise hat Wittgenstein keinen einzigen Elementarsatz angegeben – natürlich deshalb, weil es diese Elementarsätze überhaupt nicht gibt, denn alles ist sowohl unmittelbar, als auch vermittelt – wie Hegel zu Recht sagt. Wann ist ein solcher Elementarsatz aber nun wahr? Die Logik kann das niemals entscheiden, denn die Logik kann immer nur die Wahrheit oder Falschheit von zusammengesetzten Sätzen bestimmen. Hier hilft nur die Empirie. Der Tractatus bietet nicht die geringste Möglichkeit, bestehende von nicht bestehenden Sachverhalten zu unterscheiden und das ist ein schwerwiegender Mangel der Tractatus-Philosophie. Der logische Raum ist gegenüber dieser Unterscheidung völlig indifferent.

Sprache ist ein Bild der bestehenden, bzw. nicht bestehenden Tatsachen. Wittgenstein vergleicht die Sprache mit einer Partitur, d.h.mit der Notenschrift, die ja auch irgendwie die Musik abbildet. So wie die Noten die Töne bezeichnen, so bezeichnen die Namen die Gegenstände der Welt. Die Welt ist aber nicht bloß eine Ansammlung von Gegenständen. Die Gegenstände müssen noch in bestimmten Relationen stehen. Aber während es eine 1:1-Abbildung von Gegenständen und Namen gibt, gibt es keine solche Abbildung bei den Relationen, sondern nur eine Strukturgleichheit. Bei der Notenschrift ist es ja auch so. Die Struktur zwischen den Namen ist die Logik. Und dieselbe Struktur muss dann wohl auch in der Welt vorliegen: Die Welt ist also logisch. Aber hier gibt es einen weiteren unklaren Punkt: Um zu erkennen, ob eine Aussage wahr ist, muss sie mit der Wirklichkeit verglichen werden (TLP 2.223), wie soll das aber gehen, wenn die Sprache die Grenze meiner Welt ist (TLP 5.6) und ich diese Grenze nicht überschreiten kann?

Die Aufgabe der Philosophie ist es einzig, diese logische Struktur der Sätze aufzudecken (TLP 4.112) und hat man diese manchmal verborgene logische Struktur erkannt, gibt es keine weiteren philosophischen Probleme mehr. Ob allerdings ein sinnvoller Satz wahr oder falsch ist, das kann allein die Empirie, Wittgenstein sagt, die Naturwissenschaft, entscheiden, da ja die Logik nur Tautologien liefert. Alle sinnvollen Sätze und das sind wie gesagt, alle Sätze der Naturwissenschaft, sind Bilder der Wirklichkeit, Sätze der Philosophie sind dies aber augenscheinlich nicht, man kann höchstens sagen, sie seien Sätze über die Wirklichkeit. Damit sind alle Sätze der Philosophie und natürlich auch alle Sätze des Tractatus sinnlos. An den Sätzen der Naturwissenschaft zeigt sich ihr Verhältnis zur Wirklichkeit, ihre logische Struktur sowie die logische Struktur der Wirklichkeit. Das, was sich da zeigt, ist das philosophisch Interessante, aber es auszusagen ergibt sinnlose Sätze, wie etwa alle Sätze des Tractatus. Alles, was der Philosoph tun kann, ist, Sätze auf ihre logische Struktur hin zu analysieren. Aber es ist doch offenbar mit Sinn möglich, das, was sich zeigt, auch auszusagen, das bezeugt doch der Tractatus selbst.

Radikal, wie Wittgenstein nun einmal war, hat er die Tractatus-Philosophie späterhin einer radikalen Kritik unterzogen – mit nicht weniger radikalen Resultaten. Seine (berechtigte) Kritik bezieht sich insbesondere auf den logischen Atomismus und die Philosophie der idealen Sprache des Tractatus. Sie werden aufgegeben zugunsten einer radikalisierten Philosophie der normalen Sprache. Seine seltsame und sicher absurde Auffassung über die Philosophie hat er dagegen zwar anders akzentuiert, aber im Wesentlichen beibehalten.

Plakativ könnte man Wittgensteins Spätphilosophie so zusammenfassen: Es gibt nur Sprache – keine Dinge, keine Tatsachen, alles ist Sprache. Das klingt nach Idealismus, nur eben ist hier nicht alles Denken oder Geist, sondern Sprache. Wenn man sich erst einmal von allen realistischen Vorurteilen befreit hat, die das größte Hindernis sind, diese These zu verstehen, bleibt noch ein Einwand: Wörter und Sätze haben doch eine Bedeutung, mit ihnen meinen wir doch etwas, gerade so funktioniert doch Sprache, wir beziehen uns mit Sprache auf eine außersprachliche Realität. Dieses Argument muss Wittgenstein aus der Welt schaffen. Dazu hat er zunächst den treffenden Begriff des Sprachspiels eingeführt. Ein Sprachspiel ist ein Bezirk von Wörtern und Sätzen mit einer einheitlichen Bedeutung. Wittgenstein will damit sagen, dass die Sprache durch ihren intersubjektiven Gebrauch ihre Bedeutung erlangt. Die Bedeutung eines Wortes ist sein Gebrauch und der Gebrauch ist abhängig von dem Sprachspiel, in dem es gerade gebraucht wird. Diese Lösung scheint plausibel, insbesondere wenn man bedenkt, dass die Vorstellung einer Bedeutung ohnehin mit unlösbaren Schwierigkeiten verbunden ist. Die Vorstellung, ein Wort besitze eine Kraft, sich auf ein Ding, womöglich gar auf ein reales Ding, auszurichten, die sogenannte Intentionalität, ist ohnehin nur ein Märchen. Da erscheint ist durchaus plausibel, das, was wir Bedeutung nennen, als den allgemein üblichen Gebrauch zu verstehen. Wenn man aber das Konzept der Intentionalität (zu Recht) verwirft, ist das Problem der Bedeutung noch nicht aus der Welt, denn wenn wir ein Wort hören, z.B. Bahnhof, dann assoziieren wir doch einen realen Bahnhof. Das ist richtig, aber es ist eben nur eine Assoziation und keine Bedeutung (PU 139ff, 332). Dies wirft aber die Frage auf, welche Beziehung die Sprache zum Denken hat. Normalerweise würde man doch sagen, das Denken sei der Sprache gegenüber vorrangig, Sprache ist höchstens ein Produkt des Denkens. Natürlich bestreitet Wittgenstein nicht die Existenz des Denkens, er scheint aber der Meinung zu sein, Sprache sei zumindest kein Produkt des Denkens, sondern eine ursprüngliche Fertigkeit, die auf keine andere reduzierbar ist (PU 25). Ob dies aber tatsächlich so ist, ist keine Frage der Philosophie und hätte erst die Psychologie zu entscheiden.

Wittgenstein hat noch ein anderes Konzept, das Problem der Bedeutung zu lösen. Wenn wir etwa eine Aussage über Sokrates treffen, dann ist der leibhaftige Sokrates nicht die Bedeutung des Wortes Sokrates, sondern sein Träger (PU 40). Aber es scheint, hier wird ein Problem nur durch ein neues ersetzt, denn das Wort Träger ist um keinen Deut klarer als das Wort Bedeutung.

Allerdings ist es keineswegs unproblematisch, von *der* Sprache zu reden. Wittgenstein wird nämlich nicht müde, einzuschärfen, dass Sprache so vielfältig ist, dass es kein gemeinsamen Wesen aller sprachlichen Äußerungen, d.h. kein Allgemeines gibt, so dass man berechtigt wäre, vom Begriff der Sprache zu reden. Wittgenstein hat für derartige Phänomene den Namen Familienähnlichkeit erfunden. Er meint, damit etwas gefunden zu haben, das allgemeiner ist als jeder Begriff, das man aber dennoch unter einem gemeinsamen Namen zusammen zu fassen berechtigt ist. Es ist ein Gemeinsames, aber kein Allgemeines, sondern das Gemeinsame ist ein Netz von Ähnlichkeiten (PU 66). Ob es dergleichen wirklich gibt ist schwer zu entscheiden, zumal Wittgenstein bei weitem nicht genug getan hat, dieses neue Konzept aufzuklären. Das Konzept der Familienähnlichkeit ist klarerweise gegen den Tractatus gerichtet, der sich ja durch eine besonders starre und einseitige Sprachkonzeption auszeichnete. Vermutlich hat er aber wieder einmal das Kind mit dem Bade ausgeschüttet. Jedenfalls scheint man in den Philosophischen Untersuchungen problemlos von einem Begriff der Sprache reden zu können.

Sprache ist also die einzige Realität. Man hat weiterhin den Einwand erhoben, Wittgenstein könne mit seinem Ansatz nicht mehr zwischen Realität und bloßer Vorstellung unterscheiden. Aber dieser Einwand ist nicht richtig. Natürlich gibt es auch für Wittgenstein weiße, aber keine grünen Schwäne. Unser Sprachspiel gebraucht weiße Schwäne eben anders als grüne Schwäne und die Reflexion nennt diesen einen Gebrauch Realität. Existenz ist eine Frage des jeweiligen Sprachspiels. Genauso verhält es sich auch mit der Wahrheit: Wahrheit ist Sprachkonvention. Aber warum hat die Sprache denn gerade jenen Wahrheitsbegriff ausgewählt und keinen anderen? Diese Frage ist für Wittgenstein sinnlos .

Wittgenstein ist ohnehin schnell bei der Hand, sinnvolle Fragen für sinnlos zu erklären. Die Sprache spricht (das sagt auch Heidegger) und es gibt keinerlei Sinn, darauf zu reflektieren und sich zu fragen, warum sie es so und nicht anders tut. Der Philosoph kann nichts anderes tun, als das Sprachspiel zu beobachten. Tut er dies nicht, entstehen sinnlose Sätze. Die gesamte Geschichte der Philosophie ist nicht viel mehr als eine Ansammlung solch sinnloser Sätze. Philosophie zieht ihr Kapital aus sprachlichen Fehldeutungen und hat die kritische Aufgabe, ihre Fehldeutungen richtig zu stellen. Man löst überhaupt alle philosophischen Probleme, wenn man nur darauf achtet, wie die Sprache spricht und d.h genauer, indem man den Wortgebrauch analysiert.

Aber gerade damit entstehen Probleme. Die Sprachanalyse verfügt über keinerlei Kriterien, d.h. man kann nie entscheiden, ob eine Analyse richtig oder falsch war. Zwar unterscheidet Wittgenstein zwischen Oberflächen- und Tiefengrammatik und behauptet, nur die Tiefengrammatik liefere die zutreffenden Analysen, aber diese Unterscheidung ist genauso ein Märchen, wie die Elementarsätze des Tractatus. Wie soll man denn die sprachliche Oberflächen- von der Tiefenstruktur unterscheiden können, wenn nicht durch eine Instanz, die jenseits der Sprache liegt, also etwa dem Denken?

Sprachspiele darf man angeblich nicht hinterfragen. Wissenschaften generieren oft ihre eigene Sprache, d.h. schaffen ihr eigenes Sprachspiel. Sie tun dies aber mit Gründen und das deutet darauf hin, dass das Denken eben doch der Sprache vorgeordnet ist. Die Physik etwa erzeugt ihr Sprachspiel, indem sie den Gebrauch der Ausdrücke Kraft, Impuls, Energie usw. regelt und ihre Begriffe haben nur entfernte Entsprechungen in der Normalsprache. Hier scheint man doch sagen zu können: Das Denken erzeugt dieses Sprachspiel. Das Sprachspiel ist also keineswegs die letzte ontologische Instanz. Es scheint sich also doch so zu verhalten, dass Sprache ein Produkt des Denkens ist, dass aber die Sprache auf das Denken zurückwirkt und es seinerseits bestimmt, was man spätestens seit Wilhelm von Humboldt weiß.

2.5 Die Metaphysik in ihrer Geschichte

Bei einem ersten Blick in die Geschichte der Philosophie fällt sofort eine verwirrende Vielfalt der Lehrmeinungen auf und man fragt sich unwillkürlich: Wer hat denn nun eigentlich recht? Weiter fällt aber auch auf, dass ausnahmslos alle Philosophen, wenn sie nur etwas mehr als ein paar Banalitäten zu sagen haben, ungerechtfertigte und falsche Schlüsse ziehen, wenn es also auf Argumente ankäme, kein einziger Recht hätte. Schließlich muss auch das Verhältnis der Philosophie zu den Wissenschaften auffallen. Den Wissenschaften ist es gelungen, weitgehend stabile Lehrgebäude zu errichten – im Gegensatz zur Philosophie. Gleichwohl kann man durchaus von einem Fortschritt in der Philosophie sprechen. So war etwa die Substanzmetaphysik des Aristoteles sicher ein großer Fortschritt in der Philosophie und ihr Erfolg bestätigt diese Einschätzung, aber es wäre hoffnungslos naiv, würde man heute glauben, die Welt sei von Substanzen bevölkert.

Natürlich könnte man diese Diagnose für übertrieben, wenn nicht gar falsch halten, denn es gibt Strömungen, die die Philosophie als eine Wissenschaft ansehen und man kann die Geschichte der Philosophie auch so schreiben, als ob sie stets auf dem Weg zu ihrer Verwissenschaftlichung gewesen sei, die dann auch heutzutage glücklich erreicht wurde. Gegen diese Auffassung wäre es sachfremd einzuwenden, man tue der Geschichte der Philosophie damit doch zu viel Gewalt an. Man kann gegen diese Strömungen nur einwenden und das allein ist überzeugend, ihre Resultate seien uninteressant, unreflektiert und platt. Sinnvoller ist es darum, den Schluss zu ziehen: Philosophie ist keine Wissenschaft.

Eine Wissenschaft untersucht einen Gegenstand mit einer Methode und erzeugt eine konsistente Theorie. Aber der Gegenstand der Philosophie ist *alles*, also auch sie selbst. Das heißt aber so viel wie, sie hat keinen Gegenstand. Damit hat sie aber auch keine Methode, denn auch ihre Methode ist ihr Gegenstand. Sie muss auch keine Theorie sein, obwohl sie über Theorien reflektiert. Ist die Philosophie dann vielleicht ihre Zeit in Gedanken erfasst (Hegel), oder etwas allgemeiner, unterliegt sie dem Geschick des Seins (Heidegger)? Für diese These gibt es jedenfalls starke Evidenzen. Und auch sie würde im Übrigen einen Fortschritt in der Philosophie gibt keinesfalls ausschließen.

Die Philosophie wurde hier in vier Epochen geteilt und es ist wirklich auffallend, wie gut diese Epochen mit der gesellschaftlichen Entwicklung korrespondieren. Man kann zwanglos die Geschichte der Gesellschaft in vier Epochen teilen, in die antike Gesellschaft, die der Marxismus Sklavenhaltergesellschaft nennt, die Feudalgesellschaft des Mittelalters, die sogenannte bürgerliche Gesellschaft und die moderne Industriegesellschaft. Stellt man die allen historischen Wahrheiten notwendig anhaftenden Ungenauigkeiten in Rechnung, korrespondieren beide Entwicklungen doch erstaunlich gut. Das ist ein Argument für Hegels These, die Philosophie sei ihre Zeit in Gedanken erfasst.

Man muss Hegels Auffassung über die Geschichte der Philosophie nicht teilen, aber er scheint doch wenigstens insofern recht zu haben, als die Menschen auf jeweils verschiedene Weisen in der Welt sind und diese Weisen in der Welt zu sein oder Welt zu haben, hat die Philosophie ins Bewusstsein erhoben. Welt ist das, in dem wir leben und das uns insofern (aber nur insofern) gegenübersteht. Leitfrage scheint dabei immer zu sein, wie Welt Wahrheit besitzen kann. Philosophie ist also keine Theorie, im Gegensatz zu den Wissenschaften, sondern Beschreibung und Analyse von Welt nur insofern sie ist, unseres Haben von Welt und unsres Seins in der Welt, wohlwissend aber, dass es sich hier nicht um einen ein für allemal bestehenden Sachverhalt handelt, sondern von Gesellschaft, Kultur und Geschichte abhängt. Aber natürlich auch von Anatomie und Physiologie des Menschen. Andere Lebewesen werden sicher einen anderen Weltbezug, und das heißt eine andere Vernunft haben.

Nun scheint es aber diesen Geist der Zeit heute nicht mehr zu geben. Es gibt kein allgemein verbindliches Bewusstsein – alles ist möglich. Der heutige Zustand des Bewusstseins ist seine Pluralität. Was ist dann die Philosophie? Die Menge aller Philosophien? Wenn der Zustand des Wissens seine Pluralität ist, dann bedeutet das nicht, der Zustand der Philosophie sei ihre Pluralität, sondern sie muss den Zustand der Pluralität begründen. Weiterhin ist natürlich auch jeder Philosoph Kind seiner Zeit – jener Zeit, die er auf den Begriff bringen soll. Er soll auf das reflektieren, was ihn produziert hat. Es wundert darum nicht, wenn viele Philosophen dies eher unbewusst getan haben. Moderne Philosophen haben es da leichter, denn das Fehlen eines allgemein verbindlichen Zeitgeists (was man sehr von den gerade herrschenden Moden zu unterscheiden hat) erleichtert die Reflexion auf die eigenen Bedingungen erheblich und lässt die Aufgabe der Philosophie klarer erscheinen.

In gewisser Weise könnte man vom Ende der Philosophie sprechen. Dieses Ende der Philosophie ist nichts anderes als die Inflation der Philosophien. Gegeben irgendeine philosophische These und man wird immer einen Philosophen finden, der diese These oder eine verwandte bereits vertreten hat. Es scheint, alles, was man sinnvoll äußern kann, ist bereits geäußert worden. Man muss nur noch aus einem gegebenem Material auswählen. Nun steht die Klage, es gebe nichts Neues unter der Sonne auch schon in der Bibel, ist also nicht gerade taufrisch. Gemeint ist aber: Wenn, wie heute, alles möglich ist, dann muss man nur lange genug warten, und alles ist wirklich. Falls das moderne Wissen aber exponentiell zunimmt, was offenbar der Fall zu sein scheint, dann muss man keineswegs noch lange warten, bis der Zustand der permanenten Hyperinflation des Wissens eintritt. In diesem Zustand kann man auch nicht mehr von einem Fortschritt im Wissen sprechen, denn der Fortschritt geschieht sozusagen in einem Augenblick. Und spätestens dann versteht man auch Nietzsches Ausruf „Ich will, ein für allemal, vieles *nicht* wissen."

Aus diesem Zustand, der keineswegs utopisch ist, ist es angebracht, für die Philosophie zwei Folgerungen zu ziehen:

1. Die endgültige Pluralität des Wissens, die auch keinen Fortschritt zulassen kann, ist positiv aufzunehmen. Eine Metaphysik muss selbst mehrere Metaphysiken zulassen können und die Ontologie muss die Vorstellung vom Sein abschaffen und trotzdem noch Ontologie bleiben. Das alles darf nicht auf dem Weg einer simplem Verallgemeinerung geschehen.

2. Jede Vernunft hat ihre eigene Metaphysik. Es gibt aber nicht die ein für alle-mal feststehende und allgemein verbindliche Vernunft, sondern es gibt so viele Metaphysiken, wie es Vernunfte (Plural!) gibt. Für jede Vernunft ist ihre Metaphysik zu beschreiben und zu analysieren und etwaige Beziehungen zu untersuchen. Und vielleicht zeigt sich in diesen Untersuchungen, dass es eben doch nur eine einzige Vernunft gibt.

3 Der Kanon der Metaphysik als Leitfaden zu ihrer Überwindung

Fast eine jede Wissenschaft kann sich eines Kanons erfreuen. Das ist ein Katalog von Fragen, Sätzen und Disziplinen, mit denen man Ordnung in einem sonst undurchdringlichen Gewirr von Problemen und Thesen gewinnt. Der Nutzen eines solchen Kanons oder Klassifikationsschemas ist kaum zu hoch zu schätzen, leitet er doch den Wissenschaftler wie von selbst zu den aktuellen Fragen. Der Kanon dient also der Entlastung. Andererseits präfiguriert er aber auch die Antworten. Er ist also nur da angebracht, wo sich eine Wissenschaft schon auf sicherem Gebiet befindet und ihren Kinderschuhen entwachsen ist.

Der neueren Philosophie ist dieses Glück eines Kanons bisher versagt geblieben. Ein jeder will hier das Rad neu erfinden und darum war auch ein Fortschritt bisher kaum möglich. Dabei gibt es in der Philosophie durchaus eine Reihe von Versuchen der Kanonisierung und man kann nicht einmal sagen, sie seien erfolglos geblieben. Die populärste Klassifikation der Philosophie ist sicher die aus der Stoa stammende in Logik, Physik und Ethik, an das sich bis zum heutigen Tag viele Einführungen und Darstellungen halten. Diese Einteilung ist aber zum Einen nur heuristisch, zum Andern allzu ungenau. Denn wenn etwa von Ethik die Rede ist, dann ist damit das ganze Gebiet der praktischen Philosophie gemeint. Und wenn Physik, dann gerade auch die Metaphysik. Weiterhin hat in dieser Einteilung die Ästhetik beim besten Willen keinen Platz, was auch nicht verwunderlich ist, denn eine Ästhetik gab es zur Zeit der Stoa noch nicht. Insgesamt dürfte diese Einteilung also kaum geeignet sein, die Philosophie sinnvoll zu klassifizieren.

Die Mathematik kennt eine Einteilung in reine und angewandte Mathematik, wobei man unter letzterer die Anwendung der eigenen Betrachtungsweise auf fremde Gegenstände versteht. Die reine Mathematik hat es mit Mengen und ihren Strukturen zu tun, die angewandte Mathematik ist dann die Mathematisierung irgendwelcher anderer Gegenstände.

Dieses Schema verspricht auch in der Philosophie Erfolg. Man kann sagen, das Objekt der Philosophie ist das Sein. Aber wie bei der Mathematik ist auch bei der Philosophie der wissenschaftliche Gegenstand mit einer eigentümlichen Betrachtungsweise verbunden, ja die Betrachtungsweise erzeugt ihren Gegenstand. In der Mathematik ist es die Menge, in der Philosophie, allgemein und unspezifisch gesprochen, das Sein. Diese jeweilige Betrachtungsweise kann in beiden Wissenschaften auf alles ausgedehnt werden und darin besteht die Universalität beider Wissenschaften. Diese eigentümliche Betrachtungsweise der Philosophie erzeugt eine Unterscheidung von reiner und angewandter Philosophie. Die reine Philosophie ist die Anwendung der philosophischen Betrachtungsweise auf das Sein (genauer: Die philosophische Betrachtungsweise lässt erst von Sein reden), die angewandte Philosophie auf alle anderen Gegenstände. Etwa auf die Geschichte, indem sie fragt 'Was ist Geschichte?' oder auf die Moral, indem sie fragt 'Was ist Moral?'. Insofern kann man sagen, alles sei Gegenstand der Philosophie.

Die reine oder auch theoretische Philosophie hat ebenfalls Einteilungen erfahren. So ist etwa eine Einteilung in Ontologie, Metaphysik und Logik nicht ungewöhnlich. Allerdings könnte man bei der Logik im Zweifel sein, ob es sich hier um eine Disziplin der reinen Philosophie oder gar der Philosophie handelt. Was man heute Logik nennt, ist meist die sogenannte formale Logik, die eine Disziplin der Mathematik ist. Die klassische Logik dagegen ist eine selbständige Wissenschaft. Daneben gibt es noch die Philosophie der Logik, die in die angewandte Philosophie zu rechnen ist. Man kann sich also auf eine Einteilung der reinen Philosophie in Ontologie und Metaphysik beschränken.

In der Bestimmung von Ontologie und Metaphysik kann man nur Aristoteles folgen: Der Gegenstand der Philosophie ist das Seiende, insofern es ist. Und zwar sowohl das ihm an sich zukommende, als auch seine ersten Ursachen (Met. Γ1). Die erstgenannte Spezifikation kann man als eine Bestimmung der Ontologie, die zweite als eine der Metaphysik auffassen. Allerdings ist die Unterscheidung von Ontologie und Metaphysik neueren Ursprungs, sie findet sich nirgends bei Aristoteles und man kann durchaus im Zweifel sein, ob sie sinnvoll und haltbar ist. Aber sie ist klassisch und genau darum soll sie hier beibehalten werden.

3.1 Ontologie

Die Ontologie hat seit dem ausgehenden Mittelalter eine gewisse Kanonisierung erfahren, die man heute noch bei katholisch geprägten Philosophen findet. Sie wurde in formale und materiale Ontologie geteilt und die formale Ontologie in die Kapitel: Seinsmomente, Seinsformen, Seinsweisen, Seinsmodi, Seinsgesetze und Transzendentalien. Auch wenn diese Einteilung sehr mittelalterlich, d.h. sehr katholisch anmutet, scheint sie doch auf den ersten Blick eine einigermaßen vollständige Klassifikation der wichtigsten Probleme der Ontologie zu sein und arbeitet man eine Ontologie nach diesem Schema ab, hat man sicher ihre wichtigsten Probleme angesprochen. Allerdings werden auch durch dieses Schema Fragen, Probleme und Antworten präfiguriert. Inwiefern dies nützlich oder schädlich ist, ist zu prüfen.

3.1.1 Formale Ontologie

Sein und Seiendes

Das Seiende ist der Begriff. Der Begriff ist seiend, weil er deutlich ist. Warum Begriff und Gegenstand dasselbe ist.

Wahrscheinlich ist von allem, was überhaupt gedacht werden kann, bereits einmal gesagt worden, es existiere, ja sogar, es existiere ausschließlich. Auch die These, alles, was existiert, ist Begriff und außer Begriffen gibt es nichts, was sonst noch existieren könnte, ist natürlich nicht neu. Sie ist bekannt unter dem Namen Idealismus. Allerdings ist sie heute gänzlich aus der Mode gekommen. Dies hat aber keine sachlichen, sondern allein ideologische Gründe, woran man wieder sieht, daß nicht nur im öffentlichen Leben, sondern auch in der Wissenschaft, Vorurteile mehr bedeuten als Argumente.

Allerdings liegen auch hier Probleme vor, die eine andere Art der Argumentation erfordern. Tatsächlich gibt es keine Argumente im Sinne von Herleitungen, die für oder gegen Idealismus oder Realismus angeführt werden könnten. Die Gründe dafür werden zu erörtern sein. Der Wahrheit muss man sich hier auf eine andere Art versichern. Die Wahrheit der einen oder anderen Theorie kann sich nur an deren Widerspruchsfreiheit bemessen. Realistische Theorien müßten also Widersprüche erzeugen oder undeutliche Vorstellungen enthalten. Das tun sie allerdings auch in solchem Maße, daß man sich fragen muss, warum man ihnen bisher den Vorzug gab – auch ein Beweis für die Wirkung von Ideologien.

Jeder würde sagen, es gibt Menschen, Bäume, Berge und Sterne. All diese Gegenstände könnte man sich aber auch bloß vorstellen. Von einem solchen vorgestellten Menschen wären wir sicher weniger bereit zu sagen, er existiere. Wir würden stattdessen wohl sagen, er existiere – aber nur in unserer Vorstellung. In einem etwas allgemeineren Sinn würden wir hier aber auch von Existenz reden können. Wie verhält es sich aber zum Dritten mit dergleichen wie der größten Primzahl? Diese Zahl gibt es nicht. Man kann aber insofern sinnvoll über diese Zahl reden, als die anderen verstehen, was damit gemeint ist. Und weil man sinnvoll über die größte Primzahl reden kann, von der man z.B. mit Sinn sagen kann, daß es sie nicht gibt, gibt es doch die größte Primzahl in gewisser Weise.

Man hätte damit also mindestens drei Arten gefunden, über Sein zu reden und so gesehen hatte Aristoteles völlig recht, als er behauptete, Sein habe verschiedene Bedeutungen. Ein solches Resultat ist zwar nicht tragisch, aber doch lästig, weil hier verschiedene Begriffe mit einem einzigen Wort belegt werden. Wenn man sich aber entscheidet, einen Seinsbegriff zu benutzen, dann muss dieser die vielfachen Bedeutungen dieses Begriffs berücksichtigen. Man könnte dazu das allen Seinsbegriffen Gemeinsame aufsuchen, man könnte aber auch die Voraussetzung benennen, auf Grund deren es uns erst möglich ist, von einem Sein – in welcher Bedeutung auch immer – zu reden.

Betrachtet man das Gemeinsame aller Seinsbegriffe, dann kann man sagen: A ist (oder A existiert) genau dann, wenn es ein System B gibt, dessen Teil es ist. Sein heißt also, Bestandteil von etwas zu sein. Von Sein zu reden hat also nur dann Sinn, wenn man das System angeben kann, bezüglich dessen etwas seiend ist. (Man wird unschwer bemerken, daß dies nichts anderes als Quines Ontologiekriterium ist). Aber hierbei handelt es sich nur um eine Strukturaussage, nicht um eine Bestimmung. Diese Erklärung hätte ja ersichtlich die Schwierigkeit, daß das System, bezüglich dessen allein etwas seiend genannt werden kann, selbst in gewisser Weise seiend – wenn auch vielleicht in anderer – genannt werden können muss. Eine Erklärung dagegen müßte das Sein auf etwas anderes reduzieren, etwas, von dem es keinen Sinn macht, Sein oder Nichtsein von ihm auszusagen.

Versucht man eine solche Erklärung, hat man zunächst zu beachten, daß die drei bisher identifizierten Bedeutungen von Sein nicht voneinander unabhängig sind. Was im zweiten Sinn seiend ist, das ist sicher auch im ersten Sinn seiend, aber nicht umgekehrt. Und was im dritten Sinn seiend ist, das ist sicher auch im ersten und zweiten Sinn seiend, aber nicht umgekehrt. In seiner dritten Bedeutung ist etwas darum seiend, weil man sinnvoll darüber reden kann, wie man am Beispiel der größten Primzahl sieht. Dies ist zugleich die allgemeinste Bedeutung von Sein. Was ist aber die Voraussetzung, auf Grund der man über etwas sinnvoll reden kann? Man kann darum über etwas sinnvoll reden, weil es eine deutliche Vorstellung ist. Und darum kann man sagen: Etwas ist genau dann seiend, wenn es deutlich ist. In dieser Bedeutung existiert also auch die größte Primzahl; daß diese Begriffsbildung aber widersprüchlich ist, ist an dieser Stelle noch nicht von Belang und berührt auch nicht seine Existenz.

Deutlich ist etwas dann, wenn es sich von allem anderen unterscheiden lässt. Ein viereckiger Kreis ist mithin eine deutliche, die schönste Frau der Welt dagegen eine undeutliche Vorstellung. Deutliche Vorstellungen nennt man auch Begriffe. Das bedeutet: Sein ist begriffliche Bestimmtheit, oder: Etwas existiert darum, weil es Begriff ist.

Handelt es sich hier um eine Nominal– oder um eine Realdefinition? Natürlich kann man jeden Begriff nach Belieben definieren, so lange mit anderen Begriffen keine Widersprüche auftreten. Definiens und Definiendum sind eben identisch und es ist schon unpassend, sie verschieden zu bezeichnen. Andererseits verbindet man mit dem Wort Sein doch gewisse Intentionen, man *meint* etwas, das man durch die Begriffsbildung deutlich machen will. Man hat ein Seinsverständnis und die Definition des Seins will das Seinsverständnis klären und damit auf den Begriff bringen. Selbstverständlich wird man, wenn man das Sein definieren möchte, keine übergeordnete Gattung angeben können, weil diese Gattung ja seiend sein müßte. Was in gewöhnlichen Definitionen die Gattung ist, das ist hier nur die Beschreibung der konstituierenden Elemente des Seins, was hier Bestimmtheit genannt wurde und was nichts als ein zusammenfassender Ausdruck für Deutlichkeit ist. Der Zusatz 'begrifflich' bedeutet, daß es sich beim Sein um eine Bestimmtheit handelt, die von einer *Vorstellung* herrührt. Seiendes entsteht, wenn Vorstellungen deutlich werden und auf keine andere Weise. Bevor diese These gegen mögliche Einwände verteidigt werden kann, müssen zunächst einige Folgerungen erwähnt werden.

Weil Begriffe deutliche Vorstellungen sind, müssen sie – jedenfalls im Prinzip – definierbar sein. Definitionen erfolgen traditionsgemäß durch Gattung und Differenz, es sind aber auch andere Definitionsarten denkbar, etwa die Definition durch Rekursion, wie sie in der Mathematik nicht ungewöhnlich ist. Ziel der Definition, gleichgültig, wie sie vorgenommen wird, ist immer die deutliche Vorstellung des Definiendums.

Ein Existenzkriterium gibt es nicht. Das ist ein Verfahren, das man nur mechanisch auf eine Vorstellung anzuwenden bräuchte, um zweifelsfrei entscheiden zu können, ob sie ein Begriff ist oder nicht. Aber das ändert nichts an der Erkenntnis: Das Seiende ist der Begriff. Er ist es insofern, als er von anderen Begriffen wohlunterschieden ist. Unerheblich ist an dieser Stelle aber noch, ob er widersprüchlich ist oder nicht.

Wieviel Seiendes gibt es? Diese Frage macht nur dann Sinn, wenn jedes Seiende vom anderen wohlunterschieden ist, aber so wurde das Seiende ja gerade definiert. Betrachtet man irgendein Seiendes, z.B. ein Buch, dann kann man es in Gedanken beständig teilen und die so gewonnenen Teile sind wohlunterschieden. Würde man durch fortwährendes Teilen schließlich zu den Elementarteilchen gelangen, könnte man selbst diese in Gedanken teilen. Es gibt also mindestens überabzählbar viel Seiendes. Das steht im Widerspruch zu dem berühmten Ausspruch Ockhams: Entia non sunt multiplicanda praeter necessitatem. Man soll nicht mehr Seiendes annehmen als nötig. Ganz im Gegenteil: Man soll so viel Seiendes annehmen wie möglich. Nämlich all das, was deutlich gedacht werden kann.

Was man deutlich denken kann, das ist Begriff und insofern ein Begriff von allen anderen Begriffen unterschieden und damit getrennt ist, kann man ihn mit Sinn auch Gegenstand nennen. Der Begriff des Roten etwa ist von allen anderen Begriffen unterschieden, also ist er doch ein Gegenstand. Etwas ist darum ein Gegenstand, insofern es deutlich ist. Jeder Begriff ist also Gegenstand. Ontologisch betrachtet gibt es keinen relevanten Unterschied zwischen Gegenstand und Begriff. Der Begriff ist die deutliche Vorstellung, der Gegenstand ist der Begriff, *insofern* er deutlich ist. Dieser Gedanke wird vielen befremdlich erscheinen, da man unter einem Gegenstand doch etwas versteht, das uns gegenübersteht, das man anfassen kann und das uns Widerstand entgegensetzt, das also in irgendeiner Form real ist. Sucht man aber einmal den Gegenstand auf seine wesentliche Bestimmung zu reduzieren, mithin das anzugeben, worin seine Gegenständlichkeit besteht, dann wird man erkennen, daß er ein Etwas ist, das von allen anderen unterscheidbar ist. Die Gegenständlichkeit ist also ein *Aspekt* des Begriffs. Ob diese Gegenstände in mir, außer mir oder sonstwo existieren, bleibt dagegen an dieser Stelle noch unerörtert.

Den Begriff kann man zunächst auf folgende Art mit einer Menge vergleichen: Durch die Empfindung sind einfache Qualitäten gegeben, z.B. Farben oder Gerüche. Sofern diese Empfindungen deutlich gegeben sind, sind sie Begriffe. Aus diesen elementaren Begriffen oder Qualitäten kann man neue Begriffe bilden, indem man bestimmte Qualitäten zusammenfaßt. Etwa könnte ein Apfel aus den Qualitäten kugelförmig und grün bestehen. Solche Zusammenfassungen, die neue Begriffe darstellen, sind Mengen, weil sie aus nichts anderem als aus ihren Teilen bestehen. Nichts weiter muss hinzukommen, um aus verschiedenen Begriffen einen neuen Begriff zu erzeugen – es ist nur ein einfaches Zusammenfassen. Dies begreift man im Begriff der Menge. Gegeben nun alle elementaren Begriffe, dann kann man sämtliche Begriffe erzeugen, indem man alle Zusammenfassungen von Begriffen bildet, die mit diesen Begriffen möglich sind (in der Mathematik nennt man diese Konstruktion die Potenzmenge). Umgekehrt sind zu einem gegebenen Begriff alle seine Teilmengen ebenfalls Begriff. Das scheint zu bedeuten, die Welt bestehe aus elementaren und zusammengesetzten Begriffen. Daran ist richtig, daß es Begriffe gibt, die nicht in weitere Begriffe als ihre Teile zerlegbar sind.

Die ursprüngliche These ist mithin so zu modifizieren: Die Menge ist kein *Modell* des Begriffs, sondern der Begriff *ist* eine Menge. Ebenso ist *jede* Menge ein Begriff. Zwischen Menge und Begriff besteht nur der beiläufige Unterschied, daß wir die Begriffe meist mit einem Wort versehen. Ein Wort ist ein Merkzeichen, das uns die Handhabung eines Begriffs erleichtern soll. Die Mathematik unterscheidet weiter zwischen Element und Menge. Diese Terminologie dient aber nur einer ad–hoc–Unterscheidung zwischen einem Ganzen und seinen Teilen. Nichts ist *von Natur aus* Element und nichts *von Natur* Menge, sondern die Teile einer Menge heißen Elemente und eine Zusammenfassung von Elementen heißt Menge. Doch beide, Element und Menge, sind Begriffe und nichts als Begriffe. Was sollten auch die Teile des Begriffs anderes sein als ebenfalls Denkinhalt, mithin ebenfalls Begriff? Es gibt natürlich Fälle, in denen ein Begriff nicht in weitere Qualitäten als seine Teile zerlegbar ist, dies ist etwa bei einfachen Farbqualitäten der Fall. Aber diese elementaren Farbqualitäten sind ebenfalls Begriffe, da sie doch deutlich sind. Menge und Element unterscheiden sich allein in einem Akt der Zusammenfassung. Ein und dasselbe Objekt kann in einem Zusammenhang Menge, in einem anderen Zusammenhang Element sein, in jedem Fall sind sie aber Begriff.

Nun weiß aber jeder, daß die unbeschränkte Mengenbildung, wie sie hier zur Begriffsbildung geübt wird, zu Aporien führt. Spricht das gegen die Identifikation von Begriff und Menge? Oder gegen die These vom Sein als begriffliche Bestimmtheit? Weder das eine, noch das andere. Es bedeutet nur, daß man das Denken und damit die Philosophie nicht axiomatisieren kann. Die Aporien der Mengenlehre und Logik haben einen gemeinsamen Ursprung. Sie entspringen stets einer Selbstanwendung. Dies liegt nicht an einer vielleicht nur unklaren Sache, sondern liegt in der Natur unseres Denkens. Unser Denken kann sich auf sich selbst anwenden, es kann über das Denken denken, kurz: es kann reflektieren. Diese Eigenschaft unseres Denkens ist es, die die Aporien in Mengenlehre und Logik erzeugt. In der Mathematik hat man darum kunstvolle Konstruktionen ersonnen (die sogenannte axiomatische Mengenlehre), mit der Absicht, diese Aporien zu vermeiden. Die Probleme, die bei einer solchen Axiomatisierung der Mengenlehre entstehen sind bekannt und sie zu erörtern ist hier nicht der Ort. Die Philosophie kann aber diesen Weg der Axiomatisierung nicht beschreiten, weil eine Axiomatisierung ja die Möglichkeiten des

Denkens künstlich einschränkt. Man würde sich auf den Teil der Realität beschränken, der die wenigsten Schwierigkeiten macht und die Reflexion sozusagen verbieten, weil sie gelegentlich Probleme bereitet. Man würde sich künstlich eine problemfreie Welt schaffen. Aber die Welt ist eine Schöpfung unseres Denkens und unser Denken steht nicht in unserem Belieben. Wir können uns nicht durch eine Axiomatisierung unseres Denkens die Welt schaffen, die uns gerade genehm ist. Im Übrigen hat man ja selbst in der Mathematik gelernt, mit den Aporien der Mengenlehre zu leben, weil die gefährlichen Fälle von Selbstanwendung zu selten auftreten, um den Gang der Mathematik ernsthaft behindern zu können. Man treibt naive Mengenlehre, d.i. eine Mengenlehre, wie sie für die einzelnen Disziplinen der Mathematik von Nutzen ist und vernachlässigt etwaige Aporien. Man vernachlässigt damit das Problem der Widerspruchsfreiheit der Mathematik und kümmert sich statt dessen um die Widerspruchsfreiheit der einzelnen Disziplinen der Mathematik. Die Widerspruchsfreiheit wird also als ein lokales Problem betrachtet.

Diese hier vorgestellte Theorie ist natürlich vom sogenannten gesunden Menschenverstand so weit entfernt, daß sie Widerspruch geradezu provoziert. Die folgenden Seiten sind darum ausschließlich mit der Erläuterung und Verteidigung dieser These befaßt. Ein neuer Gedankengang wird erst in 2.1.5 auftreten.

Ein erster Einwand: Was man deutlich empfindet, wird ein anderer keineswegs als ebenso deutlich empfinden. Zwar besteht weitgehende Übereinstimmung in dem, was deutlich ist, aber eben keine vollständige Übereinstimmung. Das ist richtig, aber es ist kein Einwand. Es bedeutet nur: Sein ist eine Funktion des Denkens.

Auch folgender Einwand wäre denkbar: Wenn Sein eine Funktion unseres Denkens ist, dann könnte man die vorgestellte Theorie sicher subjektivistisch nennen. Vom Sein erwarten wir aber Objektivität, schließlich hat es doch etwas mit Realität, Wirklichkeit oder Gegenständen zu tun. Aber das ist kein Einwand, sondern nur ein Vorwurf. Tatsächlich sind etwaige Fragen nach Realität oder Gegenständlichkeit an dieser Stelle noch völlig fehl am Platz. Das ist es gerade, was man der klassischen Metaphysik und nahezu allen Ansätzen der Ontologie und Metaphysik immer wieder vorwerfen muss: Sie unterscheiden nicht zwischen Sein und Wirklichkeit und versuchen ständig Existenz als Existenz in Raum und Zeit mißzuverstehen. Es ist wie eine Sucht, die sie immer wieder zu dieser Vorstellung hintreibt. Aus dieser Vermischung resultieren all ihre Unklarheiten und Aporien. Stattdessen wird man in der Folge stets Anlaß haben, Existenz und Wirklichkeit zu unterscheiden.

Ein weiterer Einwand: Jeder kennt das geflügelte Pferd Pegasus. Nach der hier vorgestellten Theorie existiert Pegasus, da er doch deutlich gedacht werden kann. Ob Pegasus dagegen wirklich ist, ist eine gänzlich andere Frage und die endlosen Diskussionen, die schon um dieses Thema geführt wurden, kamen meist deshalb zu keinem Ergebnis, weil man nicht sorgfältig zwischen Existenz, Wirklichkeit und Existenz in Raum und Zeit unterschied. Die Frage ist an dieser Stelle aber: Was existiert? Pegasus oder der Begriff von Pegasus? Nimmt man das Wort Existenz im hier bestimmten Sinn, dann besteht zwischen Pegasus und dem Begriff von Pegasus kein Unterschied und die Frage war folglich sinnlos. Die Frage aber, *wo* dieser

Pegasus existiert, die die klassische Metaphysik immer mit einmischt, ist an dieser Stelle noch nicht relevant (wobei zuerst noch zu klären wäre, was diese Frage eigentlich bedeutet). Man entgegne also nicht: Pegasus ist als raum-zeitliches Wesen wenigstens intendiert, sein Begriff dagegen existiert nicht in Raum und Zeit, sondern nur in unseren Köpfen. Dies wäre kein ontologisch relevanter Unterschied. Zum anderen entbehrt die gegebene Antwort auch jeder Deutlichkeit, denn was heißt es denn, wenn man sagt, der Begriff sei *im* Kopf oder *im* Geist? Alles, was es gibt, sind Begriffe und darüberhinaus gibt es schlechthin nichts.

Natürlich nehmen wird es mit der Existenz nicht immer so genau, sie ist oft genug eine uneingelöste Forderung. Jeder benutzt immer wieder solche Vorstellungen, die als Begriffe unterstellt werden. Ihrer suggestiven Wirkung kann sich keiner entziehen. Dies liegt daran, daß unser Denken interessegeleitet ist. Deutlichkeit ist weniger eine Eigenschaft unserer Vorstellungen, als vielmehr eine Forderung unseres Denkens. Wir *wollen* Vorstellungen deutlich machen, wir *wollen* alles zur Existenz bringen.

An dieses Argument schließt sich ein gewichtiger Einwand an: Es wurde gesagt, Begriffe sind deutliche Vorstellungen, damit ist Denken ein Bilden und Kombinieren von Begriffen. Dies ist aber höchstens idealtypisch richtig und entspricht nicht der Realität. In Wahrheit denkt niemand so. Dieser Einwand ist nicht ganz von der Hand zu weisen. Man könnte sich eine Philosophie denken, die auf genau diesen Umstand reflektiert und die Philosophie Diltheys ist wohl einer der ersten und bedeutendsten dieser Versuche. Indessen sind beide Philosophien möglich und bilden keinen Widerspruch. Die eine findet ihre Ergänzung in der anderen. Es handelt sich also nicht um einen Einwand, sondern um einen Hinweis auf etwas, das hier keine Berücksichtigung finden soll, was aber zu einer vollständigen Erörterung zu gehören hätte. Sollte aber ein Einwand gemeint sein, wäre zu erwidern: Wenn hier nicht die reale Vorstellung, sondern der idealtypische Begriff betrachtet wird, dann ist das nicht bloß gängige, sondern vor allem notwendige wissenschaftliche Praxis. Erst die idealtypische Betrachtungsweise scheidet das Wesentliche vom Nebensächlichen, sie schafft Ordnung in einem sonst undurchdringlichen Gewirr von Fakten und erklärt die *ganze* Realität aus wenigen Konzepten. Dies tut sie darum, weil sie im Prinzip immer zu einer vollständigen Beschreibung erweiterbar ist, denn die Prinzipien der idealtypischen Beschreibung sind keine anderen als die der vollständigen Beschreibung. Auf genau diese Weise beschreibt etwa die Physik nicht die reale Bewegung der Erde um die Sonne, sondern die idealtypische, wie sie dem Gravitationsgesetz gehorcht. Die reale Erdbahn ist dagegen eine Störung der idealtypischen, doch lässt sich diese mit denselben Gesetzen beschreiben, mit denen auch die idealtypische Beschreibung der Erdbahn gelingt. Das ist nur eine Frage der Komplexität und die Wahl der Komplexität hängt von dem zu lösenden Problem ab. In der Philosophie kann man in gleicher Weise eine idealtypische von einer realistischen Ontologie unterscheiden und das Verhältnis beider ist kein anderes als das bereits in der Physik beschriebene. Allerdings wird dies durch einen besonderen Umstand verdunkelt. Die übergroße Komplexität einer solchen realistischen Ontologie verlangt eine gänzlich andere Methode als es einer idealtypischen Ontologie angemessen wäre. Nur darum entsteht der Anschein einer anderen und konkurrierenden Art von Philosophie.

Die hier vorgestellte Theorie erlaubt auch eine Antwort auf die Frage Warum existiert überhaupt etwas? Es gibt etwas, weil wir deutlich denken können und dies meist auch tun. Aber die Frage von Leibniz war ja etwas pointierter: Warum existiert *eher* etwas als nichts? Wir denken nicht nur deutlich, wir wollen es sogar. Alles, was uns begegnet, suchen wir uns deutlich zu machen und wir dulden es nicht, wenn uns etwas undeutlich bleibt. Man kann darum von unserem Willen zur Existenz reden. Wir bringen uns nicht nur etwas zur Existenz, sondern wir *wollen alles* zur Existenz bringen. Darum existiert *eher* etwas als nichts. Man kann darum sagen: Der Wille ist die das Sein erzeugende Kraft. Und es ist durchaus berechtigt, zu sagen, die Welt ist Wille und Vorstellung.

Die Seinsmomente

Daß es so etwas wie Dasein nicht gibt. Warum das Prinzip der Identität des Ununterscheidbaren gilt.

Die Tradition unterscheidet die beiden Seinsmomente existentia und essentia oder auch Dasein und Sosein. Zu dieser Unterscheidung musste man gelangen, weil man die Welt als eine Welt von raum-zeitlichen Gegenständen ansah. Dann wird es verständlich, wenn man am raum-zeitlichen Gegenstand sein bloßes Dasein von seinen Qualitäten, dem Sosein unterscheiden und nach dem Verhältnis beider fragen musste.

Der Grund, warum man so etwas wie Dasein fordert, ist ein psychologischer: Man kann sich nicht mit dem Gedanken abfinden, daß Gegenstände nur für und in unserem Denken existieren. Der Stein, den ich mit meinen Händen halte, ist schwer, ich sollte ihn festhalten, sonst wird er mir auf den Fuß fallen und mir Schmerzen verursachen. Dieser Stein kann keine bloße Vorstellung sein, das beweist er ja schon durch sein Gewicht. Wenn ich nun all seine Eigenschaften abstrahiere, die ja Qualitäten sind, muss schließlich etwas übrig bleiben, worin seine Gegenständlichkeit besteht und was man Dasein nennen könnte, ansonsten wäre der Stein doch nichts als eine bloße Vorstellung. Von solchen Überlegungen ist man wie besessen, daß man auf die naheliegende Frage, was denn dieses Dasein eigentlich sei, antwortet: Das wissen wir auch nicht, aber es *muss* existieren, sonst wäre alles nur Vorstellung. In Wahrheit mus es keineswegs existieren. Das Dasein ist nichts als eine unbewiesene, unbeweisbare, unverständliche und unplausible Hypothese, die dazu noch gänzlich unnötig ist. Doch wenn man schon nicht sagen kann, worin dieses sagenhafte Dasein besteht, dann sollte man nicht trotzig auf seiner Existenz beharren, aus Angst, eine lieb und teuer gewordene Vorstellung aufgeben zu müssen, sondern sich der Vernunft beugen und anerkennen, daß der Gegenstand das ist, was deutlich gedacht werden kann, mithin nichts als Begriff oder Qualität, traditionell gesprochen: Sosein ist. Eine ganz andere Frage ist es, wo diese Gegenstände existieren. Sind sie Gegenstände in einer

Natur, sind sie nur meine Gedanken oder was auch immer? Dieser Fragenkreis wird, als nicht zur Ontologie gehörig, an dieser Stelle noch nicht berührt.

Aber die Vorstellung eines Daseins erzeugt sogar einen Widerspruch. Das Dasein ist das, was vom Gegenstand übrig bleiben soll, wenn man alle Qualitäten von ihm abstrahiert. Aber niemand konnte bisher sagen, was da übrig bleiben soll. Das ist auch klar, denn entweder ist dieses sagenhafte Dasein Begriff oder es ist kein Begriff. Ist es Begriff, mithin Qualität, kann es nach Definition gerade nicht Dasein sein. Ist es aber kein Begriff, dann lässt sich nicht einmal sinnvoll darüber reden.

Wenn der Gegenstand Begriff ist und alles an ihm begrifflich, dann folgt: Zwei Gegenstände sind identisch, wenn sie in ihren Qualitäten übereinstimmen. Oder anders: Wenn zwei Gegenstände ununterscheidbar sind, dann sind sie identisch. Dies ist das von Leibniz so genannte Prinzip der Identität des Ununterscheidbaren (principium identitatis indiscernibilium). Dieser Satz ist sicher nicht offensichtlich, denn er meint doch: Es gibt keine zwei Gegenstände mit denselben Eigenschaften. Fände man zwei Gegenstände mit gleichen Eigenschaften, wäre der Satz widerlegt. Solche Fälle scheint es aber tatsächlich in der Mathematik zu geben: Man kann zwei völlig gleiche, aber dennoch verschiedene Dreiecke betrachten, also scheint doch das Prinzip der Identität des Ununterscheidbaren widerlegt. In Wahrheit sind aber beide Dreiecke durchaus verschieden, zwar nicht bezüglich ihrer Eigenschaften, aber bezüglich ihrer Relationen. Die beiden Dreiecke können unterschieden werden, indem man sie, und sei es implizit, durchnumeriert. Auf diese Weise erhalten sie sozusagen zwei verschiedene Eigenschaften, nämlich das erste und das zweite in einer Reihe zu sein. Ein weiteres Beispiel: Elementarteilchen haben nur wenige Eigenschaften, so daß es vielleicht möglich sein könnte, zwei Elementarteilchen mit gleichen Eigenschaften zu erzeugen. Beide würden sich aber immer an verschiedenen Stellen im Raum befinden und damit wären ihre Beziehungen zu anderen Teilchen jeweils verschieden, mithin hätten sie auch verschiedene Eigenschaften. Würde man aber die beiden Teilchen mit identischen Eigenschaften einander beliebig nahe bringen, würden ihre einzigen Unterschiede, die aus ihren verschiedenen Beziehungen zu anderen Teilchen herrühren, immer geringer werden und es könnte schließlich nur ein undefinierter Zustand übrig bleiben, in dem zwei verschiedene, aber doch auch gleiche Teilchen vorlägen. Ein solches Phänomen ist in der Atomphysik unter dem Namen Pauli–Prinzip bekannt: In der Atomhülle dürfen sich keine zwei Elektronen mit gleichen Eigenschaften aufhalten.

Die These, es könne zwei Dinge geben, die sich bei gleichen Eigenschaften allein der Zahl nach unterscheiden, bedarf noch einer weiteren Erörterung. Man betrachte dazu wieder das schon erwähnte Beispiel zweier vollkommen gleicher Dreiecke. Sie sind offenbar verschieden, aber nicht hinsichtlich ihrer Qualitäten, sondern allein der Zahl nach. Natürlich ist diese Analyse unzutreffend, beide Dreiecke sind identisch, aber wenn wir sie unterscheiden wollen, dann müssen wir ihnen zusätzliche Eigenschaften verleihen, um so die Möglichkeit zu gewinnen, sie zu unterscheiden. Dazu können wir sie etwa durchnumerieren. Wir erfinden dann eine Reihe und sagen, dieses Dreieck ist das erste, jenes das zweite in der Reihe. Oder wir unterscheiden beide Dreiecke hinsichtlich ihrer Lage zu anderen Figuren. Wir geben ihnen also Qualitäten, um sie unterscheiden zu können. Täten wir dies nicht, könnten wir sie auch nicht unterscheiden, sie wären dann ununterscheidbar und folglich identisch. Man versuche nur einmal selbst, zwei identische Dreiecke zu unterscheiden und man wird bemerken, daß dies nur dann möglich ist, wenn man ihnen weitere Qualitäten verleiht. Und da man die Qalitäten der Dreiecke selbst nicht ändern kann (sonst blieben sie ja keine Dreiecke mehr), sucht man sie mittels geeigneter Relationen zu unterscheiden. Diese Verschiedenheit hinsichtlich der Anzahl ist also eine von uns selbst erzeugte qualitative Verschiedenheit.

Im vorigen Kapitel wurden Begriff und Gegenstand identifiziert. Nun könnte man aber glauben, es müsse doch eine Kraft geben, die gewisse Prädikate zu einer Menge zwingt und sie auch darin erhält. Hierfür scheint selbst die Logik einen Anhaltspunkt zu geben: Sei P die Eigenschaft Pferd zu sein und F die Eigenschaft geflügelt zu sein, dann lautet die Aussage 'es gibt geflügelte Pferde' in der Umschreibung der Logik: $\exists x(P(x) \wedge F(x))$. Was die Logik hier mit x umschreibt, das ist eben der Gegenstand, es ist eine Kraft, die die beiden Prädiakte P und F vereinigt. Das x bezeichnet das Dasein, die P und F das Sosein. Tatsächlich ist eine solche Deutung der Logik weder zwingend, noch nötig. Um Prädikate zu vereinigen und damit auch: zu einem Begriff zu vereinigen, braucht es keine Kraft, die die Prädikate zusammenhalten müßte. Das x im logischen Formalismus ist nur ein Kennzeichen, daß Prädiakte zu einer Menge vereinigt werden und wird erst dann relevant, wenn in einem Ausdruck mehrere Zusammenfassungen vorkommen, wenn man also z.B. sagt $\forall x, y(A(x) \rightarrow B(y))$, wo man zwei Begriffe durch x und y unterscheidet. Die Mengenbildung aber geschieht sozusagen ohne Kraftaufwand. In der Mathematik spricht man hier vom Extensionalitätsprinzip. Dieses Extensionalitätsprinzip gilt in der Philosophie nicht minder. Es besagt: Zwei Begriffe sind genau dann identisch, wenn sie die gleichen Inhalte haben. Und negativ: Es bedarf keiner Kraft, um Eigenschaften zu einem Begriff oder allgemeiner, um Begriffe zu einer Einheit zu verbinden.

Gegen das Prinzip der Extensionalität des Begriffs existiert ein berühmter Einwand: Der Abendstern und der Morgenstern bezeichnen denselben Gegenstand, nämlich die Venus. Offenbar sind sie aber verschiedene Begriffe. Wäre dem so, gälte das Extensionalitätsprinzip für Begriffe tatsächlich nicht. Indessen zeigt der Einwand nur, in welche Aporien man gerät, wenn man zwischen Begriff und Gegenstand unterscheidet und dem Begriff womöglich noch eine intentionale Beziehung auf den Gegenstand zuspricht. In Wahrheit gibt es keine Beziehung zwischen Begriff und Gegenstand, insbesondere besitzt ein Begriff keine Bedeutung. Der Abendstern und der Morgenstern sind auch nicht zwei verschiedene Begriffe, die sich auf die Venus, als ihren Gegenstand beziehen, sondern sie sind zwei Worte ein und desselben Begriffs. Worte haben auch keine Bedeutung, sondern sie sind Abkürzungen für Begriffe um deren Gebrauch zu erleichtern. Es wäre ja lästig, für jeden Begriff alle seine Teile (und nichts anderes ist der Begriff) im Gedächtnis behalten zu müssen. Stattdessen benutzt man Abkürzungen und diese Abkürzungen nennt man Worte. Natürlich gehen mit zwei Worten wie Abendstern und Morgenstern die unterschiedlichsten Konnotationen einher, was aber für die hier vorliegende Frage ohne Belang ist, was aber vielleicht zu der irrigen Auffassung geführt haben könnte, hier handle es sich um zwei verschiedene Begriffe.

Die Seinsformen

Warum Begriff und Gegenstand sowohl Einzelnes, als auch Allgemeines ist.

Unter dem Punkt Seinsformen wird der Problemkreis Einzelnes – Allgemeines behandelt. Das Einzelne ist das Individuum, das Allgemeine dagegen umfaßt das Einzelne, es besitzt, wie man sagt, einen Umfang, der das Einzelne enthalten soll. Natürlich ist eine solche Auffassung aporetisch und die Ursache dieser Aporien liegt in der Annahme von zweierlei Seiendem, Begriff und Gegenstand, weil man beide doch in ein Verhältnis setzen muss. Wie aber könnte man Unvergleichbares in Beziehung setzen? Die klassische Metaphysik begeht immer wieder den gleichen Fehler. Sie versteht Existenz als Existenz in Raum und Zeit. Also unterstellt sie: Es muss doch wohl einen Unterschied geben zwischen Begriff und Gegenstand, weil doch der Begriff nur eine Vorstellung, der Gegenstand dagegen etwas Handgreifliches ist. Es gibt doch auch einen Unterschied zwischen dem Begriff des Apfels und dem Apfel, der vor mir liegt. Diese geläufige Unterscheidung von Einzelnem und Allgemeinem ist natürlich unsinnig, tatsächlich sind der sogenannte Begriff des Apfels und der Apfel, der vor mir liegt, zwei ganz verschiedene Begriffe. Die klassische Metaphysik erzeugt hier mit ihrer Gedankenlosigkeit eine ganze Reihe von unlösbaren Problemen (Auf weitere Absurditäten hat aufmerksam gemacht J.F.Herbart: Lehrbuch der Einleitung in die Philosophie,§122):

1. Wie kommt es eigentlich, daß die Wirklichkeit nur aus Einzelnem besteht? Welch ein glücklicher Zufall.

2. Wenn das Seiende in Gegenstand und Begriff getrennt ist, wie ist es dem Begriff als dem Allgemeinen möglich, vieles Einzelne, als seinen sogenannten Umfang zu enthalten?

3. Wenn das Allgemeine Begriff ist, wie unterscheidet sich dann das Einzelne von ihm? Das Einzelne darf sich dabei nicht auf Grund eines Begriffs vom Allgemeinen unterscheiden, sonst bliebe es ja ein Allgemeines. Dies ist das berühmte Problem des principium individuationis.

All diese Fragen sind vollkommen unlösbar. Sie sind es darum, weil sie auf der sinnlosen und absurden Unterscheidung von Einzelnem und Allgemeinem gründen.

Tatsächlich verhält es sich so: Es gibt keinen Unterschied zwischen Allgemeinem und Einzelnen, beide sind höchstens zwei Aspekte derselben Sache. Jeder Begriff ist Individuum und damit Gegenstand, da er von allen anderen Begriffen unterschieden ist. Durch Zusammenfassen können aus Begriffen neue Begriffe gebildet werden. Ein Begriff wird also im Allgemeinen Teil vieler Zusammenfassungen sein, d.i. Element vieler Mengen sein. Dies allein kann der Sinn der Lehre vom Begriffsumfang sein. Nach der klassischen Lehre hat jeder Begriff einen Inhalt und einen Umfang.

Der Inhalt eines Begriffs sind seine Teile, aus denen er sich zusammensetzt. Der Umfang eines Begriff sind alle *anderen* Begriffe, von denen jener ein Teil ist. Der Begriffsumfang kann aber nicht – wie es die klassische Metaphysik will – eine Menge von nicht-begrifflichen Gegenständen sein. Das ist schon aus logischen Gründen unmöglich.

Daß die Wirklichkeit glücklicherweise nur aus Einzelnem besteht, hat einfach darin seine Ursache, daß alles, was existiert, Individuum ist, sonst wäre es ja nicht einmal Seiendes. Das Individuum ist aber ebenso Allgemeines, da es doch nichts anderes als Qualität ist. Die klassische Metaphysik musste die Individualität in einem okkulten unbegrifflichen Etwas suchen, das man dem Allgemeinen hinzutun muss, um daraus ein Individuum zu zaubern. Und dieses Etwas nannte man das Individuationsprinzip. Tatsächlich gehört aber dieses Individuationsprinzip zu den nutzlosesten Vorstellungen der abendländischen Philosophie. Nimmt man einmal von allen okkulten Vorstellungen Abstand, dann ist ein Individuum ein Gegenstand, der von allen anderen Gegenständen unterschieden ist, eben ein eindeutig bestimmter Gegenstand. Aber jeder Gegenstand und jeder Begriff sind eindeutig bestimmt, d.h. von anderen Begriffen und Gegenständen zu unterscheiden, sonst könnte man nicht sinnvoll über sie reden. Der Begriff des Apfels ist ebenso ein Individuum, wie jener Apfel, der vor mir liegt, wie überhaupt alles, was man eindeutig von anderem unterscheiden kann, ein Individuum ist.

Aber mit dem Ausdruck Individuum könnte noch etwas anderes gemeint sein. Man nennt den Begriff des Apfels ein Allgemeines, weil er einen Umfang besitzt, weil alle Äpfel unter den Begriff des Apfels fallen. Insofern scheint der Begriff des Apfels nur ein Abstraktum, nämlich das, was allen Äpfeln gemeinsam ist. Das ist natürlich alles richtig und die Auflösung des Problems wurde bereits gegeben. Aber der Begriff ist ebenso ein Einzelnes, da er doch von allen anderen wohlunterschieden ist. Andererseits ist auch der Gegenstand ein Allgemeines, denn woraus sollte er denn bestehen, wenn nicht aus Qualitäten? Er ist auch insofern ein Allgemeines, da die Begriffe, die er enthält, auch Teile anderer Begriffe sein können. Der einzelne Apfel ist also insofern ein Allgemeines, da etwa der Begriff 'Grün', den er enthält, auch in anderen Begriffen als deren Teil enthalten sein kann. Nur die Begriffe, die keine Teile enthalten, könnte man nicht allgemein nennen.

Doch wie könnte das zu dem Schluss berechtigen, das hier so genannte Einzelne benötige zu seiner Existenz eines speziellen Prinzips? Und gäbe es dieses Individuationsprinzip nicht, könnte auch nichts als Einzelnes existieren. Es ist schlechthin unbegreiflich, wie man auf einen derartigen Schluss verfallen konnte, es sei denn, man hätte ein Interesse an der Existenz eines solchen Individuationsprinzips. Man ist an der realen Existenz, will sagen Handgreiflichkeit der Gegenstände interessiert, folglich *will* man ihre Existenz beweisen und macht darum nicht einmal vor den offenkundigsten Absurditäten halt und gleichsam zur Entschuldigung (da man in dem Individuationsprinzip einen unbegreifbaren Begriff annehmen musste) fügte man bedeutungsschwer hinzu: Individuum est ineffabile. Doch das ist natürlich nur eine Ausflucht, um einem bloßen Interesse eine höhere Weihe zu geben. Die Antwort auf diesen höheren Unsinn ist eindeutig: Wenn es kein Begriff ist, dann existiert es nicht.

Die Seinsweisen

Warum Begriff und Gegenstand dasselbe ist.

Die klassische Ontologie unterscheidet zwei Seinsweisen, das reale und das ideale Sein. Der Begriff des Apfels existiert ja schließlich in ganz anderer Weise als der Apfel, den ich gerade esse. Diese These ist in gewisser Hinsicht richtig, in anderer Hinsicht falsch. Zunächst ist auch das Individuum nichts als Begriff. In dem Begriff des Apfels und in dem Apfel, den ich gerade esse, sind jeweils andere Begriffe zusammengefaßt. Sie sind einfach zwei verschiedene Begriffe. Ihr Unterschied besteht nur in der unterschiedlichen Anzahl von Begriffen, die in beiden Fällen zu einem Begriff vereinigt wurden. Allerdings ist jeder Teil des Begriffs des Apfels auch Teil jenes Apfels, den ich gerade esse. Einzig aus diesem Grund wäre es naheliegend, ersteren ein Allgemeines, letzteren ein Einzelnes zu nennen. Man sieht, nichts zwingt zu der Annahme zweier Seinsweisen.

Andererseits kann ich den Apfel essen, den Begriff des Apfels aber nicht. Also schließt man, sind beide Äpfel doch in ganz anderer Weise seiend. Es ist aber doch geradezu lächerlich, für diesen Unterschied zwei sogenannte Seinsweisen verantwortlich zu machen. Wir bilden nämlich im ersten Fall den Begriff aus Anlaß einer Wahrnehmung, mit dem wir unsere Wahrnehmung wiederum deuten. Die Wahrnehmung gibt uns Gelegenheit, den gebildeten Begriff mit besonders vielen Qualitäten zu belegen. Das ist natürlich keine neue Seinsweise. Der Unterschied zwischen dem Begriff des Apfels und dem Apfel, den ich gerade esse, liegt einfach darin, daß hier jeweils verschiedene *Begriffe* vorliegen. In einigen Teilen gleichen sie sich, vor allem aber besitzt letzterer weitaus mehr Teile als ersterer. Dieser ist uns ja auch in der Wahrnehmung gegeben, letzterer nur in der Vorstellung. In seltenen Fällen ist es uns möglich, einen Begriff so vorzustellen, als ob er wahrgenommen worden wären. In diesem Fall gelang es uns eben, besonders *viele* Eigenschaften zu einer Menge zu vereinen. Hierin liegt der Unterschied zwischen dem Wahrgenommenen und dem bloß Vorgestellten. Wenn ich aber einen Apfel esse, dann esse ich natürlich nicht einen Begriff, sondern ich nehme gewisse Handlungen vor und habe gewisse Sinneseindrücke derart, daß ich sagen kann, ich esse einen Apfel.

Die klassische Metaphysik unterschied in diesem Zusammenhang eine existentia in mente von einer existentia extra mentem. Das ist natürlich pointierter, als von einem idealem und realen Sein zu reden. Begriffe sollen nach dieser Theorie nur 'im Geist' existieren, die Gegenstände aber in der Wirklichkeit. Aber was soll das bedeuten? Der Verstand ist kein Gefäß, das die Begriffe beinhalten könnte. Überhaupt befinden sich die Begriffe nicht an irgendeinem Ort. Doch sind dies Fragen, die erst an späterer Stelle zu erörtern sind.

Nach der herrschenden Auffassung sind uns zunächst und zuerst die Einzeldinge gegeben. Aus den Einzeldingen bilden wir dann durch Abstraktion die Begriffe. In Wahrheit verhält es sich genau umgekehrt. Wir können etwas nur dann wahrnehmen, wenn wir seinen Begriff kennen. Wir können einen Baum nur dann sehen, wenn wir zuvor den Begriff des Baums besitzen. Besitzen wir aber erst einmal Begriffe, dann können wir auch durch Abstraktion weitere Begriffe bilden. Auch die Wahrnehmung kann uns Anlaß zu einer weiteren Begriffsbildung geben, aber diese Wahrnehmung konnte nur durch einen vorgängigen Begriff möglich werden.

Im Übrigen hat sich doch die These des Empirismus vom menschlichen Geist als tabula rasa, der zuerst Sinneseindrücke besitzt und anschließend daraus Begriffe bildet, längst als ein Märchen erwiesen. Allerdings als ein liebgewonnenes Märchen, das nach wie vor viele Philosophen inbrünstig weiter erzählen. Dabei handelt es sich hier um Fragen, die die Philosophie nicht einmal entscheiden kann, die Fragen der Psychologie sind. Doch die hat das empiristische Märchen längst widerlegt.

Die Seinsmodi

Warum Wirklichkeit Widerspruchsfreiheit ist.

Die Tradition unterscheidet die Seinsmodi Möglichkeit und Notwendigkeit. Notwendig ist das, was nicht anders gedacht werden kann und darum in jeder Welt wirklich ist. Möglich ist das, was wirklich sein kann, für das es mithin eine Welt gibt, in der es wirklich ist. Aber was ist Wirklichkeit? Jeder würde sagen: Pferde sind wirklich, aber das geflügelte Pferd Pegasus ist nicht wirklich. Wahrscheinlich ist Pegasus darum nicht wirklich, weil ihn noch niemand gesehen hat, weil die Nachrichten über ihn aus zweifelhafter Quelle stammen (dem Mythos) und weil seine Existenz das gut gesicherte Gebäude der Zoologie zum Wanken brächte. Warum hält also jeder Pegasus für nicht wirklich? Weil er in das System der bereits als wirklich erkannten Dinge nicht passen würde. Es liegt darum nahe, zu definieren: Wirklichkeit ist Widerspruchsfreiheit und wirklich ist das, was Teil eines widerspruchsfreien Systems ist.

Wirklichkeiten sind widerspruchsfreie Teilsysteme der Klasse des Seienden. Da ein einziger Begriff widerspruchsfrei ist, gibt es solche widerspruchsfreien Systeme. Dies sind aber wirklich triviale und uninteressante Welten. Sicher bildet andererseits alles Seiende keine Welt, da es Ereignisse gibt, die nicht zusammen bestehen können. Sicher gibt es auch mehrere Welten und offenbar sind auch nicht alle Welten disjunkt, es gibt also Ereignisse, die in mehreren Welten wirklich sind.

Wenn man also sagt, A sei wirklich, dann hat eine solche Aussage nur dann Sinn, wenn man das widerspruchsfreie System, d.h. die Welt angibt, in der A Teil ist. Pegasus ist in der Welt der griechischen Mythologie wirklich (einmal unterstellt, diese Welt sei widerspruchsfrei), wahrscheinlich nicht wirklich aber in der uns geläufigen Wahrnehmungswelt.

Die hier gegebene Bestimmung von Wirklichkeit mutet auf den ersten Blick zu abstrakt und damit zu unrealistisch an. Aber sie stimmt durchaus mit unserer Alltagserfahrung überein. Auch uns Menschen stehen mehrere Welten zur Verfügung. Man kann in Phantasiewelten leben und Traumwelten können sich zu selbständigen Welten auswachsen. Wenn eine solche Welt nur reichhaltig genug ist, wenn sie ausreichend viele deutliche Teile besitzt und wenn sie uns ausreichend oft vorliegt, dann sind wir durchaus bereit, sie als parallele Welt anzuerkennen und wir hätten nicht die geringsten Schwierigkeiten, in mehreren Welten zu leben. Man könnte sich sogar vorstellen, unter dem gezielten Einfluß von Drogen ständig in einer eigenen und sozusagen privaten und den anderen fremden Welt zu leben. Ob diese Welten auch widerspruchsfrei sind, kann dahingestellt bleiben, sie sind jedenfalls als widerspruchsfrei intendiert (denn wir wollen unsere Welt widerspruchsfrei sehen). Auch ist die Frage, ob es unter diesen verschiedenen Welten wahre und falsche, echte und bloß eingebildete gibt, an dieser Stelle noch völlig fehl am Platze. Natürlich haben wir alle die Tendenz, jene Welt, die uns durch die Wahrnehmung gegeben ist (von der wir aber nicht einmal wissen, sondern nur unterstellen, daß sie eine Welt, d.h. widerspruchsfrei, ist) als die einzige oder doch zumindest 'wahre' anzusehen und es ist keine Frage, daß sie einen gewissen Vorzug gegenüber anderen Welten genießt, weil wir uns *fast immer* in dieser Welt befinden. Und weil wir uns an sie gewöhnt haben, sind wir geneigt, sie für die einzige zu halten. Es ist die Welt, auf die sich die Gesellschaft geeinigt hat. Sie wird durch unsere Empfindung, unsere Wahrnehmung und schließlich durch unsere Mitmenschen empfohlen. Es ist diese Welt, in der wir Schmerzen empfinden und in der wir unseren Hunger durch Essen stillen können. Der Wirkung dieser Welt können wir uns kaum entziehen, ihr gegenüber muten andere Welten fast wie ein Refugium an, in das wir uns zurückziehen, wenn uns diese Welt nicht mehr behagt. Dennoch ist dies kein ontologisch begründeter Vorzug. Denn eine Welt ist nichts anderes als ein widerspruchsfreies System. Man kann darum über die Naivität und Gedankenlosigkeit namentlich neuerer Philosophen nur staunen, wie sie stets eine wahre und 'reale' Welt unterstellen, als welche sie natürlich die raum–zeitliche Wirklichkeit erkennen. Haben diese Leute denn wirklich noch nie die einfache Tatsache bemerkt, daß selbst unsere Traumwelten raum–zeitliche Welten sind?

Jetzt ist es an der Zeit, den eingangs behaupteten Zusammenhang von Möglichkeit, Notwendigkeit und Wirklichkeit zu präzisieren. Möglich war das, was in mindestens einer Welt wirklich ist. Aber zu allem, was es gibt, gibt es auch eine Welt, deren widerspruchsfreier Teil es ist. Insofern kann man sagen, alles Mögliche ist wirklich. Andererseits fragt es sich durchaus, ob es überhaupt Notwendiges gibt. Denn notwendig ist doch das, was in jeder Welt wirklich ist. Sicher aber gibt es zu jedem Ding eine Welt, die dieses Ding nicht als seinen widerspruchsfreien Teilen enthält. Dieser Umstand macht aber Möglichkeit und Notwendigkeit zu Begriffen, denen in der Ontologie kaum noch ein Sinn zukommen kann. Sie sind aufgehoben im Begriff der Wirklichkeit als der Widerspruchsfreiheit in einem ansonsten frei wählbaren System. Es macht also keinen Sinn, von Seinsmodi zu reden, stattdessen hat sich mit der Wirklichkeit eine zweite Bedeutung von Sein gezeigt.

Die Frage, warum jede Welt widerspruchsfrei ist, gibt wenig Sinn, weil wir die Welt widerspruchsfrei *konstruieren*. Wir selbst machen die Welt widerspruchsfrei, indem wir aus dem Denkbaren (d.i. dem Seienden) Teilsysteme so auswählen, daß sie widerspruchsfrei sind.

Tatsächlich ist die Widerspruchsfreiheit der Welt in praxi mehr eine Forderung, als eine Tatsache. Wir *unterstellen* die Widerspruchsfreiheit der Welt. Auch von der uns umgebenden Wahrnehmungswelt unterstellen wir Widerspruchsfreiheit, ohne uns je die Mühe zu machen, dies nachzuprüfen. Eine widersprüchliche Welt würden wir nicht ertragen können und darum *konstruieren* wir sie als widerspruchsfrei. Ebenso wie die Existenz ist also auch die Wirklichkeit eine Forderung unseres Willens und der Verstand kann höchstens das bestätigen, was der Wille fordert.

Die Seinsgesetze

Warum man den Satz vom Widerspruch den Hauptsatz der Ontologie nennen kann.

Als Seinsgesetze gelten: Der Satz der Identität, der Satz vom Widerspruch, der Satz vom ausgeschlossenen Dritten und der Satz vom zureichenden Grund.

Der Satz der Identität lautet: $A = A$. Falls dieser Satz mehr als eine Trivialität ist, dann sollte sein Gegenteil $A \neq A$ zumindest falsch sein. Aber ersichtlich ist die Aussage $A \neq A$ nicht falsch, sondern sinnlos. Der Satz der Identität ist mithin ebenso wahr wie uninteressant. Dennoch gibt er Anlaß, auf eine Voraussetzung hinzuweisen, die für jede Begriffsbildung notwendig ist. Begriffe sind deutliche Vorstellungen, mithin müssen wir doch die Fähigkeit besitzen, etwas deutlich zu *machen*, was sonst undeutlich wäre. Was ist das Wesen dieser Fähigkeit? Es ist eine Fähigkeit des Unterscheidens. Im Unterscheiden entsteht erst das Ding. Keineswegs aber verhält es sich so, daß man erst ein Ding identifizieren können muss, um es dann von anderen Dingen unterscheiden zu können. Das Identifizieren ist vielmehr nichts anderes als das Resultat eines Unterscheidens. Vielleicht ist aber der Ausdruck Unterscheiden nicht treffend und man sollte besser den Ausdruck Teilen wählen. In diesem Ausdruck wird eher deutlich, daß das Ding durch diese Handlung des Teilens und damit Unterscheidens entsteht, daß man keineswegs aber das Ding voraussetzen muss, um es von anderen unterscheiden zu können. Es wird ein Gegebenes aufgeteilt und das Resultat dieser Teilung sind die Dinge. Identität ist also eine abgeleitete Tatsache, sie entsteht durch einen Akt der Unterscheidung oder Teilung. Ein Ding ist darum mit sich identisch, weil es von anderen unterschieden ist. Die Deutlichkeit ist mithin das Konstituens der Identität.

Den Satz der Identität kann man also getrost aus der Reihe der Seinsgesetze ausschließen. Zum einen ist er eine Platitüde, zum zweiten ist Identität nur ein abgeleitetes Phänomen. Ähnlich ergeht es dem Satz vom ausgeschlossenen Dritten. Dieser Satz ist allerdings nicht, wie der Satz der Identität, platt, er ist vielmehr falsch.

Der Satz schließt ein Drittes, das zwischen Wahr und Falsch, Sein und Nichtsein stehen soll, aus. Doch dies tut der Satz zu unrecht. Denn es gibt auch konsistente mehrwertige Logiken. Ein Drittes zwischen wahr und falsch kann man sich also widerspruchsfrei denken und der Satz vom ausgeschlossenen Dritten wäre damit im Unrecht.

Ganz anders verhält es sich mit dem Satz vom Widerspruch. Seine Bedeutung ist bereits in den vorigen Abschnitten aufgefallen, er wurde – implizit – stets benutzt. So, wie die Deutlichkeit das Konstituens des Begriffs ist, so ist die Widerspruchsfreiheit das Konstituens der Wirklichkeit. Bilden zwei Dinge in ihrem Verhältnis zueinander einen Widerspruch, können sie nicht derselben Welt angehören. Man tut also gut daran, diesen für die Wirklichkeit konstitutiven Umstand besonders hervorzuheben und mit einem eigenen Namen zu bezeichnen.

Der Satz vom Grund lautet: Nichts ist ohne Grund. Allgemein ist ein Grund das, was macht, daß etwa so ist, wie es ist. Und jeder nimmt wie selbstverständlich an, daß solche Gründe existieren und daß es die Aufgabe der Wissenschaft ist, die Gründe von jedem zu finden. Allerdings gibt es gegen diesen Satz auch einen Einwand: Sei A' der Grund von A. Nach dem Satz vom Grund muss A' einen Grund haben, etwa A". Aber auch A" muss einen Grund haben usw. Auf diese Weise entsteht ein unendlicher Regress und man erhält folglich eine Aporie: Einerseits gibt es Gründe und es ist sogar geboten, diese Gründe aufzusuchen. Andererseits kann es keine Gründe geben, weil die Reihe der Gründe kein Ende nimmt. Die Reihe der Gründe müßte an irgendeiner Stelle abbrechen, aber dieser Stelle wäre ein Unbegründetes. Wenn aber alles in einem Unbegründeten seinen Grund hätte, wäre alles unbegründet.

Diese Aporie fordert unzweifelhaft die Preisgabe des Satzes vom Grunde. Allerdings wende man nicht ein, die Preisgabe des Satzes vom Grunde sei auch eine Preisgabe jeglichen Begründens und dies habe für die Wissenschaften doch katastrophale Folgen. Begründen heißt klären, warum etwas so ist, wie es ist. Begründen ist Erklären, es ist *nützlich*, aber nichts rechtfertigt, dies zu dem Satz zu verallgemeinern 'Nichts ist ohne Grund'.

Warum begründen wir überhaupt? Dies hat verhaltenstheoretische Ursachen. Einfachheit gibt uns Sicherheit, Komplexität irritiert und beunruhigt uns. Das Komplexe steht uns fremd gegenüber und wirkt darum auf uns bedrohend. Darum haben wir das Bedürfnis, das Komplexe auf Einfaches zurückzuführen. Wenn wir also nach Gründen suchen, dann suchen wir Komplexität zu reduzieren. Das Bedürfnis nach Erklärung ist also ein Mechanismus des Selbstschutzes, eine Strategie, die Umwelt sicherer und ungefährlicher zu machen. Wird diese Reduktion von Komplexität systematisch verfolgt, redet man von Wissenschaft. Ein besonders wirksames Mittel, Komplexität zu reduzieren, sind aber auch die Vorurteile und vielleicht sind sie die am häufigsten benutzte Methode der Begründung. Hieran sieht man deutlich, daß Begründung eine *Forderung* ist, die wir an die Dinge stellen, um sie kalkulierbarer und weniger bedrohlich zu machen.

Das Begründen ist zunächst aber nur eine *Tendenz* unseres Verhaltens. Die Konkretion dieser Tendenz ist gesellschaftlichen Ursprungs. Welche Art von Begründung bevorzugt wird, das entsteht durch Übereinkunft der maßgebenden Personen einer Gesellschaft. Man kann sagen: Welche Art von Begründung bevorzugt wird, bestimmt die Gesellschaft. Die beiden wichtigsten Arten der Begründung sind Religion und Wissenschaft. Sie sind öffentliche Formen von Komplexitätsreduktion und von der Gesellschaft vorgeschriebene Arten, sich in der Welt zurecht zu finden.

Nach Gründen zu suchen ist nur eine nützliche Maxime, darum ist es auch nicht beunruhigend, wenn wir gelegentlich nicht weiter nach Gründen forschen, weil dies nicht mehr sinnvoll erscheint, obwohl wir es formal könnten. Das beste Beispiel ist die Begründung durch Axiome. Doch selbst in der Philosophie gibt es hierfür Beispiele: Warum ist etwas wirklich? Weil es widerspruchsfrei ist. (Insofern ist der Satz vom Widerspruch der Grund des Satzes vom Grund.) Was ist der Grund des Satzes vom Widerspruch? Hierfür lassen sich keine philosophischen Gründe mehr angeben. Hierfür müßte man psychologische Gründe nennen, etwa, daß uns jeder Widerspruch beunruhigt. (Man könnte darum auch sagen: Der Satz vom Widerspruch ist ein Phänomen des Willens.) Aber warum beunruhigt uns jeder Widerspruch? Hier müßte man wieder die Ebene wechseln und von der Psychologie zur Verhaltenswissenschaft oder zur Soziologie übergehen. Man könnte aber auch zur Neurophysiologie übergehen und antworten, uns beunruhige ein Widerspruch darum, weil gewisse elektrische Ströme oder chemische Reaktionen in unserem Gehirn ablaufen, die uns ein Bewusstsein der Beunruhigung erzeugen. Man kann also mit einem gewissen Recht sagen, die Reihe der Gründe werde da beendet, wo zum Begründen die Begründungsebene gewechselt werden muss.

Ähnliches ergibt sich, wenn man fragt: Was ist der Grund des Satzes vom Grund? Dies ist zwar eine Frage der Philosophie, aber es gibt keine Antwort in der Philosophie. Man könnte die Frage aber in der Psychologie beantworten: Der Grund des Satzes vom Grund ist die menschliche Neugier.

Wir suchen nach Gründen, weil wir neugierig sind und weil uns ein unklarer Sachverhalt beunruhigt. Das ist ein nützliches Verhalten, weil es ein Grund für wissenschaftlichen Fortschritt ist. Was wir also hochtrabend Satz vom Grund nennen, das ist tatsächlich nur die Aufforderung an die Wissenschaft, nichts unerforscht zu lassen.

Gründe lassen sich nicht beliebig zurückverfolgen. Sie enden immer bei einem Unbegründbaren. Dies kann nicht anders sein, weil in einem unendlichen Rückgang von Gründen eben nichts begründet wird. Jede Begründung muss ihren Anfang bei einem Unbegründeten nehmen. Ersichtlich wird die Bedeutung des Grundes dadurch relativiert. Man muss nur geeignete Annahmen machen (solche Annahmen nennt man dann Axiome), dann kann man nahezu alles begründen. Von diesen Annahmen ist nur zu fordern, daß sie widerspruchsfrei sind und keine widersprüchlichen Konsequenzen erlauben. Der Satz vom Grund wird also in den Satz vom Widerspruch aufgehoben. Das Resultat der Wissenschaft ist also kein System von Gründen, sondern ein *widerspruchsfreies* System.

Auch auf diese Weise hat sich erwiesen, daß allein der Satz vom Widerspruch Seinsgesetz genannt zu werden verdient.

Aber was meint man denn hier mit dem Ausdruck Gesetz? Ein Gesetz ist zunächst eine Forderung, die man entweder zu erfüllen oder wenigstens nicht zu verletzen hat, andernfalls drohen Sanktionen. Ein Gesetz ist also eine Vorschrift. Der Satz vom Widerspruch wäre also eine Vorschrift, die den Dingen vorschreibt, sich keinesfalls zu widersprechen. Dieser archaisch anmutende Gedanke ist hier tatsächlich zutreffend. Den Widerspruch zu vermeiden ist nämlich eine Forderung, die wir selbst an das Seiende stellen. Weil dies so ist, darum konstruieren wir selbst die Welt so, daß sie keine Widersprüche enthält. Die Welt ist widerspruchsfrei, weil wir sie widerspruchsfrei konstruieren. Bevorzugt man eine psychologisierende Redeweise, könnte man sagen: Der Wille ist das Sein.

Die Transzendentalien

Warum Wahrheit Widerspruchsfreiheit ist.

Unter Transzendentalien versteht man Begriffe, die Inhalt eines jeden Begriffs sind. Man nennt sie Transzendentalien, weil sie die Gattungsallgemeinheit transzendieren, d.h. weil sie allgemeiner als jede Gattung sind. Von diesen Transzendentalien nimmt man vornehmlich vier an: Das Sein, das Eine, das Wahre und das Gute. Wenn das Gute eine Transzendentalie genannt wird, wenn man also sagt, alles Seiende ist gut, dann darf man das nicht moralisierend verstehen. Gemeint ist vielmehr: Alles ist gut so, wie es ist, d.h. alles ist vernünftig. Natürlich, sonst wäre es ja nicht erkennbar. Und was nicht erkennbar ist, das existiert nicht. Gemeint ist aber nicht, die Welt habe die Eigenschaft vernünftig zu sein, weil dann sofort die unlösbare Frage entsteht, wer oder was diese Übereinstimmung von Welt und Vernunft erzeugt habe, sondern wir selbst konstruieren uns die Welt und wie könnten wir sie anders konstruieren, d.i. wie könnte sie anders sein, als für uns begreifbar?

Dies ist die einfache Lösung des Problems der Identität von Denken und Sein. Ist das, was wir denken auch gerade das, was es gibt? Wenn ja, wie konnte diese glückliche Übereinstimmung zustande kommen? Das sind natürlich unbeantwortbare Fragen. Sie rühren wieder aus dem Hauptfehler der klassischen Metaphysik, unter Sein eine irgendwie geartete 'wahre' Welt zu verstehen, der sich das Denken auf eine kaum zu klärende Art annähert. Tatsächlich ist all das, was wir Sein nennen, unsere eigene Schöpfung, nämlich der Begriff. Hier muss nichts übereinstimmen, weil wir das Sein nach unserem Willen konstruieren.

Historisch betrachtet wird man wohl darum alles gut genannt haben, weil Gott es geschaffen hat. Da er gütig und allmächtig ist, wird er auch alles auf das beste eingerichtet haben

Das Eine wird eine Transzendentalie genannt, weil alles, was existiert, Eines ist. Aber diese Einheit ist eine Folge der Deutlichkeit, wie bereits im vorigen Abschnitt erörtert. Die Einheit eine Transzendentalie zu nennen ist also sowohl richtig, als auch platt.

Was schließlich die Transzendentalie Wahrheit angeht, so gibt es doch falsche Sachverhalte und die Aussage 'alles ist wahr' ist keineswegs richtig. Mit der Aussage 'alles ist wahr' kann man aber auch meinen, alles verhält sich tatsächlich so, wie es gedacht wird und unterliegt keiner Täuschung. In diesem Fall wäre dasselbe wie zur Transzendentalie des Guten zu sagen. Die Dinge sind gerade so, wie wir sie denken, weil wir sie selbst konstruiert haben. Und wenn wir die Dinge erkennbar haben wollen, dann werden wir sie trivialerweise auch erkennbar konstruieren.

Die Transzendentalie der Wahrheit scheint aber noch auf einen weiteren Sachverhalt hinzuweisen. Denn obwohl es falsche Sachverhalte gibt, so äußert man doch jeden Satz mit dem Anspruch auf Wahrheit. Auch von dem in diesem Artikel Geäußerten wurde unterstellt, es sei wahr (sonst wäre es ja nicht geäußert worden) auch wenn das Wort Wahrheit bisher noch nicht auftauchte. Aber diese selbstverständlich erscheinende Aussage bedarf der Präzisierung.

Wenn etwa behauptet wurde, der Begriff sei die deutliche Vorstellung, dann wurde nicht unterstellt, die Tatsachen verhielten sich so wie behauptet, sondern dies war als Nominaldefinition zu verstehen. Der Sinn dieser Nominaldefinition konnte sich erst aus den Folgerungen erweisen. Die zweite wesentliche Aussage war 'alles, was existiert, ist Begriff'. Diese Aussage kann man als eine Nominaldefinition von Existenz auffassen. Man kann sie aber auch als die Tatsachenbehauptung auffassen, alles, was es gibt, sei Begriff oder eines seiner Derivate. Angenommen, diese Aussage ist wahr, dann liegt ihre Wahrheit aber nicht in einer etwaigen Übereinstimmung von Aussagesinn mit irgendwelchen Tatsachen, sondern in den konsistenten Folgerungen aus gewissen Annahmen, deren Wahrheit unterstellt wurde. Dies bedeutet aber: Wahrheit ist Widerspruchsfreiheit.

Bezüglich der Begriffe kann an dieser Stelle von Wahrheit noch nicht die Rede sein. Es macht keinen Sinn zu sagen, Begriffe seien wahr oder falsch. Sie sind deutliche Vorstellungen und durch Aufteilen der Menge des Vorgestellten entstanden. Insbesondere *beziehen* sich Begriffe auf nichts. Sie besitzen keine Bedeutungen oder dergleichen okkulte Eigenschaften. Vor allem aber beziehen sie sich nicht auf Gegenstände, sie *sind* Gegenstände, u.zw. die *einzigen* Gegenstände.

Wahrheit findet sich erst an der Wirklichkeit. Wahrheit ist Kriterium und Definiens der Wirklichkeit, denn alles Wirkliche bildet ein widerspruchsfreies System. Gewöhnlich versteht man dagegen unter Wirklichkeit etwas Reales (oder was man dafür hält), Echtes, Täuschungsfreies, Objektives und vom Subjekt Unabhängiges (und was dergleichen undeutliche Vorstellungen mehr sind, mit denen man allenfalls ein allgemeines Gefühl zu rationalisieren sucht). Diese unsinnige Vorstellung von Wirklichkeit aber einmal unterstellt, wird es verständlich, wie man auf die Idee verfallen konnte, die Wahrheit in einer Übereinstimmung mit dieser sogenannten Wirklichkeit zu suchen. Wer die Wahrheit eine Transzendentalie nennt, der muss offenbar die Wirklichkeit für jenes Objektive, Reale oder wie man es sonst nennen will, halten. Konsequenterweise wird ihm dann die Wahrheit eine Übereinstimmung von Wirklichkeit und Begriff sein. Doch damit handelt man sich unlösbare Probleme ein: Wer oder was hat diese Übereinstimmung eingerichtet? Man stelle sich nur vor, eine solche Übereinstimmung gäbe es nicht, dann würden wir doch in einer falschen Welt leben. Wäre diese falsche Welt widerspruchsfrei, wie könnten wir dann je bemerken, daß sie die falsche ist? Anders gefragt: Wie könnten wir jemals bestätigen, daß diese Beziehung von Begriff und Gegenstand, die man Wahrheit nennt, zu Recht besteht? Wahrheit ist eine Übereinstimmung von Begriff und Gegenstand, aber wie lässt sich diese Übereinstimmung feststellen? Um Begriff und Gegenstand vergleichen zu können, müßte man zunächst auf beide Relata, auf Begriff und Gegenstand Bezug nehmen können. Auf den Gegenstand kann man aber nur mittels eines Begriffs Bezug nehmen. Ist dieser Bezug rechtmäßig? Man müßte also erst die Übereinstimmung von Begriff und Gegenstand feststellen, bevor man die Übereinstimmung von Begriff und Gegenstand feststellen kann. Man könnte versuchen, sich aus dem Dilemma zu retten, indem man dem Begriff eine intentionale Beziehung zur Realität zuspricht, 'Bedeutung' nennt man diese geheimnisvolle Fähigkeit – ein absurder Gedanke.

Wenn schließlich das Sein der allgemeinste Begriff ist und jeder Begriff aus genus proximum und differentia specifica gebildet ist, dann wäre doch die spezifische Differenz nicht seiend. Das Sein kann also nicht oberste Gattung sein. Es sollte stattdessen sowohl die Gattung, als auch die Differenz seiend sein. Das war das Motiv, das Sein eine Transzendentalie zu nennen. Damit ist zunächst nur gesagt, was Sein *nicht* ist, nämlich kein Allgemeines im Sinne einer Gattung und wenn man es in diesem unbestimmten Sinn nimmt, wäre gegen die These vom Sein als Transzendentalie auch nichts einzuwenden.

3.1.2 Materiale Ontologie

Der Gegenstand der materialen Ontologie ist die Kategorienlehre, d.i. die Klassifizierung alles Seienden. Die Kategorienlehre beantwortet damit die Frage 'Was gibt es?'. Diese Frage wurde hier bereits beantwortet. Sie lautet: Alles, was existiert, ist Begriff und außer dem Begriff existiert schlechthin nichts. Die Berechtigung dieses Standpunkts folgt allein aus seiner Widerspruchsfreiheit und der Widersprüchlichkeit anderer Standpunkte. Und wenn dies auch bereits ausreichend geklärt wurde, so erscheint es doch sinnvoll, sich der hier aufgeworfenen Frage von einer anderen Seite zu nähern, um auch auf diese Weise mögliche Bedenken, die allein aus mangelnder Gewöhnung an den hier vorgestellten Gedanken herrühren, aus dem Weg zu räumen.

Zuvor aber sollte man sich über den Sinn der Frage 'Was gibt es?' verständigen. Man kann diese Frage so beantworten: Alles, was es gibt, sind Begriffe, weil alle anderen Positionen widersprüchlich sind. Die Frage lässt aber auch mit Sinn prinzipiell andere Antworten zu. Die Welt besteht letzten Endes aus Elementarteilchen, also ist alles, was es gibt, Elementarteilchen. Man kann aber auch sagen, alles, was es gibt, ist Empfindung, weil wir doch unsere Welt aus einem gegebenen Datenmaterial, den Empfindungen, aufbauen. Natürlich konkurrieren diese Antworten nicht, sie sind nur verschiedene Arten, dieselbe Frage zu beantworten. Hierbei denkt man natürlich sofort an die Vier–Ursachen–Lehre des Aristoteles. Die causa materialis wäre die materielle Ursache der Welt, die Bestandteile, aus denen die Welt besteht. Dies zu erforschen ist nicht Gegenstand der Philosophie, sondern der Physik. In diesem Sinn wäre die causa materialis der Welt ihre letzten Bestandteile, die Elementarteilchen oder etwas verallgemeinert, die Naturgesetze. Die Bewegungsursache oder causa movens wäre der Grund, warum uns die Welt entsteht. Wir bilden die Welt nämlich aus einem gegebenen Datenmaterial, nennen wir es Empfindung. Dieses Material formen wir zu einer Welt mit Hilfe von Denken und Wollen. Diese Weltkonstitution ist aber nicht allein psychologisch verursacht, es gibt auch intersubjektive Gründe, die in der Erziehung und unserer Umwelt liegen. Diese hier so genannte Umwelt ist die Gesellschaft, aber auch die Sprache. Diese causa movens der Welt zu untersuchen ist ebenfalls nicht Gegenstand der Philosophie, sondern zunächst der Psychologie und allgemeiner der Anthropologie. Die causa formalis der Welt ist das, was ihr Gestalt gibt, was macht, daß sie so ist, wie sie ist und nicht anders. Diese Ursache der Welt ist der Begriff und die Wissenschaft, die diese Ursache erforscht, die Philosophie. Schließlich bleibt die causa finalis der Welt oder ihr Zweck. Die Antwort auf diese Frage, da dies nicht Gegenstand vorliegender Arbeit ist, wird hier nur vorgreifend und andeutungsweise gegeben. Die Welt existiert, um sich selbst zu vervollständigen und damit zu vervollkommnen. Die Mittel zu dieser Vervollständigung sind Kunst und Wissenschaft oder allgemeiner, die Kultur oder abstrakter, der Geist. Man kann also sagen: Der Zweck der Welt ist die Kultur.

Um aber wieder zur causa formalis, als dem eigentlichen Gegenstand vorliegenden Kapitels, zurückzukehren, so scheinen sich offenbar im Wesentlichen zunächst drei Positionen anzubieten: Die Welt könnte entweder aus Begriffen, aus Gegenständen oder aus Sachverhalten bestehen. Alles andere muss sich auf eines dieser drei reduzieren lassen. Wollte man dagegen sagen, die Welt bestehe sowohl aus dem einen, als auch dem anderen, dann wäre man gezwungen, die Ursache dieser Dichotomie zu klären und müßte doch schließlich bei einem Einzigen ankommen, um von ihm sagen zu können, alles bestehe aus diesem Einen oder sei eines seiner Derivate.

Die eingestanden oder uneingestanden sicher populärste und von den meisten akzeptierte Anwort ist: Alles, was es gibt, ist Gegenstand oder eines seiner Derivate, kurz: Die Welt besteht aus Gegenständen. Wenn man unter einem Gegenstand ein selbständiges Individuum versteht, ist an dieser Behauptung natürlich nichts auszusetzen. Aber in diesem Sinn gibt es auch keinen Unterschied zwischen Begriff und Gegenstand. Diese hier so genannte Gegenstandsontologie steht dagegen vor folgendem Problem: Alles, was es gibt, sind körperliche Gegenstände. Andererseits kann aber doch niemand die Existenz von Begriffen bestreiten. Man ist also genötigt, den Begriff im Rahmen der Gegenstandsontologie zu begreifen. Das Problem der Gegenstandsontologie ist also das Problem des *Verhältnisses* von Gegenstand und Begriff. Dies ist zum Einen das logische Problem der Beziehung von Einzelnem und Allgemeinem, das bereits Platon ebenso intensiv wie erfolglos diskutiert hat. Seltsamerweise ist dieses Problem in der Folge kaum noch erörtert worden und man begnügte sich schon bald mit der ebenso eingängigen wie absurden Lehre vom Begriffsumfang. Zum Zweiten handelt es sich um ein Statusproblem, denn da aus irgendeinem unverständlichen Grund die Natur des Gegenstands allgemein als problemlos angenommen wird, die Natur des Begriffs aber als problematisch, erwartet die Gegenstandsontologie eine irgendwie geartete Reduktion des Begriffs auf den Gegenstand. Die erste und wichtigste Erörterung dieses Problems stammt von Aristoteles. Danach sind Gegenstände selbständig, Eigenschaften dagegen nicht. Sie können nur *an* den Gegenständen existieren. Auf Grund ihrer Unselbständigkeit sind sie auch in geringerem Maß seiend. Der Sinn dieser Aussagen ist kaum zu beurteilen. Was soll es denn bedeuten, wenn man sagt, etwas existiere nur *an* etwas anderem? Und was soll es bedeuten, wenn man sagt, etwas sei in eigentlicher, ein anderes aber nur in geringerer Weise seiend? Diese ansonsten völlig unverständlichen Behauptungen bedürfen in jedem Fall einer Klärung, die aber bisher niemand geleistet hat, von der aber auch nicht einmal ansatzweise zu sehen ist, wie sie beschaffen sein könnte. Durchaus beurteilbar ist dagegen die These, die Gegenstände seien selbständig, die Begriffe dagegen unselbständig. Warum sollte aber eine Eigenschaft nicht selbständig sein? Man argumentiert, sie können immer nur an den selbständigen Gegenständen existieren. Aber zum Beispiel der Nordpol existiert auch nur *an* der Erde. Ist er darum weniger seiend? Weiter ist ein Begriff doch deutlich, hat also alles, was man zur Selbständigkeit braucht. Auf diese Weise kann man also nicht das Verhältnis von Begriff und Gegenstand bestimmen.

Eine immer wieder gern gehörte These lautet: Gegenstände sind real, Begriffe dagegen existieren nur im Kopf, sie sind nur Gedanken. Natürlich sind Begriffe Gedankendinge, aber auch Gegenstände existieren allein in Gedanken, überhaupt existiert alles in Gedanken. Ein ernsthaftes Problem erhält man aber, wenn man behauptet: Im Gegensatz zu den Begriffen, existieren die Gegenstände nicht bloß in Gedanken. Dies beginnt schon damit, daß man nicht einmal sagen kann, auf welche Weise denn diese vielberufenen Gegenstände existieren. Für gewöhnlich sagt man, Gegenstände existieren in Raum und Zeit, was aber, wie bereits gesagt, schon darum unsinnig ist, weil auch Traumbilder in Raum und Zeit existieren, folglich auch Gegenstände wären.

Die Gegenstandsontologie stellt sich den Begriff als ein Abstraktionsprodukt vor. Er entsteht, indem man das Gemeinsame vieler Gegenstände hervorhebt. So ist z.B. ein Apfel grün, aber auch ein Baum. Grün ist ihre gemeinsame Eigenschaft. Nun wird behauptet, der Apfel und der Baum sind reale Gegenstände, das Grün aber existiert nur im Kopf. Also wäre der Apfel real, sein Grün aber nicht real. Ein Apfel bestünde mithin aus einem realen Etwas und seinen Eigenschaften, die allerdings nur in meinem Kopf existieren – welch ein absurder Gedanke. Vielleicht sollte man aber unterscheiden zwischen dem Grün dieses Apfels und dem Grün in meinem Kopf, dem Begriff des Grünen. Wenn das Wort 'absurd' einer Steigerung fähig wäre, dann hätte man hier einen ernsthaften Anwärter. Was ist das Grün dieses Apfels? Was ist das Besondere an diesem Grün, daß es das Grün dieses Apfels ist? Worin unterscheidet es sich vom Grün dieses Baums? Nicht genug damit, daß man die Welt damit verdoppelt hätte, man hätte sie sogar vervielfacht. Es gäbe dann das Grün eines jeden einzelnen Gegenstands und dazu noch das Grün in meinem Kopf, den Begriff – kann man sich etwas denken, das lächerlicher wäre? Angesichts dieser für die Gegenstandsontolgie prekären Situation, scheint es durchaus sinnvoll, nach radikalen Lösungen zu suchen. Hierfür bieten sich im Rahmen der Gegenstandsontologie besonders zwei an: Man könnte zum einen die Begriffe für ebenso real halten wie die Gegenstände (Begriffsrealismus), man könnte andererseits die Existenz von Begriffen schlechthin bestreiten (Nominalismus).

Sind Begriffe real, dann doch gewiß nicht so, wie Gegenstände. Wie aber dann? Die Überlegung, Begriffe seien Gedanken, kann hier nicht als Lösung dienen, weil dann sofort die schon erwähnten Aporien aufträten. Also kommt man doch wohl nicht umhin, eine zweite Welt einzuführen, die die Begriffe beinhaltet und deren Ereignisse zu denen der Welt der Gegenstände parallel sind. Diese These ist nicht so absurd, wie es auf den ersten Blick scheint, sie ist die logische Konsequenz aus den Aporien der Gegenstandsontologie, wenn man dennoch auf die Gegenstandsontologie nicht verzichten will. Denn da es keinerlei Verbindung zwischen Begriffen und Gegenständen gibt, muss man Gegenstände und Begriffe in parallele Welten versetzen. Dem Begriffsrealismus ist also ein gewisser Sinn nicht abzusprechen. In Wahrheit verhält es sich natürlich genau umgekehrt: Nicht die Gegenstände sind ursprünglich und ihre Begriffe bevölkern eine parallele Welt, sondern die Begriffe sind ursprünglich und die Gegenstände im Sinne der Gegenstandsontologie können allenfalls als Hypothese existieren.

Man betrachte schließlich den Nominalismus, die Leugnung der Existenz der Begriffe. Der Nominalismus muss behaupten, Begriffe seien überflüssig. So absurd, wie diese These auf den ersten Blick anmutet, ist sie auch. Denn Ähnlichkeiten unter den Dingen leugnet auch kein Nominalist. Eben diese Ähnlichkeit ist aber der Begriff. Ein Nominalist würde darauf erwidern, Ähnlichkeiten gäbe es zwar, es sei aber nicht nötig, sie zu hypostasieren, d.i. sie zu vergegenständlichen. Aber was soll das heißen? Natürlich existieren Ähnlichkeiten nicht so, wie die von allen Nominalisten so geliebten Gegenstände, aber das behauptet auch niemand. Andererseits sind Ähnlichkeiten doch deutlich, also Begriffe und nach der hier gepflegten Terminologie, eben Gegenstände. Diese Gedankenlosigkeit des Nominalismus ist also schnell abgehandelt.

Gewiß ist dies nur ein kleiner Ausschnitt aller Absurditäten und Aporien der Gegenstandsontologie. Sie dürften aber ausreichen, um ein für allemal zu zeigen, wie widersinnig eine jede Gegenstandsontologie ist. Diese Absurditäten entspringen dem Zwang der Gegenstandsontologie, die Beziehung Gegenstand – Eigenschaft verstehen zu müssen. Der Versuch muss scheitern, weil es eine solche Beziehung einfach nicht gibt. Trotzdem ist die Gegenstandsontologie heute die herrschende Ontologie. Sie behauptet, die Welt bestehe aus Dingen und ihren Eigenschaften und handelt sich gerade mit dieser Dichotomie all ihre unlösbaren Probleme ein, die sie aber mit beneidenswerter Ignoranz nicht zur Kenntnis nimmt.

Modern ist aber auch die These, die Welt bestehe nicht aus Dingen, sondern aus Sachverhalten. Diese These ist nicht leicht zu beurteilen, da zunächst nicht klar ist, was man unter einem Sachverhalt verstehen soll. Es ist beispielsweise eine Tatsache (und eine Tatsache ist ein bestehender Sachverhalt), daß alle Menschen sterblich sind (jedenfalls ist dies beim augenblicklichen Stand der Wissenschaft noch eine Tatsache). Was ist der Unterschied zwischen der Tatsache, daß alle Menschen sterblich sind und dem Begriff des sterblichen Menschen? Sicher ist der Sachverhalt ein Komplex von Begriffen, doch das ist nur eine notwendige Bedingung, da zusammengesetzte Begriffe ja ebenfalls Komplexe sind. Wir sagen 'alle Menschen sind sterblich', wir sagen aber auch 'es ist eine Tatsache, daß alle Menschen sterblich sind'. Offensichtlich meint man zwar mit beiden Sätzen dasselbe, aber auf unterschiedliche Weise. Das Problem klärt sich, wenn man versucht, den zweiten Satz in einen äquivalenten zu übersetzen. Das Satz 'es ist eine Tatsache, daß alle Menschen sterblich sind' ist äquivalent zu dem Satz 'der Satz 'alle Menschen sind sterblich' ist wahr'. Man kann also einmal vom sterblichen Menschen reden und man kann ein andermal auf diese Implikation eigens reflektieren und redet dann von einem Sachverhalt oder, falls der Sachverhalt besteht, von einer Tatsache. Der Sachverhalt ist also ein Reflexionsbegriff. Man kann sich dies an folgendem Beispiel klarmachen: Eine Menge M bestehe aus den Elementen a, b und c, wofür man $M = \{a, b, c\}$ schreibt. Das bedeutet, a ist Element der Menge M, wofür man $a \in M$ schreibt. $a \in M$ meint also die Tatsache, daß a ein Element von M ist. Entscheidend ist aber: Aus $M = \{a, b, c\}$ folgt $a \in M$. Der zweite Satz enthält nicht mehr Erkenntnis als der erste. Dies gibt zu folgender Vermutung Anlaß: Die reflektierende Redeweise von Sachverhalten ist ohne Verlust an Information vollständig auf eine direkte Redeweise reduzierbar.

Wenn man nun sagt, die Welt bestehe nicht aus Gegenständen, sondern aus Sachverhalten, dann ist eine solche Aussage ein Kategorienfehler, weil ein Sachverhalt eine Reflexion auf einen Komplex von Gegenständen ist. Gegenstand oder Sachverhalt – das ist nicht einmal eine sinnvolle Alternative, u.zw. in zweifacher Hinsicht. Zum Einen ist der Sachverhalt eine *Reflexion* auf einen Zusammenhang von Begriffen, zum Zweiten ist der Sachverhalt eine Reflexion auf einen *Komplex* von Begriffen. Wenn man aber beachtet, daß Komplexe von Begriffen auf Grund des Extensionalitätsprinzips wiederum Begriffe sind, sieht man, daß, wenn man den Gesichtspunkt der Reflexion einmal vernachlässigt, Begriffe mehr umfassen als Sachverhalte: Sachverhalte bestehen aus Begriffen. Ebenso sind ja auch Relationen nichts als Begriffe und wie man sie auf Mengen zurückführt, kann man in jedem Lehrbuch der Mengenlehre nachlesen.

Die Gegenstandsontologie scheint aber bei allen Argumenten, die man gegen sie anführen kann, über genau ein Argument zu verfügen, das jeden überzeugen muss und das alle Einwände gegen sie und seien sie noch so berechtigt, mit einem Schlage hinfällig macht: Bei allen Einwänden gibt es doch schließlich Gegenstände, jeder kann sie sehen und fühlen und es wäre doch lächerlich, die Existenz von etwas bestreiten zu wollen, was jeder mit eigenen Augen sehen kann. Dies ist wahrscheinlich auch das Argument, das jeder für überzeugend hält und ihn zu einem Anhänger der Gegenstandsontologie macht. Es sollte bei aller Begeisterung für die Existenz von Gegenständen aber doch erlaubt sein zu fragen, was die Aussage 'es gibt Gegenstände' eigentlich bedeutet. Es bedeutet nämlich eine gewisse Körperlichkeit in Raum und Zeit, etwas, das meiner Wirkung einen Widerstand entgegensetzt. In einem solchen vagen Sinn von Existenz wird allerdings kein Mensch die Existenz von Gegenständen bestreiten. Dieses Argument ist ebenso naiv wie die Behauptung, die Sterne bewegen sich um die Erde – wie jeder sofort sehen wird, wenn er nur aufmerksam den Nachthimmel betrachtet.

3.2 Metaphysik

Man könnte den hier beschrittenen Weg der Ontologie eine *lokale* Untersuchung nennen, weil hier die Welt aus der Empfindung aufgebaut werden soll. Die Empfindung wird zur Qualität und d.h. zum Begriff. Mit dem Begriff deuten wir dann wieder das Empfundene zu einer Welt. Die Entstehung des Begriffs ist eigentlich der Prozess der Menschwerdung. Dies liegt genauer dann vor, wenn die Begriffe als voneinander verschieden bewußt werden. Hierfür sagt man auch: Sie werden deutlich. Durch ihre Deutlichkeit gewinnen sie den Charakter selbständiger Wesen. Sie und nur sie sind das Seiende. Dies ist der Standpunkt der Ontologie. Sie untersucht das Sein alles Seienden und kommt zu dem Schluss: Das Sein ist der Begriff. Demgegenüber wäre dann die Metaphysik eine *gobale* Sichtweise. Sie beginnt da, wo die Ontologie endet, bei der Welt und sucht dieses gegebene Ganze zu verstehen. Man nimmt die Welt also als gegeben an und fragt nach dem Grund ihrer Existenz.

3.2.1 Das Problem der Realität

Im Anschluss an Aristoteles wird hier die These vertreten, das Sein werde in vielfacher Bedeutung ausgesagt. Zwei dieser Bedeutungen wurden bisher diskutiert. Sein im Sinne von Deutlichkeit, was bevorzugt Existenz genannt wurde und Sein im Sinne von Widerspruchsfreiheit, was Wirklichkeit genannt wurde. Diese beiden Seinsbegriffe sind jedenfalls für die Ontologie ausreichend. Nicht ausreichend scheinen sie aber für die Metaphysik zu sein. Der gesunde Menschenverstand würde doch ohne Weiteres erklären, Gegenstände existierten, die bloße Vorstellung eines Gegenstands dagegen nicht. Hier spricht sich eine weitere Seinsvorstellung aus, von der an dieser Stelle zu fragen ist, ob sie ausreichend klar gemacht werden kann, ob sie also ein dritter Seinsbegriff ist.

Wer behauptet, Gegenstände existieren, die Vorstellung von Gegenständen dagegen nicht, ist offenbar der Meinung, seiend in diesem Sinne sei etwas, das gegenüber dem Subjekt selbständig und in jeder Hinsicht von ihm unabhängig ist, das also zu seiner Existenz unser erkennendes Bewusstsein nicht braucht. Dieses Problem ist unter dem Namen Außenweltproblem bekannt und soll an späterer Stelle erörtert werden. Er könnte aber auch der Meinung sein, seiend in diesem Sinn sei etwas, das insofern selbstständig ist, als es zu seiner Existenz keines anderen bedarf. Seiendes in diesem Sinne wird terminologisch hier Realität genannt und von ihm ist an dieser Stelle zu prüfen, in welchem Sinn hier ein neuer Seinsbegriff vorliegen könnte. Im Sinne dieser Seinsvorstellung sagen wir etwa, das Haus, das ich sehe, sei selbständig, das Haus, das ich mir vorstelle dagegen unselbständig. Es benötigt einen Träger, an dem es existiert und ohne diesen Träger könnte es keinen Augenblick bestehen. Begriffe brauchen ein menschliches Gehirn, um existieren zu können, ein Gegenstand dagegen, wie etwa ein Haus, braucht dergleichen nicht. Aber auch das Haus, das selbständig genannt wurde, benötigt einen Träger, um existieren zu können und das in verschiedener Hinsicht. Es benötigt einen Architekten, der das Haus plant, Arbeiter, die das Haus bauen und jemand, der die Kosten übernimmt. Alle sind nötig, damit das Haus entstehen konnte. Aber Träger wird man das nicht nennen können, da sie ja das Haus erzeugen, aber nicht seinen Bestand erhalten. Der Träger des Hauses sind vielmehr seine Materialien, Ziegel, Zement u.dgl., ohne die das Haus nicht existieren könnte. Nimmt man sie weg, wird auch das Haus zerstört. Diese Reduktion kann man immer fort treiben und kommt schließlich bei Atomen und Elementarteilchen an, die man darum die Träger von allem nennen kann. Aber auch diese benötigen einen Träger, den Raum und erst von ihm kann man sagen, er benötige zu seiner Existenz nichts weiter. Alles, was im Raum ist, das nennen wir selbständig und alles andere, was nur mittelbar räumlich ist, unselbständig, denn auch von einem Begriff könnte man sagen, er sei räumlich, da doch sein Träger, das menschliche Gehirn, räumlich ist. Aus diesem Grunde können wir dann das Haus real nennen, den Begriff des Hauses dagegen nicht.

Wie steht es mit Traumbildern? Auch sie sind doch räumlich, also real. Falls diese Traumwelt widerspruchsfrei ist, dann hätten wir tatsächlich eine zweite Realität. Dies ist aber nichts Ungewöhnliches und uns vollkommen vertraut. Es gelingt uns durchaus, in Traum- und Phantasiewelten zu leben und wären uns diese Welten nur deutlicher und vor allem öfter gegeben, dann würden wir sie zweifellos als ebenso real erkennen wie die uns jetzt vertraute Welt und mit einiger Übung hätten wir keine Probleme in zwei oder mehreren Welten zu leben, das ist wirklich nur eine Frage der Gewohnheit. Im Übrigen ist es nur eine Frage der Zeit, bis die Technik so weit sein wird, uns neue Welten bereit zu stellen. Der Einwand, Traumwelten seien bloß eingebildet und darum nicht real, ist vollkommen sachfremd. Traumwelten sind gerade darum real, weil sie die Definition der Realität erfüllen. Auch ist dies nur scheinbar ein Einwand gegen die Definition der Realität, weil die natürliche Vorstellung von Realität durchaus befriedigt wird. Solange wir träumen, halten wir die Traumwelt selbstverständlich für real, wachen wir aber, ist uns die Traumwelt nur aus Mangel an Gewohnheit nicht real, denn würden wir mehr träumen als wachen, wäre uns die Traumwelt real und die Wachwelt bloß eingebildet.

Das Ergebnis ist also: Der Raum ist das Reale, denn alles, was real ist, ist darum real, insofern es räumlich ist. Wie aber, wenn man nach der Realität des Raums fragte? Diese Frage ist nach dem oben Gesagten ebenso sinnlos, wie die Frage nach der Realität der Außenwelt. In jedem Falle aber ist die Räumlichkeit ebenso eine begriffliche Bestimmung, wie alles, was existiert. Es ist aber möglich, das Problem der

Realität des Raums mit einer anderen Überlegung einer Lösung näher zu bringen. Die Frage der Realität orientiert sich an der Frage der Selbständigkeit und Selbständigkeit wurde als Räumlichkeit gedeutet. Der Raum ist darum besonders geeignet, die Vorstellung der Selbständigkeit bei seinen Elementen hervorzurufen, weil das, was an verschiedenen Orten existiert, leicht als verschieden aufgefaßt wird und das Verschiedene niemals zur gleichen Zeit am gleichen Ort existieren kann. Auf Grund dieser Eigenschaft ist nichts so geeignet wie der Raum, eine Vorstellung der Verschiedenheit unter seinen Elementen hervorzurufen. Wir ordnen darum leicht dem Attribut der Räumlichkeit das der Selbständigkeit zu. Begriffe sind unterscheidbar, darum sind sie selbständig. Etwas kann nur dann räumlich sein, wenn es vorher auch deutlich ist. Wenn man also zwei Begriffe von Selbständigkeit unterscheidet, dann hat man ebenso ihre Einheit zu beachten.

Besitzt man einen Begriff von Selbständigkeit im Sinn von Deutlichkeit, kann man folgern: Alles ist Begriff. Hat man aber wie jetzt einen zweiten Begriff von Selbständigkeit (ohne den ersten aufzugeben), den der Räumlichkeit (d.i. Unabhängigkeit), entstehen neuartige Probleme. Was also Element des Raums ist, das können wir mit Sinn Gegenstand nennen. Und weil er Element des Raums ist, darum nennt man ihn auch selbständig. Nun ergibt sich aber folgende kuriose Situation:

1. Gegenstände sind selbständig.
2. Begriffe sind unselbständig.
3. Gegenstände sind Begriffe.

Alle drei Aussagen haben sich als wahr erwiesen, aber wie sollen sie zusammen bestehen? Man könnte dem Problem entgehen, indem man sagt: Alles ist Begriff. Und wenn der Begriff unselbständig genannt wurde, dann nur insofern, als er nicht Element des Raums ist, er ist aber insofern selbständig, als er deutlich ist. Eine solche These würde in der Tat alle Probleme lösen, wenn sie nicht die Vorstellung der Räumlichkeit gänzlich ignorierte. Man ist also durchaus auf die erwähnte Aporie zurückgeworfen. Der Gegenstand kann nichts anderes als Begriff sein, weil alles, was wir von ihm aussagen können, begriffliche Bestimmung ist und nichts übrig bleibt, wenn man alle Qualitäten von dem Begriff abstrahiert. Andererseits ist der Gegenstand aber auch selbständig und das ist der Begriff gerade nicht. Um der Lösung des Problems näher zu kommen, beachte man, daß hier zwei Begriffe von Selbständigkeit vorliegen. Selbständigkeit im Sinne von Deutlichkeit und Selbständigkeit im Sinne von Räumlichkeit. Nennt man Gegenstände selbständig und Begriffe unselbständig, dann geschieht dies im zweiten Sinn von Selbständigkeit. In der dritten Aussage aber bezeichnet der Gegenstand etwas, das sowohl im ersten, als auch im zweiten Sinn selbständig ist. Dies ist aber nur dann sinnvoll, wenn man annimmt: Räumlichkeit ist eine begriffliche Bestimmung. Räumlichkeit ist wie eine Qualität, die man zum Begriff, d.i. zu etwas, das selbständig im ersten Sinn ist, hinzutut, wodurch der Begriff real und damit selbständig im zweiten Sinn wird. Und insbesondere in diesem Sinn nennt man ihn dann auch Gegenstand. Alles, was es gibt, ist Begriff; aber manche Begriffe besitzen darüberhinaus noch die Qualität der Räumlichkeit und solche Begriffe nennt man auch Gegenstände.

Liegt hier aber ein weiterer Seinsbegriff vor? Das muss man verneinen, weil die Räumlichkeit vollständig auf Begrifflichkeit reduzierbar ist.

Es ist nützlich, an dieser Stelle zwei nahe liegende Einwände zu erörtern, die sofort ins Auge fallen und die auf den ersten Blick schlagend zu sein scheinen.

Wir sehen Gegenstände, aber wir denken Begriffe. Niemals dagegen können wir einen Begriff sehen. Und dies deutet doch auf einen wesentlichen Unterschied von Begriff und Gegenstand hin. Der Unterschied beider kann jedenfalls nicht in einer bloßen Qualität liegen. Aber in gewisser Weise können wir durchaus Begriffe sehen. Man versuche doch einmal anzugeben, was an dem Apfel, den ich sehe, *nicht* Begriff ist. Nimmt man alle Prädikate von ihm weg, wird er sich auflösen. Das, was ich sehe, ist nur Begriff, also sieht man doch Begriffe. Diesem Begriff, den man da sieht, kommt noch die weitere Bestimmung der Räumlichkeit zu, weswegen wir ihn Gegenstand nennen. Aber diese Räumlichkeit ist kein geheimnisvoller Zusatz, der aus einem Begriff einen Gegenstand der Außenwelt zaubert, sondern es ist selbst ein Begriff.

Andererseits sehen wir zwar einen roten Gegenstand aber niemand hat je den Begriff des Roten gesehen. Das ist zwar richtig, aber es ist kein Einwand. Denn zunächst fehlt dem Begriff des Roten auch das Prädikat der Räumlichkeit und damit können wir ihn auch nicht sehen. Weiterhin darf man nicht glauben, wir würden Begriffe so denken, wie wir Gegenstände sehen. Im Denken richtet man sich nämlich nicht auf einen Begriff aus, sondern der Begriff ist der Inhalt unseres Bewusstseins. Und weder richten wir uns, wenn wir denken, auf einen Begriff, noch hat dieser Begriff irgendeine Bedeutung. Der Begriff des Apfels bezeichnet nicht den Apfel und wir nehmen diesen Begriff auch nicht mit einem geistigen Auge, das wir Denken nennen, wahr, sondern wir kombinieren Begriffe so, daß uns der Begriff des Apfels entsteht. Fügen wir noch das Prädikat der Räumlichkeit hinzu, dann nennen wir das Resultat auch einen Gegenstand.

Gewöhnlich sagen wir, wir sehen Gegenstände. Aber was sehen wir da eigentlich? Wir sehen allenfalls seine Eigenschaften – und das sind doch Begriffe. Den Gegenstand selbst aber, wie könnten wir den jemals sehen? Und was wäre denn das, was wir da zu sehen bekämen? Wenn wir also sagen, wir sehen Gegenstände, dann ist das als eine façon de parler zu verstehen. Tatsächlich aber sehen wir keine Gegenstände, sondern wir besitzen Wahrnehmungen und wir deuten das Wahrgenommene. Wie könnten wir aber anders als in Begriffen deuten?

Der Apfel, den ich esse, ist grün, der Begriff des Apfels dagegen ist weder grün, noch kann ihn essen. Natürlich ist der Begriff des Apfels nicht grün, aber warum sollte dies ein Einwand gegen die hier vorgebrachte These sein? Wenn wir einen Apfel essen, dann vernichten wir doch keinen Begriff, sondern wir nehmen gewisse Handlungen vor und besitzten dabei gewisse Empfindungen, zu welchem Handlungs– und Empfindungskomplex wir sagen, wir würden einen Apfel essen. Dies deshalb, weil unsere Eindrücke so beschaffen waren, daß sie die Bildung oder Erinnerung des Begriffs des Apfels hervorriefen.

Das Unbehagen, das wir bei der hier vorgebrachten These empfinden, ist in der Redeweise begründet, nicht in der Sache. Wir benutzen Begriffe, um Begriffe zu erkennen. Was im Raum ist, ist Gegenstand, aber was ist Raum anderes als Begriff und was ist Gegenstand anderes als ein Begriff? Dies ist eine seltsame und aporetisch klingende Redeweise. Sie rührt daher, daß man versucht, die Welt als eine Konstruktion des Subjekts zu gewinnen. Man stellt sich darin der Welt gegenüber und sucht sie zu konstituieren. Denn wir besitzen zwar eine Welt, aber gegeben sind uns höchstens Empfindungen. Wie lässt sich nun die Welt aus den einzig gegebenen Empfindungen aufbauen? Dabei tut man so, als ob das Subjekt nicht zur Welt gehört, sondern in sich die Welt erzeugt. Man versuche aber nicht, die Welt aus dem Subjekt zu erzeugen, sondern betrachte auch das Subjekt als Teil der Welt. Auf diese Weise gewinnt man einen Standpunkt, für den die hier vorgestellte These keineswegs mehr aporetisch klingt (hiervon später).

Damit ein Begriff bestehen kann, benötigt er als materiellen Träger ein menschliches Gehirn. Überhaupt ist jeder Gedanke und damit auch alle Kultur an diesen materiellen Träger gebunden, so daß man sagen kann, Bewusstsein sei eine *Funktion* der Materie. Weiter nehmen wir Gegenstände wahr, indem Moleküle Lichtwellen reflektieren, die unser Auge affizieren. Sie sind für uns Sinnesdaten, die wir zu der Wahrnehmung eines Gegenstands umdeuten. Erkenntnis ist also eine Interpretation eines gegebenen Materials. Da aber dieses Gegebene Gegenstand und Teil der Natur ist und das Resultat, die Erkenntnis, eines materiellen Trägers bedarf, weshalb man sie eine Funktion der Materie nennen kann, kann man sagen, die Natur deute in der Form der menschlichen Erkenntnis sich selbst. Diese Art der Interpretation kann man kurz eine begriffliche nennen, weil wir alles als begriffliche Bestimmung deuten. Auch der Gegenstand ist begriffliche Bestimmung, seine Gegenständlichkeit äußert sich in der begrifflichen Bestimmung der Räumlichkeit. Damit ist der Gegenstand eine Selbstinterpretation der Natur. In diesem Satz hat man dann auch das Ergebnis dieses Kapitels prägnant zusammengefaßt. Unsere Rede von Gegenständen ist eine Interpretation, und zwar die Interpretation eines uns gegebenen Materials, sei es nun Licht– oder Schallwellen oder kurz Sinnesdaten, wie man sich hier eben äußern möchte. Dies berechtigt uns zu der Auffassung, es gebe räumliche Gegenstände. Aber weitergehende Aussagen können wir nicht treffen, weil wir über den Ursprung dieser Gegenstände und des Raums prinzipiell nur etwas begrifflicher Art aussagen können. Unser Erkenntnisvermögen liefert uns räumliche Gegenstände – aber diese räumlichen Gegenstände sind eine uns begrifflich gegebene Selbstinterpretation der Natur.

Mit der Räumlichkeit erhält man also einen sinnvollen Begriff von Realität. Der Raum aber ist keineswegs der Garant für eine reale Außenwelt. Räumlichkeit ist eine begriffliche Bestimmung und eine Form von Selbständigkeit und das hat nichts mit einer realen Außenwelt zu tun. Die Vorstellung einer realen Außenwelt hat man aber in jedem Fall fern zu halten, sie ist unnötig und unnütz. Weiter ist die Existenz einer realen Außenwelt weder beweisbar, noch widerlegbar, folglich unsinnig. Schließlich ist die Annahme einer realen Außenwelt sogar aporetisch, denn von den Gegenständen dieser realen Außenwelt könnten wir außer ihrer Gegenständlichkeit, d.i. außer ihrem Anderssein nichts wissen, sie wären Gegenstände ohne Eigenschaften. Statt dessen gewähren Raum und Zeit einen Begriff von Selbständigkeit, der die Annahme einer ohnehin widersprüchlichen realen Außenwelt unnötig macht.

Man könnte nun glauben, bei dieser Konstruktion bleibe noch eine entscheidende Frage offen, nämlich: Warum belegen wir manche Begriffe mit dem Prädikat der Räumlichkeit, andere dagegen nicht?

Um diese Frage zu klären, ist es nützlich zwischen dem Raumbegriff und der natürlichen Raumvorstellung zu unterscheiden. Letztere wird zweifellos durch die Wahrnehmung vermittelt. Das Wahrgenommene ist uns räumlich, das bloß Vorgestellte dagegen meist nicht. Das liegt daran, daß uns in der Wahrnehmung Abstand und Entfernung zwischen den Dingen gegeben ist und das kann nur daran liegen, daß uns in der Wahrnehmung das, was *zwischen* dem Wahrgenommenen liegt, ebenso deutlich ist, wie das Wahrgenommene selbst. Die Raumvorstellung lässt sich also offenbar auf den Begriff der Deutlichkeit zurückführen. Das Wahrgenommene ist also das System des ausnahmslos und durchgängig Deutlichen und dadurch wird es zum Räumlichen.

Das Wahrgenommene ist 1) deutlich, es ist 2) in einem System der durchgängigen Deutlichkeit und es vermittelt 3) eine Vorstellung der Andersheit. Diese drei Punkte zusammengenommen machen die Räumlichkeit des Wahrgenommenen aus, oder, was dasselbe meint: sie lassen uns unsere natürliche Raumvorstellung entstehen. Die Räumlichkeit setzen wird also bevorzugt zu den Vorstellungen und Begriffen hinzu, die uns durch die Wahrnehmung gegeben wurden. Solche Begriffe sind uns eben so gegeben, daß sie eine Vorstellung von Räumlichkeit hervorrufen. Man kann auch sagen: Die Wahrnehmung setzt zum Begriff noch die Vorstellung seiner Räumlichkeit hinzu. Die Gründe, warum die Wahrnehmung dies tut, sind, wie gezeigt, heterogen; im Wesentlichen ist die natürliche Vorstellung der Räumlichkeit aber nur eine besondere Konstellation der Deutlichkeit. Im Wesentlichen ist Räumlichkeit also auf Deutlichkeit reduzierbar. Man kann darum sagen: Im Raum wird die Deutlichkeit wahrnehmbar.

Ein Begriff des Raums ist das aber noch lange nicht. Der Raumbegriff ist jedoch eine Verdeutlichung und Verallgemeinerung unserer natürlichen Raumvorstellung. Der Raum ist – auf den Begriff gebracht – eine Relation, genauer ein Element–Sein. Der Raum ist eine beliebige Menge und wenn etwas im Raum ist, dann ist es Element einer Menge. Wenn wir von einem Begriff dies sagen können, dann haben wir ihn um das Prädiakt der Räumlichkeit erweitert. Dies können wir aber prinzipiell mit jedem Begriff tun und können darum sagen: Alles ist räumlich. In manchen Fällen aber ist uns dieses Zutun der Räumlichkeit zum bloßen Begriff durch äußere Umstände nahegelegt (wie etwa in Fall der Wahrnehmung), in anderen Fällen dagegen erscheint es uns bloß möglich und damit bloß willkürlich.

3.2.2 Das Problem der Kontingenz

Die hier zu erörtende Frage versteht man am leichtesten, wenn man sie in ihrer mythischen Form stellt: Hatte Gott, als er die Welt schuf, eine Wahl? Um diese Frage beantworten zu können, sind eine Reihe von Vorfragen zu klären: Welche Auswahlmöglichkeiten hatte er? Falls er Auswahlmöglichkeiten hatte, hat er alle möglichen Welten verwirklicht oder hat er sich für eine von ihnen entschieden? Warum hat er sich dann gerade für diese eine entschieden? Wie gelang es ihm, eine mögliche Welt in die Realität zu befördern?

Bevor diese Fragen beantwortet werden können, erscheint eine Erinnerung an die hier geübte Terminologie nötig. Gewöhnlich unterscheidet man zwischen Möglichkeit und Wirklichkeit und meint mit Wirklichkeit eine konzeptionell kaum begreifbare Außenwelt im Gegensatz zur bloßen Innerlichkeit des Subjekts. Das Wirkliche kann entweder notwendig oder bloß kontingent sein, d.h. es könnte auch anders sein als es ist. Hier dagegen wird auf einen Begriff der Außenwelt ganz verzichtet, weil er unnötig, unnütz und aporetisch ist. Statt dessen wurde der Begriff der Realität eingeführt und das Reale als das bestimmt, was in Raum und Zeit ist. Das Wirkliche dagegen ist das Widerspruchsfreie. Der Begriff des Möglichen wird hier unnötig, denn entweder ist etwas widerspruchsfrei, dann ist es wirklich, oder es ist mit Widersprüchen behaftet, dann ist es unmöglich. Was also in der Tradition Möglichkeit und Wirklichkeit heißt, wird hier zu Wirklichkeit und Realität. Mit dieser Terminologie klärt sich die letzte der aufgeworfenen Fragen ganz leicht: Ein Wirkliches wird real, indem ihm die Bestimmtheit der Räumlichkeit zugegeben wird. Man sieht, eine geheimnisvolle Transformation oder ein göttlicher Schöpfungsakt sind gänzlich unnötig. Anders wäre dieser sonst so unverständliche und geradezu unglaubliche Weg vom Wirklichen zum Realen, oder traditionell gesprochen: vom Möglichen zum Wirklichen, auch nicht denkbar.

Die Tradition hatte die Wahl zwischen Skylla und Charybdis. Nachdem sie das für sie unlösbare Problem, wie das Mögliche wirklich werden könne, glücklich ignoriert hatte, musste sie sich fragen, warum denn das eine wirklich, das andere aber bloß möglich ist, sie musste den Grund der Wirklichkeit des Wirklichen nennen.

Um dieses Problem zu lösen, könnte man natürlich am einfachsten ein göttliches Wesen bemühen, das nach irgendeiner Regel, beispielsweise einem Ökonomieprinzip (größtmögliche Komplexität bei möglichst einfachen Naturgesetzen) eine Welt zur Verwirklichung auswählt. Versucht man das Problem aber logisch zu lösen, muss man entweder behaupten, 'alles Mögliche ist wirklich' oder 'alles Wirkliche und nur alles Wirkliche ist notwendig' (denn das Notwendige *muss* wirklich sein). Beides dürfte – vorsichtig formuliert – nur schwer zu beweisen sein. Denn im ersten Fall könnten sich doch offensichtlich mehrere mögliche Welten dann widersprechen, wenn sie wirklich wären. Ein Blatt könnte jetzt oder erst in zehn Minuten vom Baum fallen, aber beide Ereignisse wären in einer gemeinsamen Welt nicht möglich. Der zweite Fall dagegen erscheint insofern aussichtsreicher, als der Nachweis, keine andere Welt als die unsere könne existieren, d.h. könne möglich sein, vielleicht nicht aussichtslos erscheint. Aber selbst angenommen, ein solcher Beweis sei gelungen, dann hätte man noch nicht die Notwendigkeit unserer Welt gezeigt, sondern nur: *Wenn* unsere Welt real ist, dann kann sie nicht anders sein als so, wie sie ist. Die Notwendigkeit der Welt meint dagegen ihre notwendige Realität. Die Probleme lösen sich aber leicht, wenn man in der Realität nur den Zugewinn einer weiteren qualitativen Bestimmung sieht. Dann nämlich wäre das Reale vor dem Wirklichen nicht irgendwie ontologisch bevorzugt und das Problem, warum eine Welt vor einer anderen bevorzugt wird, indem sie nämlich in die Realität erhoben wird, wäre verschwunden. Klarerweise ist das Reale wirklich und damit widerspruchsfrei. Ob aber alles Wirkliche real ist, das ist keine besonders sinnvolle Frage. Denn da, wo man zum Wirklichen das Räumliche widerspruchsfrei hinzufügen kann, hat man Realität erzeugt. Man könnte auch sagen, was wir als real anerkennen wollen, ist weitgehend in unser Belieben gestellt und bleibt unsere Entscheidung. Denn wir selbst erzeugen Realität, indem wir zum Widerspruchsfreien das Räumliche widerspruchsfrei hinzufügen und wir entscheiden selbst, ob wir in dieser Realität leben wollen. Selbstverständlich sind solche Realitätssetzungen selten *freie* Entscheidungen eines Individuums, sie sind zum einen durch die Natur unseres Denkens und Wollens hervorgerufen, zum anderen gesellschaftlich erzeugt. Beide Themenkreise sind nicht mehr Gegenstand vorliegender Arbeit. Hier liegt noch eine weites Feld der Forschung, das bisher nicht einmal in Ansätzen bearbeitet wurde.

Jedenfalls haben sich die eingangs gestellten Fragen auf eine einzige reduziert, nämlich, welche Auswahlmöglichkeiten hatte Gott, als er die Welt schuf. Oder moderner: Gibt es reale Welten und wenn ja, welche? Auch hier muss man genau auf die Terminologie achten. Wie leicht bereits die bloße Fragestellung in die Irre führen kann, sieht man an folgender scheinbaren Umformulierung: Das Wirkliche ist das Widerspruchsfreie. Alles, was ein widerspruchsfreies System bildet, ist wirklich. Alles Reale ist wirklich, aber das Wirkliche muss nicht real sein. Aus welchem Grund ist aber eine Wirklichkeit real, eine andere nicht und gibt es vielleicht eine ausgezeichnete Wirklichkeit, der vor allen anderen Realität zukommt? Und da unsere Welt real ist, ist zu klären: Ist unsere Welt notwendig real oder ist sie kontingent. Auf diese Frage wird man nie eine Antwort finden, weil der Irrtum bereits in der Frage steckt. Zuerst wird angenommen, es bedürfe eines besonderen Sprungs vom Wirklichen zum Realen, das Reale sei von besonderer Art und vom bloß Wirklichen prinzipiell verschieden. Nimmt man dies aber an, fragt es sich sofort, warum denn die eine Wirklichkeit in die Realität erhoben wurde, die andere aber nicht. In Wahrheit ist die Frage aber bloß: Welche realen Welten gibt es?

Da die Räumlichkeit das Konstituens der Realität ist, muss man nur die verschiedenen Räume klassifizieren und erhält so eine Klassifikation aller Welten. Das bedeutet nun: Es gibt so viele Welten, wie es Geometrien gibt. Unter diesen Welten gibt es eine konkrete, die wir Natur nennen und die die Physik untersucht, während man die anderen Welten abstrakt nennen könnte. Diese Terminologie erscheint darum sinnvoll, weil die Natur zuerst jene Welt ist, in der unsere Handlungen stattfinden, sie ist zunächst jene Welt, in der wir leben. Diese Lebenswelt konstruieren wir uns als widerspruchsfrei und diese aus der Lebenswelt abstrahierte und idealisierte Welt nennen wir bevorzugt Natur. Andere Räume sind dagegen eher Abstraktionsprodukte dieses bevorzugten Raums, den wir Natur nennen. Der Vorzug der Natur vor anderen Realitäten liegt höchstens in ihrer Konkretheit, nämlich in ihrem Ursprung in der Lebenswelt. Die Vielheit der Welten aber muss man nicht erklären. Es gibt eben so viele Welten, wie zu denken möglich sind. Und sind sie räumlich, dann sind sie real. Vor allem aber kann kein begründetes Bedürfnis bestehen, eine dieser Welten vor allen anderen auszuzeichnen. Die Natur ist zwar die konkrete Welt, aber daraus folgt kein ontologischer Vorzug. Diese konkrete Welt ist durch Zufall konkret, weil die Struktur unserer Lebenswelt eine zufällige ist.

Allerdings gibt es einen Rahmen, in dem die Natur kontingent ist. Die Natur ist nämlich real, sie ist wirklich und sie existiert und höchstens innerhalb dieses Rahmens kann sie kontingent sein.

Zunächst ist die Natur real. Das ist sie nach Definition und dies ist keine allererst zu deduzierende Eigenschaft. Weiter ist die Natur wirklich, d.h. widerspruchsfrei. Dies deshalb, weil wir sie als wirklich konstruieren. Auch die Widerspruchsfreiheit der Natur muss man nicht beweisen, sie ist vielmehr unsere Forderung an die Natur. Die Natur ist in einem erklärbaren Sinn kontingent, sie hätte also auch anders sein können. Aber wie immer sie auch sein könnte, sie kann immer nur widerspruchsfrei sein. Drittens schließlich existiert die Natur. Dies ist weniger unsere Forderung an die Natur als vielmehr ihre natürliche Eigenschaft. Hätte z.B. die Gravitationskonstante einen wesentlich höheren Wert, hätte es nicht zum Urknall kommen können und die Welt hätte nicht entstehen können. Da aber die Natur existiert, kann dies nicht der Fall sein. Die Existenz ist also keineswegs eine triviale Forderung, sie beschränkt die Naturgesetze und die Naturkonstanten durchaus.

Innerhalb dieses Rahmens von Existenz, Wirklichkeit und Realität ist die Natur kontingent.

3.2.3 Das Problem der Außenwelt

Die Welt als vom Subjekt unabhängig und selbständig, bezeichnet man als Außenwelt. Diese Bestimmung der Außenwelt ist naturgemäß sehr unspezifisch, aber wie sollte man sie auch anders bestimmen, denn wollte man irgendein Prädikat angeben, das der Außenwelt zukäme, so wäre dies ja schon eine begriffliche Bestimmung und damit gerade keine Bestimmung der Außenwelt. Aber wie können wir von dieser Außenwelt jemals etwas wissen, wenn sie doch per definitionem nicht begrifflich bestimmt ist und unser gesamtes Wissen begriffliches Wissen ist? Wir können nur in Begriffen denken und anders als begrifflich denken heißt, nicht zu denken. Von einer Außenwelt können wir also nichts wissen, wir können höchstens von ihr sagen, sie sei das Andere des Bewusstseins.

Das heißt aber noch nicht, eine Außenwelt gibt es nicht. Es könnte durchaus Argumente geben, die eine Außenwelt erzwingen, eine Außenwelt allerdings, von der man, außer ihrem Bestehen, nichts wissen könnte.

Dazu stelle man sich eine Maschine vor, die in der Ecke irgendeines Labors steht und die über Intelligenz und Bewusstsein verfügt, nicht aber über Mittel, mit ihrer Umwelt in Kontakt zu treten. Diese Maschine sei so programmiert, daß sie das Bewusstsein habe, ein Mensch zu sein, Kontakt mit anderen Menschen zu haben und in einer Welt von Gegenständen zu leben, die sie zu ihrem Gebrauch benutze. Sobald diese Maschine Philosophie treibt, würde sie – offenbar durch einen kleinen Programmierfehler – zu dem Schluss kommen, sie sei ein Mensch, lebe in einer Welt von Gegenständen und Menschen, mit denen sie kommuniziere. Tatsächlich aber steht sie in irgendeiner Ecke eines Labors und jemand bräuchte nur den Strom abzuschalten und die Welt, die im Bewusstsein dieser Maschine existiert, wäre augenblicklich verschwunden. Eine solche Maschine erscheint durchaus möglich und unsere Träume zeigen uns ja bereits ein erstes Rudiment einer solchen Maschine. Können wir nun ausschließen, ob nicht unser menschliches Bewusstsein die Gedanken einer Maschine sind, die in irgendeinem Labor steht und ob nicht unsere Existenz mitsamt allen Gegenständen, ja sogar dem Weltall mit seinen Weiten, ob nicht all unsere Leistungen in Kunst und Wissenschaft, ob nicht alle Museen mit all ihren Kunstschätzen, das Bewusstsein einer Maschine ist, das augenblicklich verschwindet, sobald jemand nur den Strom abschaltet?

Natürlich würde niemand diese Konstruktion für besonders wahrscheinlich halten. Unsere Welt ist einfach zu vielfältig und zu strukturiert, als daß man annehmen könnte, sie existiere ausschließlich im Bewusstsein. Aber offensichtlich ist diese Konstruktion weder widerlegbar, noch beweisbar und das bedeutet: Die Außenwelt ist nicht direkt beweisbar.

Es könnte aber durchaus Argumente geben, die die Existenz der Außenwelt erzwingen, ohne sie unmittelbar erkennen oder ihre Existenz direkt beweisen zu müssen. Es könnte ja Erscheinungen in unserer Welt geben, die nicht anders als durch die Annahme einer Außenwelt zu erklären sind. Solche Argumente sind in der Folge zu prüfen.

Zunächst könnte man argumentieren, wir besäßen doch Sinneseindrücke und folglich müsse es etwas geben, das diese Sinneseindrücke verursache. Diese Ursache der Sinneseindrücke sei eben die Außenwelt. Natürlich beweist dieses Argument nicht das Geringste, das zeigen allein die Wahrnehmungen in Träumen, denn dort nimmt man Dinge wahr, die nach der hier geübten Terminologie nicht zur Außenwelt gehören. Trotzdem könnte man argumentieren, es sei doch schließlich erwiesen, daß wir Schallwellen und Lichtquanten aufnehmen und selbständig zu einer Erkenntnis verarbeiten. Also gehören Schallwellen und Lichtquanten doch zur Außenwelt. Aber woher wissen wir denn, ob diese Lichtquanten nicht selbst nur Bewusstseinsinhalte sind und das Auge, das diese Lichtquanten aufnimmt und der Physiologe, der diese Zusammenhänge untersucht und das Lehrbuch, in dem wir seine Erkenntnisse nachlesen?

Stärkere Argumente scheinen sich aus dem Zusammenhang der Dinge zu ergeben. Ich halte einen Stein in der Hand, ich sehe diesen Stein, der so schwer ist, daß ich ihn nur mit Mühe halten kann. Der Stein ist mir also sowohl durch eine Sehempfindung, als auch durch eine Tastempfindung gegeben. Beide Empfindungen scheinen auf irgendeine Art zusammenzupassen, ich sehe *und* ertaste den Stein. Wie können aber zwei so verschiedene Empfindungen denselben Gegenstand präsentieren, als ob sie voneinander wüßten? Was liegt näher, als hinter den verschiedenen Empfindungen einen einzigen Gegenstand zu vermuten? Natürlich ist es ganz unnötig, eine Außenwelt anzunehmen, um die Übereinstimmung der Empfindungswelten zu verstehen. Denn tatsächlich stimmen die Empfindungswelten keineswegs überein, sondern wir selbst machen sie übereinstimmend.

Ein weiteres Argument könnte sein: Jeder Mensch besitzt eine Welt und all diese Welten sind im wesentlichen identisch. Das wissen wir darum, weil wir uns mit anderen Menschen verständigen können. Wie können alle Menschen aber im wesentlichen die gleiche Welt haben, wo sich doch nur wenige untereinander kennen, die gemeinsame Welt also nicht durch Absprache entstanden sein kann, wenn man nicht eine einzige Außenwelt annimmt, die alle Menschen besitzen. Aber das Argument zeigt nur, wie wirksam Traditionen und gesellschaftliche Konventionen sind.

Ein weiteres Argument: Gäbe es keine Außenwelt, wäre Objektivität nicht erklärbar. Aber was ist Objektivität denn anderes als das, worin die meisten Menschen übereinstimmen und wozu sollte man dazu so etwas wie die Außenwelt brauchen? Gemeinsame Annahmen kommen von gemeinsamen Erfahrungen und gemeinsamen Traditionen. Wir besitzen eine Welt von Begriffen, die wir mit anderen teilen. Dazu braucht es keine Außenwelt. Man könnte aber argumentieren: Gäbe es keine Außenwelt, wäre das konstante Verhalten der Natur nicht erklärbar. Wir sehen etwa einen Tisch und wenn wir nach einiger Zeit in dieselbe Richtung blicken, sehen wir denselben Tisch und es wäre doch lächerlich zu vermuten, es handle sich hier um einen zweiten Tisch, der gerade geschaffen wurde, als wir ihn sahen. Denn wer hätte diesen Tisch gerade schaffen sollen und vor allem: warum hätte er ihn gerade schaffen sollen? Die Annahme einer Außenwelt ist doch sicher die einfachste Lösung, die dieses Problem am überzeugendsten klären könnte. Aber auch diese Erklärung ist unnötig. Es ließen sich leicht Lebewesen denken und die meisten Tiere dürften von dieser Art sein, die keineswegs beim zweiten Blick denselben Tisch erblicken. Auch wir haben die Vorstellung des Tischs zweimal neu erzeugt und weil wir kurz hintereinander zwei ähnliche Eindrücke hatten, haben wir einen Zusammenhang dieser Eindrücke unterstellt. Aber welch eine seltsame Logik: Wir selbst haben zwei Eindrücke zu einer Einheit verbunden und unterstellen dann, es müsse doch eine zu Grunde liegende Einheit geben, damit wir die Einheit hätten erzeugen können.

Auf diese Weise kann man also die Existenz einer Außenwelt nicht erzwingen. Dennoch könnte es noch andere Zugänge zu einer Außenwelt geben, sie dürften nur nicht begrifflicher oder argumentativer Natur sein. In diesem Sinn könnte man den Tastsinn geltend machen. Mittels des Tastsinns erhalten wir Kenntnis einer Außenwelt, weil das Ertastete zur Außenwelt gehören muss. Aber bezüglich des Tastsinns gilt nichts anderes, als was bereits über den Gesichtssinn gesagt wurde. Der Tastsinn lässt uns einen Widerstand erfahren und folglich eine Grenze unserer Wirkung. Es ist zweifellos verlockend, aus der offenbaren Begrenzung unserer Wirkung, auf eine unabhängige Ursache dieser Begrenzung zu schließen. Aber dieser Schluss ist nur besonders suggestiv, jedoch alles andere als zwingend, denn niemals ist es möglich, von einem Sinnesdatum auf seinen unabhängigen Erzeuger zu schließen, weil es einfach keinen Weg vom Subjekt zur Außenwelt gibt.

Es weiteres Argument könnte das Gegenstandsbewusstsein liefern. Der Baum, den ich sehe, sehe ich als etwas, das von mir verschieden ist, das mir gegenübersteht, aber die Zahl, mit der ich rechne, erkenne ich nicht in diesem Sinn als Gegenstand an. Zweifellos fassen wir manche Dinge insofern als Gegenstände auf, als wir sie als andere und von uns selbst verschiedene begreifen. Dieses Phänomen kann man Gegenstandsbewusstsein nennen, es begleitet die Erkenntnis mancher Dinge und lässt sie als Andere begreifen. Man könnte einwenden, dieses Gegenstandsbewusstsein existiere zwar, es sei aber kulturell erzeugt. Es gab Zeiten, in denen die Menschen nichts von einem Gegenstandsbewusstsein wußten, sie erkannten das Wahrgenommene keineswegs als Gegenstand an und es wird eines Tages vielleicht wieder so verschwinden wie es gekommen ist. Das mag richtig sein, ändert aber nichts an der derzeitigen Existenz eines Gegenstandsbewusstseins. Man ist also in jedem Fall genötigt, dieses Gegenstandsbewusstsein Ernst zu nehmen. Aber folgt aus einem Gegenstandsbewußt die Existenz von Gegenständen? Es folgt nur, daß wir um die Existenz von Gegenständen *wissen*. Wir haben eine *Tendenz*, das, was wir deutlich auffassen, als Gegenstand anzusehen. Ein Argument für die Existenz von Gegenständen im Sinne von dem Bewusstsein Gegenüberstehenden, ergibt sich also auch daraus nicht, höchstens ein Motiv, warum wir, wider besseres Wissen, an ihre Existenz *glauben*.

Gesagt ist bisher: Von einer Welt, die unabhängig von unserem Bewusstsein ist, können wir nichts wissen, folglich ist es unsinnig, über dergleichen zu reden. Es gibt aber auch keine Argumente, die eine solche Außenwelt erzwingen könnten. Die Ursache dieses Resultats liegt in dem hier angenommenen Begriff der Selbständigkeit als eines unbegrifflichen Andersseins und das ist eben eine sinnlose Begriffsbildung.

Die Außenwelt wäre demnach eine Fiktion und allgemein geglaubtes Märchen. Man sollte doch darum konsequenterweise die Vorstellung einer Außenwelt als sowohl aporetisch, als auch unnötig, ablehnen. Eine solche Position nennt man meist Idealismus, sie ist konsistent und widerspruchsfrei und zur Erklärung der Phänomene ausreichend. Gegen diese Position entstehen aber Bedenken besonderer Art und diese Bedenken entspringen keinen Argumenten. Das Problem dieser These ist doch, daß wir die Welt einfach nicht als bloße Erscheinung *anerkennen* und dagegen helfen auch keine Argumente. Wir nehmen doch wie selbstverständlich an, es gebe eine Welt von selbständigen Gegenständen, die unabhängig von jedem Subjekt bestehen. Und dabei fragen wir nicht, ob es für diese Annahme Gründe gibt. Natürlich könnte man einwenden, die Menschheit würde hier eben einen kollektiven Fehlschluss begehen. Das mag sein oder nicht, aber es ist kein Einwand, weil man damit nur etwas rationalisiert hätte, was gerade nicht rationalisierbar ist. Man stelle sich nur vor, wir müßten mit der Erkenntnis leben, die Außenwelt sei nichts als eine Fiktion des Subjekts. Es wäre uns unmöglich, mit dieser Erkenntnis auch nur wenige Augenblicke zu leben, weil es uns nicht möglich wäre, im Sinne dieser

Erkenntnis zu handeln. Wider besseres Wissen würde sich immer wieder die Annahme einer unabhängigen Außenwelt einschleichen, unser Verstand wäre machtlos gegenüber unseren Interessen und Bedürfnissen. Man sieht eben, hier handelt es sich nicht um eine Frage von Argumenten. Unser Wille fordert eine Welt als Außenwelt und setzt den Gegenstand als das Andere des Begriffs und daher ist es einfach falsch, die Außenwelt als bloße Fiktion abzutun. Dem Verstand muss die Außenwelt allerdings als eine Fiktion *scheinen*, aber der Verstand fingiert hier nichts, sondern der Wille setzt die Welt als Außenwelt. Man kann darum sagen: Die Außenwelt ist eine Entäußerung des Begriffs, in der der Wille den Begriff als das Andere des Begriffs, d.h. als Gegenstand setzt.

Damit ergibt sich aber ein Problem: Die Annahme einer selbständigen Außenwelt ist zwar einerseits unvermeidlich, andererseits aber aporetisch. Die Lösung dieses Problems erhält man sofort, wenn man beachtet, daß die Annahme einer Außenwelt nicht argumentativ erzwungen werden kann, mithin kein logisches Problem, sondern eine Forderung unseres Willens ist. Was wir Außenwelt nennen, das ist tatsächlich ein Gegenstandsbewusstsein, in dem wir den Begriff als Anderen setzen, weil der Wille eine solche Setzung fordert. Die Außenwelt ist also eine Forderung unseres Willens und keineswegs etwas 'Reales', 'Wirkliches' oder was man sonst noch dafür hält, was man aber niemandem jemals wird verständlich machen können.

Überblickt man den Gang der bisherigen Untersuchung, hat man zu unterscheiden zwischen Existenz, Wirklichkeit, Realität und Außenwelt. Die ersten drei sind begriffliche Bestimmungen und haben eine bestimmbare Bedeutung. Einen Gegenstand der Außenwelt aber setzen wird als von uns verschieden, als ein Äußeres und Anderes, das uns entgegensteht. Dies kann mit Begriffen nicht gedacht werden. Hier handelt es sich auch nicht um einen Begriff, sondern um eine Forderung und Setzung unseres Willens. Die Gegenständlichkeit ist eine Forderung des Willens und kein Begriff. Dies nicht erkannt zu haben, ist der Hauptfehler der maßgebenden Strömungen der abendländischen Ontologie und Metaphysik. Immer, wenn man Existenz, Wirklichkeit oder Realität zu bestimmen suchte, mischte sich eine Vorstellung von Andersheit, mischte sich ein Gegenstandsbewusstsein ein, das man stets rational zu verstehen suchte, das aber kein Begriff ist, sondern eine Forderung des Willens, sich folglich jeder rationalen Deutung widersetzen musste. Man meinte gar, mit Begriffen wie Existenz, Wirklichkeit oder Realität diese Andersheit in den Griff bekommen zu können. Tatsächlich ist dieses Gegenstandsbewusstsein aber nicht einmal ein logisches Problem.

Wir sagen etwa, wir sehen ein Haus. Dieses Haus ist natürlich nichts anderes als Begriff, andererseits ist es doch auch ein Anderes und uns gegenüber Äußerliches. Wir haben also doch offensichtlich in der Wahrnehmung einen Begriff entäußert, d.h. den Begriff mit einem Gegenstandsbewusstsein versehen. Und alles, was wir wahrnehmen, sind nichts als entäußerte Begriffe. Aber dieses von uns selbst gesetzte Äußere setzen wir auch als ein Selbständiges und ein Selbständiges ist doch etwas, das zu seinem Bestehen keines anderen bedarf, insbesondere auch nicht dessen, der es selbst gesetzt hat. Aber dieses Äußere ist unsere Setzung und darum liegt hier auch keine Aporie vor, wie sie sonst jede Gegenstandsontologie trifft. Diese Analyse mag für den hier hier gewählten Standpunkt zutreffen, inwiefern sie zu relativieren ist, wird an späterer Stelle gezeigt. Etwas kann nur dann real sein, wenn es wirklich ist und nur dann wirklich sein, wenn es existiert. Unabhängig hiervon ist aber die Bestimmung der Außenwelt. Selbst das, was nicht existiert, könnten wir als Außenwelt setzen, was wir allerdings nur selten tun. Dies zeigt jedoch die Unabhängigkeit beider Bestimmungen. Wir bemerken aber, daß wir bevorzugt ein Reales als Außenwelt setzten und daß wir die Außenwelt als ein Reales ansehen. Die Vermittlung beider, der Realität und der Außenwelt, erfolgt in der Wahrnehmung. Wir machen das Wahrgenommene zur Außenwelt und wir nehmen stets ein Reales wahr. Aber diese Vermittlung geht nur selten rein auf. Dies hat seine Ursache in der Freiheit des Willens. Die Realität ist nur eine *Forderung* an die Außenwelt, die weder der Wille, noch der Verstand vollständig einlösen können. Man bemerkt also einen Widerspruch von Realität und Außenwelt, weil wir frei etwas als Außenwelt setzen, dessen Realität wir oft höchstens *unterstellen* können. Wir können nicht anders, als die Natur vernünfig denken, aber weil der Wille nicht vernunftbestimmt ist, ist die Natur keineswegs immer vernünftig. Diesen Widerspruch muss man stehen lassen, er ist nicht behebbar.

Diese These von der Welt als Wille und Vorstellung mag in einem bloß beschreibenden Sinn richtig sein, sie löst jedoch noch nicht das Problem der Außenwelt. Denn wenn wir die Welt als äußere *setzen*, dann ist diese Welt, als eine durch den Willen gesetzte eben doch nur eine Kreatur des Subjekts. Die Äußerlichkeit ist also nur eine gesetzte, wo sie eine gegebene sein sollte.

Dieses Problem entsteht immer dann, wenn man die Außenwelt als eine Kreatur des Subjekts ansieht. In all diesen Fällen wird der Forderung unseres Willens nach Gegenständlichkeit nicht Genüge getan eben weil die Gegenständlichkeit durch diese Konstruktionen eine Kreatur des *Subjekts* bleibt. Die Außenwelt darf auf keine Weise durch das Subjekt erzeugt sein, nur dann wäre der Forderung unseres Willens Genüge getan.

Man könnte darum versucht sein, das Problem zu beheben, indem man sagt: Die Außenwelt ist ein Axiom unseres Wissens. Und dies scheint, wenn auch unausgesprochen, die Annahme großer Teile der Gegenwartsphilosophie zu sein. Ein Axiom ist weder wahr, noch falsch, aber ohne es wäre nichts wahr. Hier sieht man aber bereits, daß die Außenwelt schlecht ein Axiom sein kann, denn aus der Annahme einer Außenwelt wird im Allgemeinen nichts abgeleitet. Die Annahme einer Außenwelt ist ganz im Gegenteil, logisch unnötig. Man nimmt sie an, um unseren Willen und damit unser natürliches Weltverhalten zu erklären. Eine *logische* Notwendigkeit für eine solche Annahme besteht dagegen nicht, insbesondere muss die Wissenschaft keineswegs eine Außenwelt unterstellen. Die Außenwelt ist zwar eine allgemein akzeptierte Annahme, aber sie ist kein Axiom – jedenfalls nicht in der allgemein akzeptierten Bedeutung dieses Worts. Also scheint es vernünftig, die These abzuschwächen und zu sagen: Die Außenwelt ist eine sinnvolle und vernünftige Annahme. Aber genau das ist nicht der Fall, denn man könnte diese Annahme auch fallen lassen, an der

Wissenschaft würde sich dadurch nicht das Geringste ändern. Von einer sinnvollen Annahme kann man also sicher nicht reden. Sie ist aber auch nicht vernünftig, weil sie nicht begründet ist (außer insofern, daß wir ohne sie schwer leben könnten). Sie ist eine unnötige und unbegründete Annahme. Also sollte man sie doch vernünftigerweise fallen lassen. Auch hier liegt das Problem, daß man etwas rationalisieren will, was nicht rationalisierbar ist. Stattdessen gilt: Wir wollen die Außenwelt – also setzen wir sie. Sie gilt uns fortan als Tatsache und weil wir diese Tatsache gesetzt haben, hat es auch keinen Sinn, nach ihrer Berechtigung zu fragen.

Man könnte diesen Umstand rationalisieren und sagen: Die Außenwelt ist eine Sprachkonvention. Wir *reden* so, als ob es eine Außenwelt gäbe und solange eine solche Redeweise nicht widersprüchlich ist, ist auch nichts an ihr auszusetzen. Weitere Konsequenzen hat diese Redeweise aber nicht, insbesondere hat sie auf die Wissenschaften keinen Einfluß. Das Wort Sprachkonvention ist heute zwar sehr modern, nichtsdestoweniger sehr unklar. Was tun wir eigentlich, wenn wir von einer Außenwelt *reden*? Fingieren wir mit dieser Redeweise eine Außenwelt oder akzeptieren wir sie vielleicht als nützliche Hypothese? Wenn wir das jemals täten, dann täten wir es jedenfalls zu Unrecht und diese Antwort wäre wieder einmal der Versuch, etwas nicht Rationalisierbares zu rationalisieren, eine metabasis eis allo genos. Besser sollte man darum die These von der Außenwelt als Sprachkonvention so deuten: Wir verhalten uns so, als ob es eine Außenwelt gäbe. Diese Redeweise ist sicher auch nicht gerade geschickt, weil auch sie suggeriert, wir fingierten die Außenwelt, was wir ja gerade nicht tun. Besser sollte man sagen: Wir verhalten uns weltorientiert, um auf diese Weise die unpassende Frage nach dem Grund der Außenwelt nicht erst entstehen zu lassen.

Dieser Erklärungsversuch hat allerdings zwei Bedenken. Denn zum einen mag er als Beschreibung wohl richtig sein, erklärt aber nichts, zum zweiten ist selbst dieser Erklärungsversuch subjektivistisch und kann darum dem Sinn und dem Anspruch einer Außenwelt nicht gerecht werden. Denn auch dieser Versuch konstruiert die Außenwelt aus der Subjektivität. Es ist zwar nurmehr eine reduzierte Außenwelt und keine Außenwelt im Sinne von Gegenständlichkeit, sondern nur noch eine Außenwelt als Sprachkonvention, was aber nichts an dem Konstruktionsmechanismus ändert.

Alle diese Versuche müssen notgedrungen scheitern, weil sie alle die Außenwelt aus dem Subjekt zu erzeugen suchen, sie alle nehmen an, die Außenwelt sei eine Kreatur des Subjekts. Genau das soll sie aber per definitionem gerade nicht sein. Man weiß von ihr zwar fast nichts, man weiß aber das eine, daß sie nämlich in jeder Hinsicht vom Subjekt unabhängig ist. Aber dann ist es doch von vornherein schon ausgeschlossen, sie als Kreatur des Subjekts aufzufassen. Sucht man die Außenwelt angemessen zu begreifen, dann kann das gerade nicht im Rahmen des Subjekt – Objekt – Schemas geschehen. Die Außenwelt ist *logisch* nicht zu rechtfertigen, aber es scheint andererseits nicht möglich, auf sie zu verzichten. Um dieses Problem zu lösen, darf man also gerade nicht die Außenwelt als Kreatur des Subjekts auffassen, sondern muss gerade umgekehrt das Subjekt als Kreatur der Außenwelt begreifen.

3.2.4 Die Einheit von Realismus und Idealismus

Man setze also: Alles, was es gibt, ist entweder Natur oder ihr Produkt. Es gibt, so kann man nach dem heutigen Stand der Wissenschaft sagen, Elementarteilchen und Felder, und alles andere ist auf irgendeine Weise aus diesen entstanden. Alles ist ausnahmslos ein Vorgang der Natur. Dies gilt dann insbesondere auch für unsere Erkenntnis. So ist die Wahrnehmung ein Deuten gegebener Sinnesdaten zu einer Welt. Diese gedeutete Welt ist uns bewußt und dieses Bewusstsein ist sicher ein Resultat irgendwelcher Vorgänge in unseren Gehirnen. Alles Erkennen eines Subjekts ist ein Deuten und Aneignen von Gegebenem und dieses Gegebene ist wieder Teil der Natur. Versuchen wir weiter dieses Gegebene zu erkennen, so können wir dies nicht anders als wiederum deutend tun. Und da es nichts als Natur gibt, ist diese Deutung, die wir Erkenntnis nennen, selbst Teil der Natur. Man kann darum sagen: Erkenntnis ist eine Selbstdeutung der Natur.

Wählt man diesen Standpunkt, gibt es keine Außenwelt, d.i. keine Welt des Andersseins mehr, sondern nur noch Natur. Hier steht ja nichts dem anderen gegenüber, nicht die Erkenntnis der Natur, sondern die Natur deutet sich selbst und diese Selbstdeutung nennt man Wissenschaft.

Versucht man diesen Standpunkt zu entwickeln, tauchen vornehmlich drei Fragen auf: Ist dieser neue Standpunkt widerspruchsfrei durchzuführen? (oder anders: ist er möglich?) Ist dieser neue Standpunkt begründbar? Wie wird eine Ontologie in dieser neuen Metaphysik aussehen?

Bezüglich der ersten Frage kann man antworten: Die hier gewählte Metaphysik ist genau dann möglich, wenn Wissenschaft möglich ist. Diese Frage hat zwei Aspekte. Sie kann sich einmal auf die Widerspruchsfreiheit der Wissenschaften beziehen. Diese Frage ist derzeit noch nicht beantwortbar. Die Frage kann aber auch grundsätzlicher bedeuten, ob Erkenntnis möglich ist. Erkenntnis war Selbstdeutung der Natur. Wie kann die Natur also sich selbst deuten? Hier scheinen tatsächlich ernsthafte Probleme aufzutreten. Die Natur deutet sich insofern, als wir die Natur erkennen, indem wir die uns gegebenen Sinnesdaten umdeuten. Wir selbst sind aber Teil der Natur. Der Begriff der Deutung legt es nahe, zwischen der Deutung und dem Gedeuteten zu unterscheiden und damit das Erkennen als ein Erkennen von etwas *als* etwas anzusehen. In diesem Sinn müsste man also sagen würde im Wahrnehmen eine Menge von Lichtwellen als Haus gedeutet. Eine solche Redeweise hat aber nur dann Sinn, wenn man das Gedeutete ebenso kennt wie seine Deutung. Erkenntnis wäre dann nur eine Umdeutung des schon Erkannten und das wäre ersichtlich keine sinnvolle Erklärung von Erkenntnis.

Diese Analyse ist gleich in mehrerer Hinsicht falsch. Zunächst ist die in der Analyse vorausgesetzte Unterscheidung in Subjekt und Objekt falsch, eine solche Unterscheidung ist höchstens als Abstraktion gültig. Nicht das Subjekt gewinnt sich in der Erkenntnis eine Welt, sondern das Subjekt ist Teil der Welt und wenn es erkennt, dann erkennt die Welt sich selbst. Man kann auch sagen: Im Menschen wird die Natur sich ihrer selbst bewußt. Das einzige Subjekt ist die Natur, diesen Standpunkt muss man einnehmen und so muss man auch reden.

Die Natur deutet sich nicht selbst authentisch, sondern sie erzeugt einen *Gesichtspunkt* ihrer selbst. Deuten ist also: Einen Gesichtspunkt gewinnen. Es bereitet logisch nicht die geringsten Schwierigkeiten, zu sagen und zu verstehen, die Natur deute in diesem Sinn sich selbst. Logische Schwierigkeiten entstehen erst dann, wenn man unterstellt, wir selbst deuten die Natur und eignen sie uns deutend an. Das ist höchstens dann richtig – wenn man dabei keine Aussage über das Wesen dieser Natur macht.

Die uns bekannte Wissenschaft ist also keineswegs eine Deutung, von der man nicht weiß, wie weit sie von ihrem Original entfernt ist, sondern sie beschreibt die Natur, wie sie ist – von einem Standpunkt aus. Sie ist eben ein Gesichtspunkt der Natur und ein Gesichtspunkt ist höchstens unangemessen, aber nicht falsch, d.h. es gibt hier keinen Abstand zwischen Deutung und Gedeutetem, folglich auch keine Annäherung der Deutung an das Gedeutete. Diese Deutung ist auch insofern ein Gesichtspunkt, weil in diesem Gesichtspunkt die *gesamte* Natur betrachtet wird. Die Wissenschaft deutet *alles* und beschränkt sich niemals auf einen Teil.

Die obige Analyse war auch insofern falsch, als sie von einer falschen Psychologie ausging. Erkennen darf man sich nicht als ein Aufnehmen und Uminterpretieren von Begriffen vorstellen. Die Lichtwellen, die z.B. in ein Haus umgedeutet werden, sind nur der Anstoß für ein Bilden und Besitzen von Begriffen. Eine weitere Beziehung des gesehenen Hauses zur Lichtwelle gibt es nicht, insbesondere besitzt der Begriff keine Bedeutung. Erkenntnis ist ein Besitz von Begriffen und Wissenschaft ist ein widerspruchsfreies System von Begriffen. Was sie zum Bewusstsein bringt, ist die Welt. Sie ist aber die Welt unter einem Gesichtspunkt.

Ebenso mißverständlich, wenn nicht gar falsch, ist es, zu sagen, wir sehen Gegenstände. Tatsächlich nehmen wir stets ein Umfeld wahr und der Gegenstand, den wir sehen, ist aus diesem Umfeld abstrahiert. Der Gegenstand ist also ein aus der Wahrnehmungswelt abstrahierter Teil. Was uns zu dieser Abstraktion befähigt, ist das Vermögen der Aufmerksamkeit. Sagt man, wir sehen Gegenstände, dann sind es doch in Wahrheit Begriffe, die wir sehen. Wir besitzen ein Wahrnehmungsfeld und sobald wir einen Teil aus diesem Wahrnehmungsfeld aussondern, machen wir es zum Gegenstand. Wenn wir also Gegenstände sehen, dann haben wir einen Teil aus einem wahrgenommenen Ganzen abstrahiert.

Es macht auch keinen Sinn zwischen der Natur und ihren Gesichtspunkten zu unterscheiden, folglich ist es sinnlos, hinter der Wissenschaft und damit ihrem Gesichtspunkt der Natur noch die wahre Natur zu suchen, weil die Natur nur die Klasse ihrer Gesichtspunkte ist. Die Wissenschaft beschreibt die Natur so, wie sie ist, allerdings unter einem Gesichtspunkt. Aber etwas anderes als einen Gesichtspunkt kann man nie haben, weil die Wissenschaft immer die Bewußtheit der Natur ist.

Die uns bekannte Wissenschaft ist also keineswegs eine Deutung, von der man nicht weiß, wie weit sie von ihrem Original entfernt ist, sondern sie beschreibt die Natur, wie sie ist. Sie ist eben ein Gesichtspunkt der Natur und ein Gesichtspunkt ist höchstens unangemessen, aber nicht falsch, d.h. es gibt hier keinen Abstand zwischen Deutung und Gedeutetem, folglich auch keine Annäherung der Deutung an das Gedeutete. Insofern war der Ausdruck Deutung ungeschickt und besser wäre der Ausdruck Gesichtspunkt. Diese Redeweise impliziert einen vollständigen (wenn auch einseitigen) Besitz. Sie erscheint darum gerechtfertigt, weil die Wissenschaft nichts unwissenschaftlich lässt, sie nimmt einen Blick auf alles und wird sich niemals beschränken können. Darum ist sie ein Gesichtspunkt und nicht bloß eine Deutung. Man kann auch sagen, Erkenntnis ist ein Besitz von Begriffen und Wissenschaft ist ein widerspruchsfreies System von Begriffen. Was sie zum Bewusstsein bringt, ist die Welt. Sie ist aber die Welt unter einem Gesichtspunkt. Man muss also die Sicht der Erkenntnis als Deutung überwinden. Es ist nicht richtig zu sagen, Lichtwellen würden als Gegenstände gedeutet, das entspricht nicht der Logik des Deutens, man kann höchstens sagen, sie würden als Gegenstände *umgedeutet*. Die Lichtwelle ist nur der Anstoß für ein Besitzen von Begriffen. Die Wissenschaft erzeugt eine Welt, aber sie deutet sie nicht.

Es macht auch keinen Sinn zwischen der Natur und ihren Gesichtspunkten zu unterscheiden, folglich ist es sinnlos, hinter der Wissenschaft und damit ihrem Gesichtspunkt der Natur noch die wahre Natur zu suchen, weil die Natur nur die Klasse ihrer Gesichtspunkte ist.

Zu all diesen Fragen wird man darum geführt, wenn man im Subjekt – Objekt – Schema befangen ist. Es steht nicht das Subjekt der Welt gegenüber und versucht, sie sich anzueignen, sondern die Natur deutet in der Form der Wissenschaft sich selbst. Wir können auch nicht sagen, Natur existiert, sondern wir kennen immer nur die Selbstvermittlung der Natur mit sich selbst, das ist es, was wir gewöhnlich Natur nennen. Das ist alles, wovon wir wissen können und über etwas anderes zu reden oder zu denken gibt nicht den geringsten Sinn. Es gibt nur ein einziges Subjekt, die Natur, und sie ist sich selbst Objekt. Dasselbe transformiert sich und Anfangs- und Endprodukt (z.B. Lichtwelle und erkannter Gegenstand) existieren allenfalls in der Abstraktion und sind keine realen Teile. Besser sagt man: Im Menschen wird die Natur sich ihrer selbst bewußt. In dieser Bewußtheit sind Natur und das Bewusstsein von ihr nur Abstraktionsprodukte. Nicht Natur und Erkenntnis müssen zusammenkommen, sondern die Bewußtheit teilt sich in Bewusstsein von etwas auf.

Diese Selbstdeutung der Natur darf man sich allerdings nicht als Selbstkonstitution vorstellen, ganz so, wie man sich gelegentlich das Selbstbewusstsein vorstellt. Und so wie sich das Selbstbewusstsein nicht konstituieren kann, indem es sich auf sich selbst richtet, was nicht möglich ist, weil es sich in diesem Selbstbezug erst konstituieren soll, es also noch nicht existiert, wenn es sich auf sich selbst richtet, so kann sich auch die Natur nicht in dieser Selbstdeutung konstituieren.

Recht verstanden ist also die Selbstdeutung der Natur durchaus möglich und damit wäre das erste der aufgeworfenen Probleme geklärt. Was das zweite Problem betrifft, so geht es vorliegender Ansicht wie jeder Theorie: Ist sie widerspruchsfrei, gibt es höchstens noch Nützlichkeitserwägungen, um sie abzulehnen. Der Idealismus ist ebenso widerspruchsfrei, er wird aber dem Phänomen der Gegenständlichkeit nicht gerecht. Der Idealismus kann dieses Phänomen nur als irrelevant erklären. Das ist aber nur zum Teil richtig: Es ist zwar wissenschaftlich irrelevant, aber in einem solchen System kann man nicht leben, es ist also praktisch höchst relevant.

Dennoch könnte man dieser Theorie einen anderen Einwand machen: Man könnte nämlich vermuten, diese Theorie sei in einem entscheidenden Punkt unbefriedigend. In vielen neuzeitlichen Philosophien wird jedes Ding durch das Ich konstituiert. Was aber ist das Wesen dieses Ich? Es verhält sich wie die Quelle eines Gravitationsfeldes, das zwar allen Punkten des Raums eine Feldstärke verleiht, das aber selbst ein Punkt unendlich hoher und d.h. unbestimmter Feldstärke ist. Behauptet man statt dessen, alles, was existiert, ist entweder Natur oder eines seiner Derivate, scheint man damit den gleichen Fehler begangen zu haben. Man reduziert alles auf die Natur, die aber selbst unklar und unbestimmt bleibt.

Natürlich ist dieser Einwand unbegründet, weil von einer Konstitution hier nicht die Rede sein kann. Die Natur ist auch nicht, wie das Ich, eine unerklärbare Vorstellung, sondern die Natur ist der Raum, mithin ein deutlicher Begriff. Mit dem Wort Natur wird die Ordnung des Ausgedehnten beschrieben und nicht eines auf ein anderes zurückgeführt. Es macht darum keinen Sinn, nach dem Grund der Natur zu fragen. Auch ist es sinnlos, zu fragen, in welchem Raum ist der Raum? Alles, was hier stören könnte, ist, daß man nach einer echten Natur hinter ihren Gesichtspunkten sucht. Der Fehler rührt aber allein daher, daß man zwischen einer echten Natur und ihren weniger echten Gesichtspunkten unterscheidet und dann natürlich den Drang verspürt, die Gesichtspunkte zu überwinden, um endlich zum Kern der Sache vorzudringen. Eine solche irrige Annahme wird bereits dann suggeriert, wenn man sagt, die Natur deute sich selbst, besser ist es zu sagen, die Natur erzeuge einen Gesichtspunkt ihrer selbst oder besser: sie werde ihrer selbst bewußt. Wissenschaft ist das Selbstbewusstsein der Natur. Da gibt es kein echtes oder bloß gedeutetes.

Man ist hier unwillkürlich an den unbewegten Beweger des Aristoteles erinnert, der die Dinge schafft, indem er sie denkt. Es ist nur kein Gott, der solches tut, sondern die Natur selbst. Sie wird sich ihrer selbst bewußt und dieses Selbstbewusstsein der Natur heißt Wissenschaft. Dieses Selbstbewusstsein ist ein vermitteltes und darum erzeugt die Natur in ihrer Bewußtheit einen Gesichtspunkt ihrer selbst.

Erzeugt diese neue Metaphysik eine neue Ontologie? Alles, was es gibt, ist Natur. Aber was ist diese Natur? Diese Natur liegt stets nur in ihrer Selbstvermittlung vor. Das bedeutet: Natur ist die Erkenntnis der Natur. Und wir selbst, die wir nach der Natur fragen, sind selbst Natur. Diese Selbstvermittlung der Natur liegt in der Form des Begriffs vor. Und darum gilt die alte Ontologie nach wie vor.

4 Ausblick

Die vorstehende Metaphysik und Ontologie könnte man einen Anthropologismus nennen – und das mit Recht, denn das Sein ist gerade so, wie wir es denken und wollen. Damit stellt sich die Frage nach den Strukturen unseres Denkens und Wollens, oder anders: Wie müssen wir denken, damit alles, was ist, so ist, wie es ist? So betrachtet besitzt der Mensch zwei ontologisch relevante Eigenschaften:
1. Die Fähigkeit, etwas zu einem Ganzen zusammenfassen zu können und
2. die Fähigkeit, etwas beliebig teilen zu können.

Diese zwei Fähigkeiten erscheinen zunächst abgeleitet, denn man kann doch nur etwas teilen, wenn man zuvor über die Fähigkeit verfügt, ein *Etwas* festmachen zu können. Aber wie könnten wir anders von einem Etwas wissen, als durch ein Unterscheiden von anderen? Aber dieses Unterscheiden ist doch auch nur ein Unterscheiden von einem anderen *Etwas*. Also scheint die Fähigkeit zu Teilen eine Fähigkeit zu Unterscheiden und diese wieder die Fähigkeit, ein Etwas erfassen zu können, vorauszusetzen.

Vielleicht erklärt ein Beispiel die Sache genauer. Würden wir nur Licht einer einzigen Wellenlänge in überall gleicher Intensität wahrnehmen, wäre etwa unser Wahrnehmungsfeld gleichmäßig rot, würden wir wahrscheinlich nichts davon bemerken und allenfalls durch langwierige Untersuchungen mit umstrittenen Resultaten zu einem Begriff von Farbe kommen können. Die Situation würde sich offensichtlich ändern, wären wir in der Lage, verschiedene Intensitäten in unserem Wahrnehmungsfeld zu bemerken. Wir würden durch die Wahrnehmung immer noch nicht zum Begriff der Farbe geführt, wohl aber zum Begriff der Intensität und das um so mehr, je größer die Unterschiede in der Farbintensität wären. Indem wir also einen Unterschied bemerken, klärt und verdeutlicht sich das Unterschiedene und wird zu einem Etwas. Also erzeugt offenbar das Unterscheiden das Etwas.

Aber was befähigt uns, diese Farbintensitäten zu unterscheiden? Natürlich kann man Farbintensitäten nur darum unterscheiden, weil man weiß, was eine Farbintensität ist. Man bemerkt im Wahrnehmungsfeld Hell und Dunkel, aber das war nur möglich, weil man sozusagen ein Drittes kannte, was Hell und Dunkel gemeinsam haben und dieses verbindende Dritte ist der Begriff der Intensität. Gäbe es dieses verbindende Dritte nicht, wären Hell und Dunkel nur jeweils andere und unvergleichbare. Aber zweifellos könnten wir auch einen Unterschied in unserem Gesichtsfeld bemerken, in dem die Unterschiedenen nur unvergleichbare Andere wären, weil es noch nichts Gemeinsames gibt, das sie zu voneinander Verschiedenen macht. Wie kann aber dieses gemeinsame Dritte entstehen, das die Anderen verbindet und in ihrer Andersheit identifiziert? Man müßte also Hell und Dunkel als gemeinsamen

Abkömmling eines sie identifizierenden Dritten verstehen können. Man müßte sie also auf irgendeine Art zusammenfassen können. Dies allerdings erscheint sowohl logisch, als auch auf irgendeine andere Art vollkommen ausgeschlossen, denn wie könnte es denn möglich sein, das in jeder Hinsicht Andere zu verbinden; weil sie Andere sind, ist dies doch gerade unmöglich. Ein solches Zusammenfassen und Identifizieren wäre in der Tat vollkommen ausgeschlossen, wenn es nicht eine Fähigkeit gäbe, vieles gleichsam blind, willkürlich und grundlos zu einer Einheit zusammenfassen zu können. Dies ist in der Tat eine eigene Fähigkeit, die von der Fähigkeit zu Unterscheiden nicht abgeleitet werden kann. Also scheint doch das Teilen ein Zusammenfassen vorauszusetzen.

Man habe also Hell und Dunkel zur Intensität vereinigt. Aber wie war das möglich? Man musste also sowohl an dem Hell, als auch an dem Dunkel etwas Gleiches bemerken. Dies war doch nur darum möglich, weil es uns gelang, das Hell zu teilen, nämlich in einen Teil, der mit dem Dunkel übereinkommt und einen Teil, der von ihm verschieden ist. Also scheint offenbar andererseits das Zusammenfassen ein Teilen vorauszusetzen.

Was ist nun Teilen anderes als Unterscheiden? Und damit wird die Vermutung, das Unterscheiden liege dem Teilen voraus, hinfällig. Statt dessen erscheinen Teilen und Zusammenfassen als zwei nicht ableitbare, grundlegende Fähigkeiten, deren Verhältnis aber noch ungeklärt ist.

Man kann ein Ganzes nur teilen, wenn man ein Ganzes schon hat oder zumindest im Teilen ein Ganzes bemerkt. Denn andererseits entsteht im Teilen erst das Teil – und damit das Ganze, denn das Ganze ist nicht anders möglich als ein Ganzes von Teilen. Also erzeugt das Teilen doch das Ganze. Das Ganze entsteht im Teilen, weil es im Teilen erst deutlich wird. Teilen ist im Fall des hier gewählten Beispiels ein Bemerken eines Unterschieds einer gewissen Größe – und dies ist bereits ein beiden Gemeinsames. Man muss also das Zusammengefaßte kennen, um teilen zu können. Wie entsteht aber die Einheit dieses Zusammengefaßten? Nur indem ich es teile.

Man bemerkt hier unschwer einen Zirkel. Doch es ist ein unvermeidbarer Zirkel. Er liegt allen unseren geistigen Tätigkeiten zu Grunde. Diese Tätigkeiten nennt man Begriffsbildung. Das ist auch der Grund, warum die Begriffsbildung stets heikel und nicht determinierbar ist und daher von vielen Unwägbarkeiten abhängt.

Trotzdem entsteht die Frage, wie man in den Zirkel hineinspringen kann. Denn bisher hat sich doch nur erwiesen, daß Begriffsbildung logisch unmöglich ist, also doch eigentlich niemals stattfinden sollte. Man kann nur teilen, wenn man einen Gesichtspunkt hat, unter dem man teilt, d.i. ein Gemeinsames. Ebenso kann man nur das zusammenfassen, was sich in irgendeiner Weise ähnelt, was also schon ein Gemeinsames haben muss bevor man das Gemeinsame erzeugt. Daraus folgt aber keineswegs die Unmöglichkeit der Begriffsbildung, denn Teilen und Zusammenfassen sind vornehmlich dann voneinander abhängig, wenn ein Begriff gebildet wird. Teilen und Zusammenfassen können aber durchaus auch voneinander unabhängig vorgenommen werden. Es gibt nämlich ein hier so genanntes abstraktes Teilen und ein abstraktes Zusammenfassen, eine ursprüngliche Tätigkeit, von der man erst an seinen Resultaten merkt, daß es ein Teilen oder ein Zusammenfassen waren. Man kann blind und willkürlich teilen und zusammenfassen, ohne ein Gemeinsames kennen zu müssen und erst an den Ergebnissen zeigt sich, ob es sinnvoll war, was man da getan hat. Und damit gewinnt man einen Einstieg in den Zirkel des Verstehens. Hat man nämlich einmal ein solches abstraktes Teilen oder Zusammenfassen vorgenommen, hat man ein Ganzes und seine Teile und damit besitzt der produktive Zirkel der Begriffsbildung seine beiden Konstituentien und kann beginnen.

Es muss also zwei logische Fähigkeiten geben, damit unsere Ontologie möglich ist, das Teilen und das Zusammenfassen. Beide Fähigkeiten sind nicht aufeinander oder auf eine dritte Fähigkeit reduzierbar.

Aber weit wichtiger als das Denken ist für den Menschen das Wollen. Die Wahl der Ontologie ist nicht nur von den menschlichen Denkstrukturen abhängig, sondern weit mehr von den menschlichen Willensstrukturen. Das ist ein bisher nur selten bemerkter Punkt.

Überblickt man die bisherige Untersuchung, dann spielten Willensstrukturen an drei Stellen eine für die Ontologie konstitutive Rolle.

1. Genau das existiert, was deutlich ist. Aber die Existenz ist keine Eigenschaft, die wir dankenswerterweise an den Dingen finden, wodurch uns gottlob erst Erkenntnis ermöglicht wird (man stelle sich nur vor, die Dinge wären nicht deutlich, ein kaum auszudenkender Zustand). Sondern wir selbst konstruieren alles als existierend, wir selbst suchen alles deutlich zu machen.

2. Nicht minder ist die Wirklichkeit unser Produkt. Wir konstruieren die Welt widerspruchsfrei. Auch dies ist weniger eine Eigenschaft unseres Denkens, als eine Forderung unseres Willens.

3. Schließlich ist das Gegenstandsbewusstsein nichts als eine Tendenz, das Existierende als ein Anderes anzusehen.

In allen drei Fällen handelt es sich nicht um Eigenschaften unseres Denkens, sondern wir denken darum so, wie es der Wille fordert. Man kann sagen, das Denken ist das ausführende Organ des Willens, wir denken beinahe nur das, was wird denken wollen.

An dieser Stelle besteht die Aufgabe, zu klären, inwiefern in den drei genannten Punkten Willensstrukturen vorliegen und ob sie vielleicht auf andere Strukturen zurückführbar sind.

Im ersten Punkt ist zu klären, ob man tatsächlich von einem Willen zur Existenz reden kann und weiter diesen Willen zu analysieren. Existenz ist Deutlichkeit. Die Deutlichkeit wird durch eine Fähigkeit zu Unterscheiden erzeugt. Wir finden aber nicht allein Unterschiede, sondern wir suchen sie auf, wir *wollen* Deutlichkeit erzeugen. Das Undeutliche ist ein unbestimmter und daher unerträglicher Zustand. Man kann also von einem Willen zur Deutlichkeit reden.

Die Deutlichkeit ist also keine Eigenschaft, die wir glücklicherweise an den Dingen bemerken, sondern wir machen das Vorgestellte deutlich, wir konstruieren es zu einer Welt. Und schließlich wollen wir sogar die Vorstellung deutlich machen. Um dies einzusehen, stelle man sich vor, alles, was wir auffassen, sei im Allgemeinen undeutlich und wir hätten nicht die Tendenz, es zu verdeutlichen. Könnten wir in einer undeutlichen Welt leben? Wie könnten es deshalb nicht, weil eine solche Welt weniger berechenbar und darum weniger sicher wäre. Darum haben wir die Tendenz, *Dinge* zu erzeugen, d.h. das Andere als ein *Etwas* anzusehen. Auf diese Weise weiß man sozusagen, mit wem man es zu tun hat. Wir besitzen also einen Willen, ein *Etwas* zu erzeugen. Wir erzeugen die Welt sogar widerspruchsfrei. Diese widerspruchsfreie Welt, die wir da erzeugt haben, ist die Natur. Woher kommt uns diese Gewißheit? Weil der Wille sie als die Natur setzt. Die Welt ist ein Gesichtspunkt der Natur, besser: eine von sicher vielen Formen der Selbstbewußtheit der Natur. Anders als in ihrer Selbstbewußtheit ist Natur aber nie gegeben. Sie liegt immer nur vermittelt vor und dies nennt man Wissenschaft.

Man könnte sich nun andere Arten zu Denken konstruieren und aus diesem Denken das Sein erschließen. Dies wäre eine lohnende Aufgabe und vielleicht wird es einmal möglich sein, sämtliche Typen von Ontologie zusammenzustellen.